普通高等院校"十三五"规划教材·工商管理类

计量经济学实验教程

主　编　汤晓明
副主编　崔琳琳　张纪伟

微信扫码
申请课件等相关资源

南京大学出版社

前　言

本书共分为12章，从经典线性回归模型的研究体系，到放宽基本假设的经典模型，再到联立方程模型、时间序列模型、面板数据模型等，内容涵盖计量经济学基础模型的所有类型，本书大部分章节以 EViews 8.0 软件作为基本软件操作版本，每章选用的案例数据均选自近几年中国统计年鉴的相关数据库，通过案例的具体讲解，阐述线性回归的基本分析原理和方法，并将实验操作过程完整加以整理和阐述，达到讲练结合的目的。

本书的主要特点：一是遵循由浅入深的原则，循序渐进；二是图文并茂，直观形象；三是兼顾理论知识和实验操作的过程，理论联系实际，在讲解操作的过程中，对其原理和方法及适用的条件作出较详细的解释和说明，章后均配备一定数量的思考与练习。

本书由汤晓明担任主编，由崔琳琳、张纪伟担任副主编。张纪伟负责搜集、整理和校对案例数据；崔琳琳负责各章统计指标量的核对，实验结果验证和统稿工作；汤晓明负责本书的总体编写和定稿工作。

计量经济学的基本方法讲解和 Eviews 软件的操作涉及很多计量经济学的最基本理论和方法，因此在本书的编写过程中，编者参阅了许多国内外已经出版的相关著作，在此，谨向这些著作的作者表示衷心的感谢。

本书受盐城工学院教材基金资助出版，南京大学出版社编辑武坦对本书的立项和出版给予了大力支持和帮助，在此表示衷心的感谢！

由于编者水平有限，书中错误、疏漏之处在所难免，敬请广大读者、同仁批评指正。欢迎读者通过电子邮箱 aladdin066@163.com 与我们联系。

编　者

2018 年 4 月

目　录

第 1 章 EViews 软件操作基础

§1.1 EViews 软件概述

EViews 是在大型计算机的 TSP (Time Series Processor)软件包基础上发展起来的新版本，是一组处理时间序列数据的有效工具。1981 年 QMS (Quantitative Micro Software)公司在 Micro TSP 基础上直接开发成功 EViews 并投入使用。虽然 EViews 是由经济学家开发的并大多在经济领域应用，但它的适用范围不应只局限于经济领域。EViews 得益于 Windows 的可视的特点，能通过标准的 Windows 菜单和对话框，用鼠标选择操作，并且能通过标准的 Windows 技术来使用显示于窗口中的结果。此外，还可以利用 EViews 强大的命令功能和大量的程序处理语言，进入命令窗口修改命令，且可以将计算工作的一系列操作建立成相应的计算程序并存储，用户可以通过直接运行程序来完成工作。

EViews 软件提供了进行复杂数据分析、回归和预测等的强大工具，主要应用在经济学领域的回归分析与预测(Regression and Forecasting)、时间序列(Time Series)以及横截面数据(Cross-sectional Data)分析等。与其他统计软件(如 SAS、SPSS 等)相比，EViews 功能优势是回归分析与预测。

EViews 自 1994 年起分别推出了 V1.0、V2.0、V3.0、V3.1、V4.0、V5.0、V6.0、V7.0、V8.0 等版本(本书主要参考 EViews 8.0)。

EViews 引入了流行的对象概念，操作灵活简便，可采用多种操作方式进行各种计量分析和统计分析，数据管理简单方便。其主要功能有以下几个：

(1) 采用统一的方式管理数据，通过对象、视图和过程实现对数据的各种操作；

(2) 输入、扩展和修改时间序列数据或截面数据，依据已有序列按任意复杂的公式生成新的序列；

(3) 计算描述统计量：相关系数、协方差、自相关系数、互相关系数和直方图；

(4) 进行 T 检验、方差分析、协整检验、Granger 因果检验；

(5) 执行普通最小二乘法、带有自回归校正的最小二乘法、两阶段最小二乘法和三阶段最小二乘法、非线性最小二乘法、广义矩估计法、ARCH 模型估计法等；

(6) 对二择一决策模型进行 Probit、Logit 和 Tobit 估计；

(7) 对联立方程进行线性和非线性的估计；

(8) 估计和分析向量自回归系统；

(9) 多项式分布滞后模型的估计;
(10) 回归方程的预测;
(11) 模型的求解和模拟;
(12) 数据库管理;
(13) 与外部软件进行数据交换。

§1.2 EViews 8.0 软件的安装

一、EViews 对系统环境的要求

(1) 一台运行 Windows XP 以上版本操作系统的计算机;
(2) 至少 500 MB 内存;
(3) VGA、Super VGA 显示器;
(4) 鼠标、轨迹球或写字板;
(5) 至少 1 G 以上的硬盘空间。

二、安装步骤

第一步:打开 Eviews 8.0 安装程序,右击 Autorun. exe,点击以管理员身份运行,在弹出窗口中点击“是”,如图 1-1 所示。

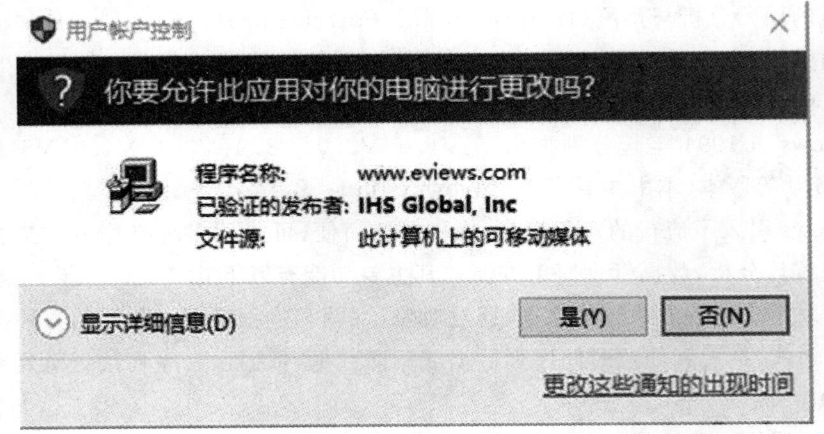

图 1-1

第二步:点击 Install Eviews,如图 1-2 所示。

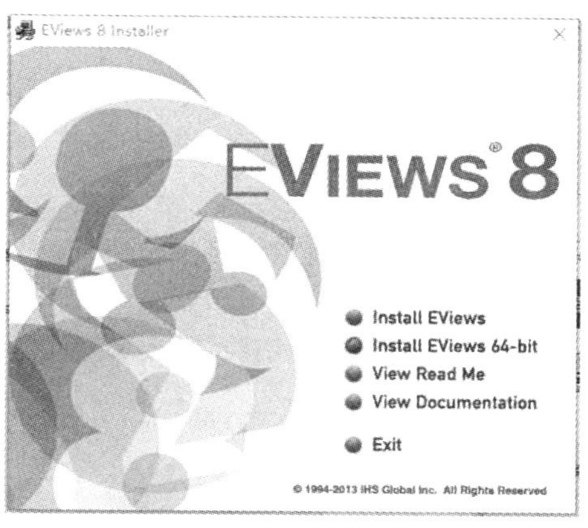

图 1－2

第三步：点击 I accept the terms of the licenses agreement，再点击 Next。

第四步：点击右下方的 Browse，选择所要存放的位置，如图 1－3 所示。

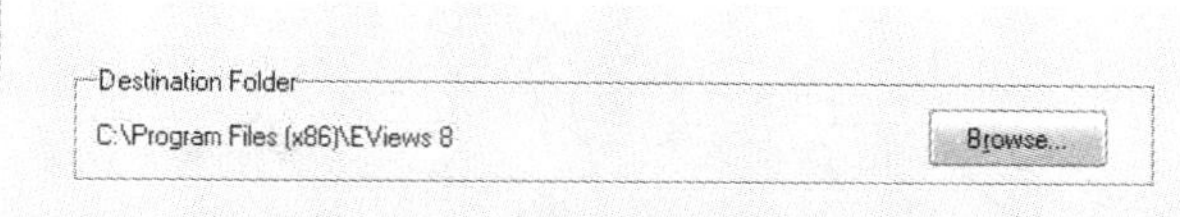

图 1－3

第五步：选定存放位置后再点击 Next。

第六步：在 Serial Number 输入序列号，下面的 Name 输入，再点击 Next，如图1－4 所示。

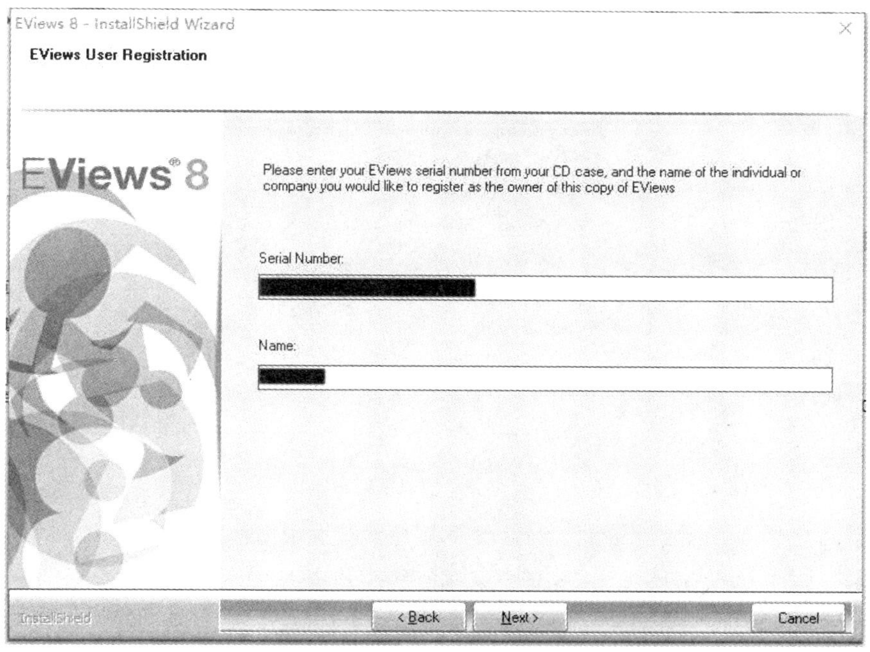

图 1－4

第七步：在 Key 一栏输入密钥，点击 Next，如图 1－5 所示。

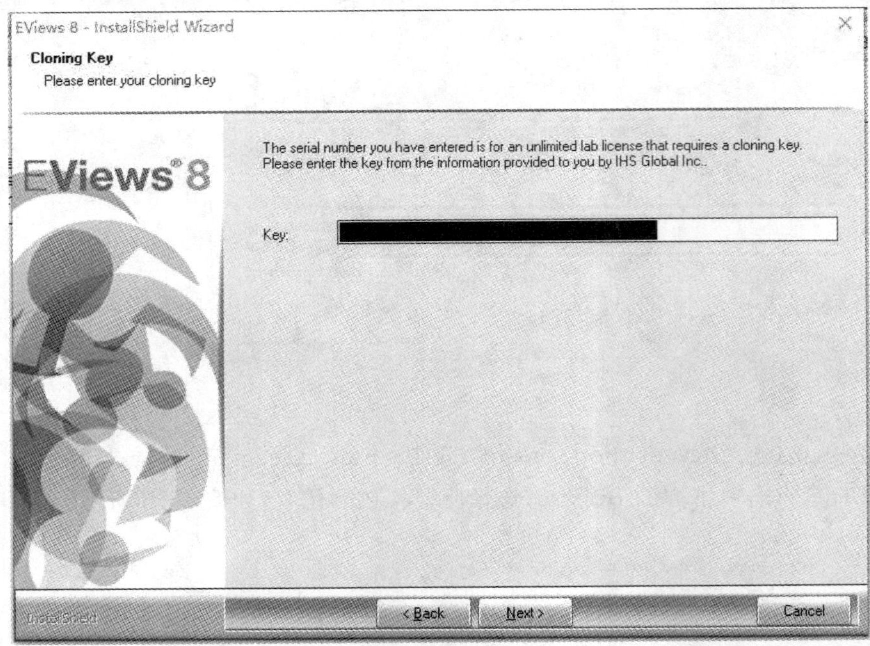

图 1－5

第八步：如图 1－6 所示，在第一栏里输入字符，第二栏填“25750”，点击 Next，在弹出的窗口中点击“否”。

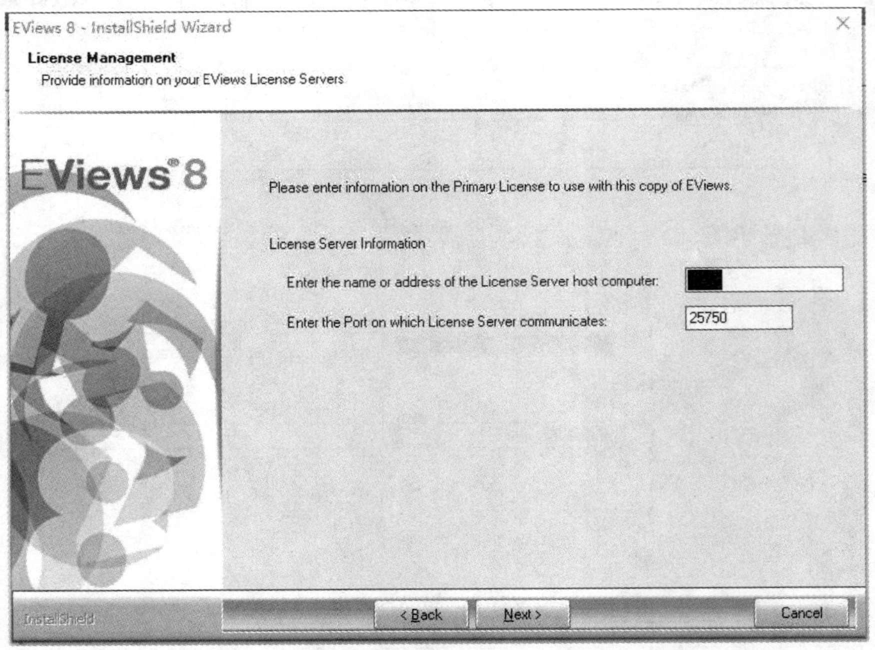

图 1－6

第九步：如图 1－7 所示，点击 Next。

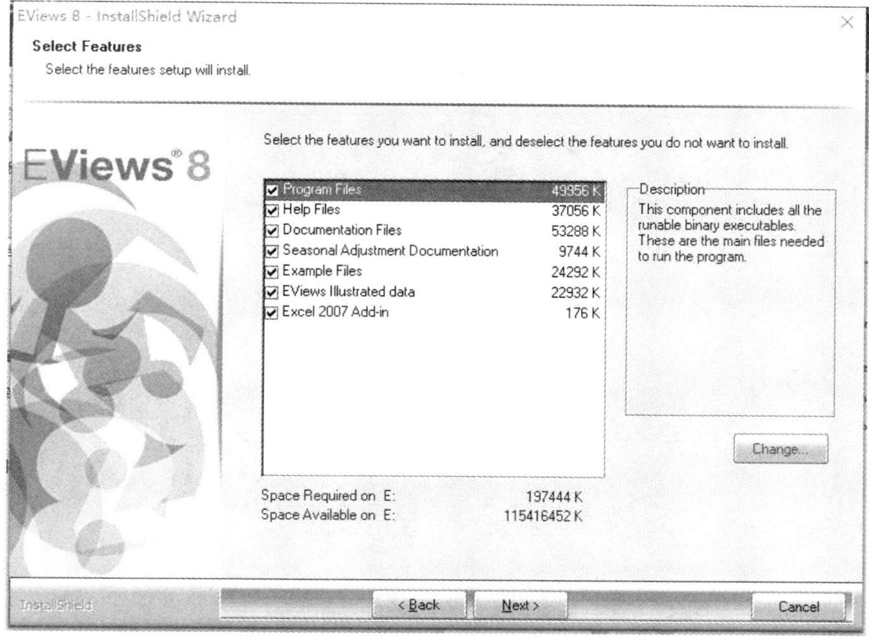

图 1－7

第十步：点击 Next，弹出的下一个窗口中选中"Yes, I would like to stop Eviews from checking for any product updates"单选按钮，再点击 Next，如图 1－8 所示，然后就开始自动安装了。

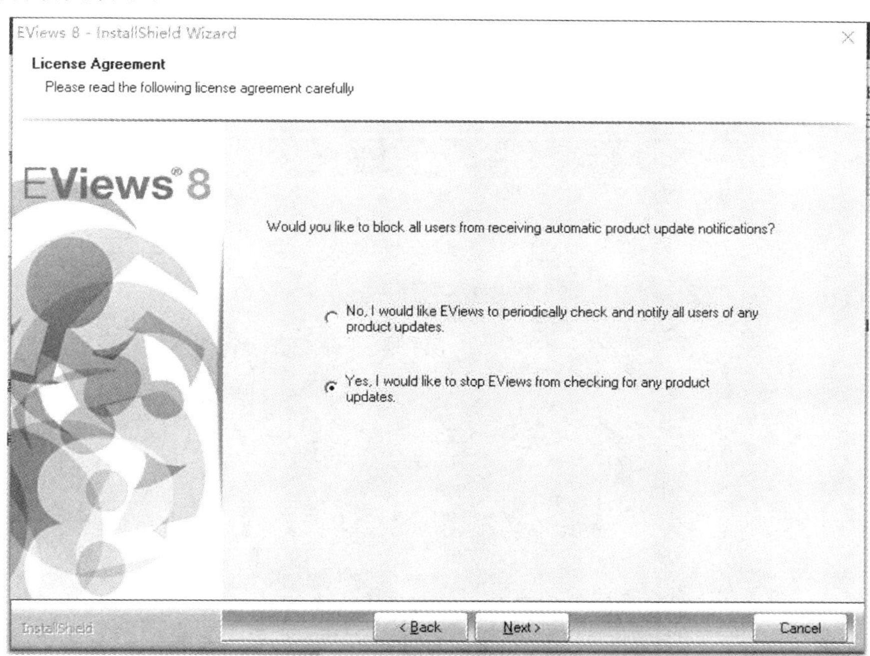

图 1－8

第十一步：安装完毕会弹出一个窗口，点击“是”，就完成了安装，如图 1 - 9 所示。

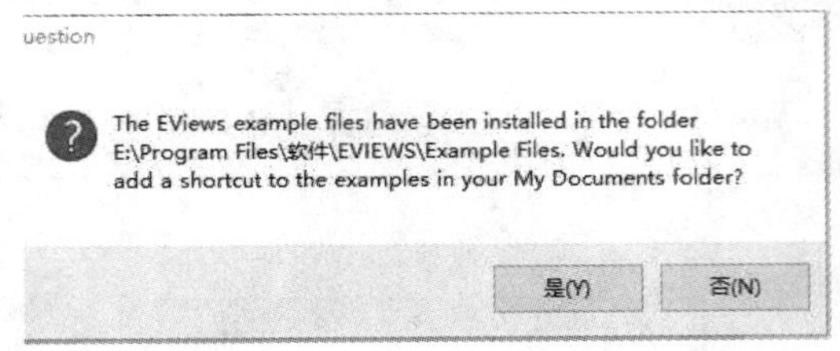

图 1 - 9

第十二步：打开软件后就可以使用了，如果出现图 1 - 10 所示窗口，点击“No(and Stop Checking)”即可。

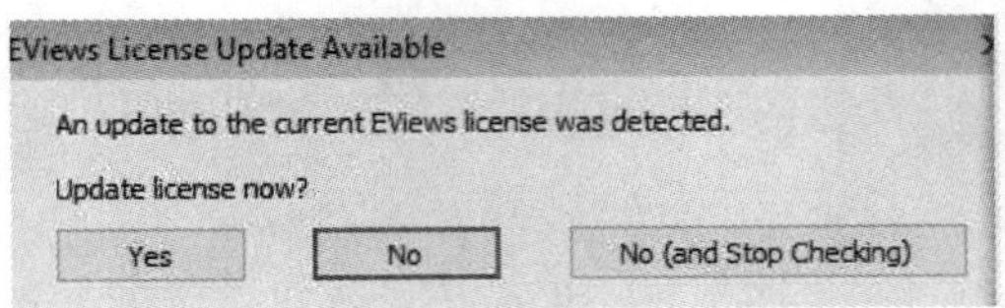

图 1 - 10

§1.3 EViews 8.0 的启动、主界面和退出

一、EViews 8.0 的启动和主界面

进入 Windows，双击 EViews 快捷方式，进入 EViews 窗口；或点击开始→程序→EViews 8.0→EViews 8.0，进入 EViews 窗口，如图 1 - 11 所示。

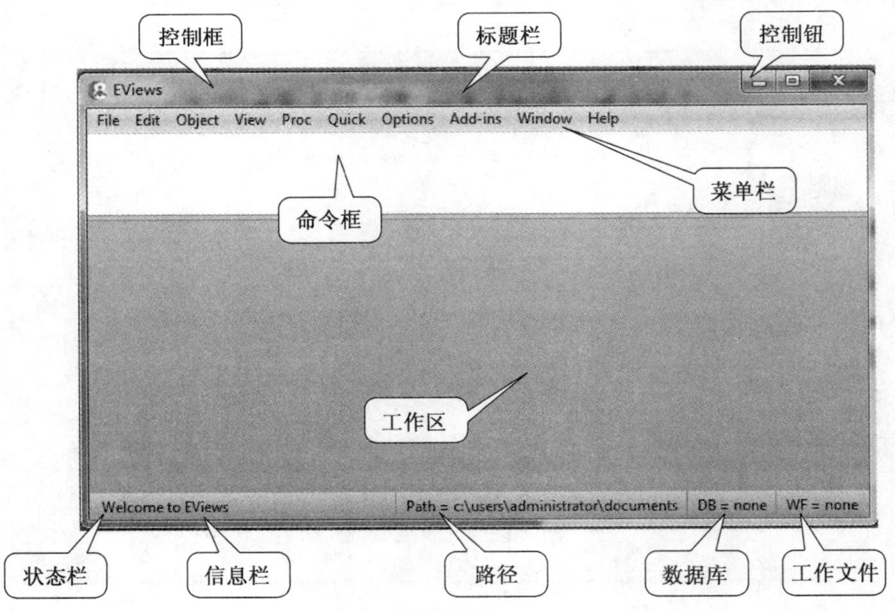

图 1 - 11 EViews 窗口

1. 标题栏

EViews 窗口的顶部是标题栏，标题栏的右端有最小化、最大化（或复原）和关闭三个按钮，点击这三个按钮可以控制窗口的大小或关闭窗口。左边是控制框，单击后会弹出如图 1－12 所示小框（作用与控制钮相同）。

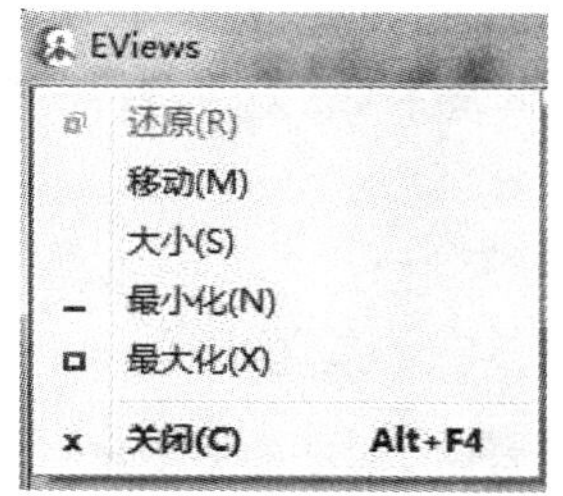

图 1－12　标题栏按钮

2. 菜单栏

标题栏下是菜单栏。菜单栏上共有 10 个选项：File、Edit、Object、View、Proc、Quick、Options、Add-ins、Window、Help。用鼠标点击可打开下拉式菜单（或再下一级菜单，如果有的话），点击某个选项，电脑就执行对应的操作。

3. 命令框

菜单栏下是命令框，窗口最左端闪烁的“|”是提示符，允许用户在提示符后通过键盘输入各种 EViews 命令，并按 Enter 键执行命令。按 F1 键（或移动箭头），早先键入的命令将重新显示出来，供用户编辑和执行。

4. 工作区

命令框的下面是 EViews 的工作区，操作产生的各种窗口（称为子窗口）均在工作区内显示，不能移出工作区之外。

5. 状态栏

主窗口的下面是状态栏，从左到右分别为：信息栏；当前路径；当前状态，如有无数据库，则显示 DB = none；工作文件等。

二、EViews 对象

EViews 中所有的数据信息都存储在对象中，如一个序列对象中储存着各期观测值数据的有关信息。对数据的操作可通过查看对象的属性或使用其操作方法来实现。EViews 对象的相关概念介绍如下。

1. 对象容器

对象容器（Object Containers）是用于保存和组织对象的，所有对象都必须存放在此。其本身也是一个对象，EViews 的对象容器有两种：工作文件（Workfile）和数据库（Database）。

工作文件是最重要的对象容器，进行分析的第一步就是建立一个新的 Workfile 或打开一个已有的 Workfile。Workfile 创建或打开后就一直保存在内存中。数据库则不同，当存取数据库中的对象时，可以直接对保存在磁盘上的数据库对象进行存取，无须将整个数据库装载到内存。

2. 对象

对象（Object）用于保存计量经济分析所需信息。根据保存信息的不同，对象类型可分为数据对象和非数据对象，如序列、方程等为数据对象，文本、图形等为非数据对象。

使用具体对象前，必须事先对其进行定义，即创建对象，可以用菜单或命令行方式来创建。创建的对象将在工作文件中显示其对象类型图标和对象名称，图 1-13 列出了各类 EViews 对象的图标、名称和简要说明。

图标	对象类型名称及说明
	Series(序列):用于保存时间序列数据或截面数据
	Group(组):序列或者表达式的集合
	Scalar(标量):用于保存单个数值
	Equation(方程):用于单方程的估计、检验和预测等
	System(系统):用于联立方程的估计和检验等
	Model(模型):用于联立方程的预测和模拟等
	Graph(图表):用于代表图形
	Matrix(矩阵):用于代表矩阵(二维数组)
	Pool(数据池):用于面板数据(包含时序和截面数据)的估计和检验等
	Sample(样本区间):用于定义样本区间
	Coef(系统向量):用于代表方程或系统的系数
	SSpace(状态空间):用于动态系统的估计、检验等
	SYM(Symmetric Matrix,对称矩阵):用于代表对称矩阵
	Table(表格):表格
	Text(文本):文字
	VAR(向量自回归):用于向量自回归或误差修正模型
	Vector(列向量):用于代表列向量(一维数组)
	Row Vector(行向量):用于代表行向量(一维数组)
	Alpha(Alpha 序列):字符型序列
	Logl(对数似然函数)
	spool(线轴)
	Valmap(数值映射)
	Factor(因素)

图 1-13　EViews 对象

3. 视图

对象中所保存的信息，除了数据以外，还有视图(View)和过程(Proc)。视图是一些图表，它提供了一种特殊方式来表示对象。大多数对象都不止有一个视图，如序列对象包含一个数据表，它能够显示原始数据、线图、直方图等。对象的视图出现在对象的窗口中。只要在对象窗口的工具栏中选择 View 功能键或在 EViews 菜单栏中选择 View 菜单中的相应功能，就可以在对象窗口的各种视图之间进行切换。对象视图的改变并不会改变对象本身，且对象所包含的数据也不会变，只是所显示的形式改变了。

4. 过程

大多数过程的结果在对象窗口中都显示为图表，但与视图不同的是，过程会改变对象本身的数据或其他对象的数据。许多过程会建立一个或多个新的对象。例如，对一个序列进行指数平滑时，会产生一个平滑后的新序列。

选取过程时，只要在对象窗口的工具栏中选择 Proc 功能键或在 EViews 菜单栏中选择 Proc 菜单中的相应功能就可以了。

三、EViews 的操作方式

EViews 的操作方式可分为交互方式和程序方式。

1. 交互方式

交互方式可分为以下三种：

(1) 对象菜单方式，主要通过 Object、View、Proc 等菜单完成各种操作。

(2) 快速菜单方式，通过菜单 Quick 来完成各种操作。

(3) 命令行方式，在命令窗中输入命令来完成各种操作。

2. 程序方式

通过编程来实现批处理操作，能实现交互方式难以完成的复杂操作，如循环、条件分支等(本书只介绍交互方式)。

在后面的例子和练习中，将首先介绍在菜单方式下的操作步骤，然后介绍命令行方式下相应的 EViews 命令。

四、退出 EViews

选择 File→Exit，将退出 EViews。

如果工作文件没有保存，系统将提示用户保存文件。

第 2 章　一元线性回归模型

【实验目的】

1. 掌握一元线性、非线性回归模型的建模方法；

2. 掌握建立一元线性回归模型的估计和检验方法；

3. 理解估计参数、判定系数(R^2)、参数显著性检验(t 检验)、方程显著性检验(F 检验)。

【实验内容】

本章通过研究我国城镇和农村居民消费与可支配收入的关系来学习 EViews 的使用。

数据如表 2-1 所示。

表 2-1　城镇、农村居民人均消费与人均可支配收入

年　份	cu	yu	pu	cr	yr	pr
1985	673.20	739.10	100.0	317.42	397.60	100.0
1986	798.96	899.60	107.0	356.95	423.80	106.1
1987	884.40	1 002.20	116.4	398.29	462.60	112.7
1988	1 103.98	1 181.40	140.5	476.66	544.90	132.4
1989	1 210.95	1 375.70	163.3	535.37	601.50	157.9
1990	1 278.89	1 510.20	165.4	584.63	686.30	165.1
1991	1 453.81	1 700.60	173.8	619.79	708.60	168.9
1992	1 671.73	2 026.60	188.8	659.21	784.00	176.8
1993	2 110.81	2 577.40	219.2	769.65	921.60	201.0
1994	2 851.34	3 496.20	274.1	1 016.81	1 221.00	248.0
1995	3 537.57	4 283.00	320.1	1 310.36	1 577.70	291.4
1996	3 919.47	4 838.90	348.3	1 572.08	1 926.10	314.4
1997	4 185.64	5 160.30	359.1	1 617.15	2 090.10	322.3

续　表

年　份	cu	yu	pu	cr	yr	pr
1998	4 331.61	5 425.10	356.9	1 590.33	2 162.00	319.1
1999	4 614.91	5 854.00	352.3	1 577.42	2 210.30	314.3
2000	4 998.00	6 280.00	355.1	1 670.13	2 253.40	314.0
2001	5 309.01	6 859.60	357.6	1 741.09	2 366.40	316.5
2002	6 029.88	7 702.80	354.0	1 834.31	2 475.60	315.2
2003	6 510.94	8 472.20	357.2	1 943.30	2 622.20	320.2
2004	7 182.10	9 421.60	369.00	2 184.70	2 936.40	335.60
2005	7 942.88	10 493.00	374.89	2 555.40	3 254.90	343.00
2006	8 696.55	11 759.50	380.48	2 829.02	3 587.00	348.10
2007	9 997.47	13 785.80	397.62	3 223.85	4 140.40	366.90
2008	11 242.85	15 780.76	419.90	3 660.68	4 760.62	390.70
2009	12 264.55	17 174.65	416.10	3 993.45	5 153.17	389.50
2010	13 471.45	19 109.44	429.43	4 381.82	5 919.01	403.50

数据来源:《中国统计年鉴 2011》

表中各项目含义为:

cu = 城镇居民人均消费支出(元)　　yu = 城镇居民人均可支配收入(元)

pu = 城镇居民消费价格指数(1985 年该指数为 100)

cr = 农村居民人均消费支出(元)　　yr = 农村居民家庭人均纯收入(元)

pr = 农村居民消费价格指数(1985 年该指数为 100)

【实验步骤】

§2.1　创建工作文件

一、使用菜单操作方式

使用 EViews 进行经济计量分析的第一步就是新建或调入一个 Workfile。只有新建或打开一个已有的 Workfile,EViews 才允许用户输入并开始进行数据处理。

1. 打开一个已有的工作文件

点击菜单 File→Open→EViews Workfile ...,弹出如图 2-1 所示的窗口。

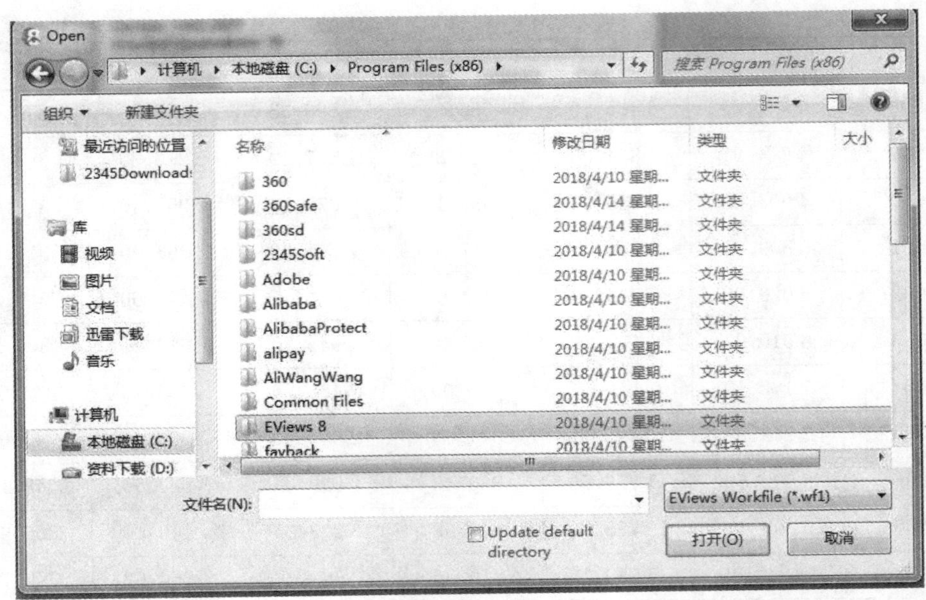

图 2-1

在 Open 窗口中找到所存放的 Workfile，并打开。

2. 新建一个 Workfile

(1) 点击菜单 File→New→Workfile ...，弹出如图 2-2 所示的窗口。

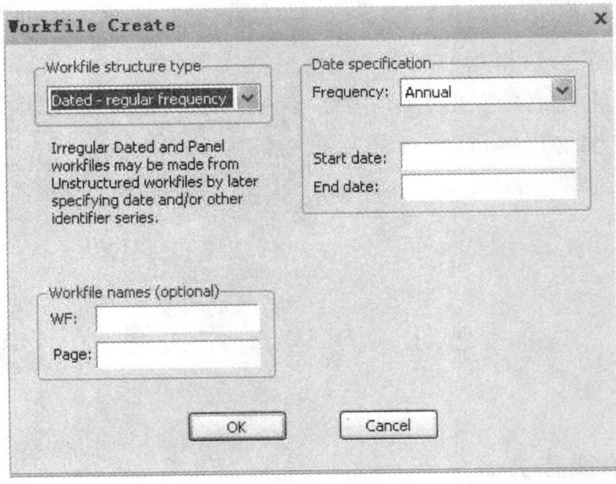

图 2-2

这个窗口是用于设定 Workfile 的工作区间，分为指定数据类型、工作文件的名称和数据的起止期三部分。

Workfile structure type：指定数据的类型，包括时间序列数据(Dated-regular frequency)、非结构/非日期数据(Unstructured/Undated)和面板数据(Balanced Panel)。点击下拉菜单，选择相应的数据类型即可。

Workfile names(optional)：指定工作文件名及样本所在页(Page)的名称。一个工作文件可以有多个 Page。

不同的数据类型对应不同的数据起止期。

① 当选择 Dated-regular frequency 时，数据起止期的格式如图 2-3 所示。

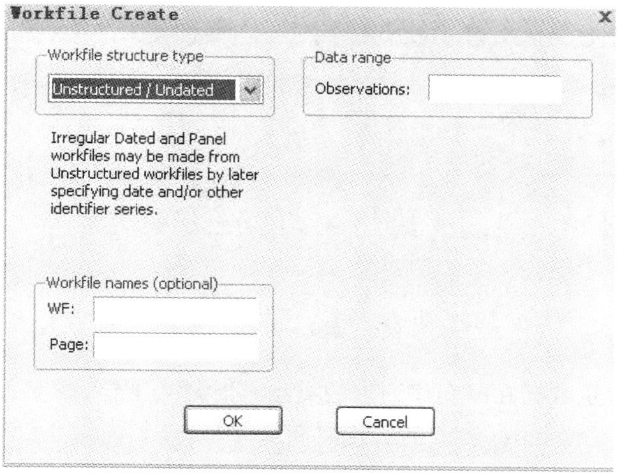

图 2-3

Frequency：指定时间序列数据的类型，分为年、半年、季度、月度、周、日。

Start date 与 End date：数据的起止时间或序号，输入的格式要与选定的数据类型相匹配。具体如下：

* Annual：表示年度数据，起止时间如 1985、2018。

* Semi-annual：表示数据频率为半年。例如，起始日期为 2016 年上半年，终止日期为 2018 年下半年，则 Start date 中填入 2016:1，End date 中填入 2018:2，或者输入 2016S1 和 2018S2(S 是 Semi-annual 的缩写)。

* Quarterly：表示季度数据。例如，1998:1 表示 1998 年第 1 季度，2018:4 表示 2018 年第 4 季度，或者输入 1998Q1 和 2018Q4(Q 是 Quarterly 的缩写)。

* Monthly：表示月度数据。例如，1998:12 表示 1998 年 12 月，或者输入 1998M1 和 2018M12(M 是 Monthly 的缩写)。

* Weekly、Daily：表示周、日数据。

② 当选择 Unstructured/Undated 时，数据起止期的格式如图 2-3 所示。

Data range：输入横截面数据的范围。比如有 30 个省份的 GDP 数据，则在"Observations"框中输入 30。

③ 当选择 Balanced Panel 时，数据起止期的格式如图 2-4 所示。

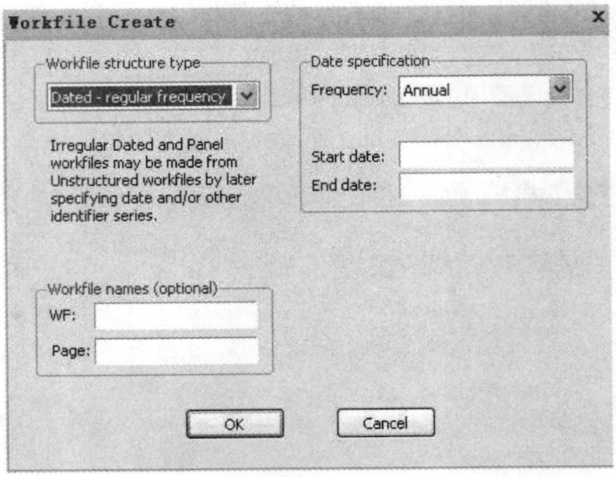

图 2-4

Frequency：指定数据在时间序列上的类型，分为年、半年、季度、月度、周、日。

Start date 与 End date：数据的起止时间或序号，输入的格式要与选定的数据类型相匹配。

Number of cross sections：截面个体数。

指定了数据类型及输入相应的起止时间后，单击 OK 按钮，工作文件就出现在主窗口中。在本例中选择年度数据，起止时间为 1985—2010 年，如图 2-5 所示。

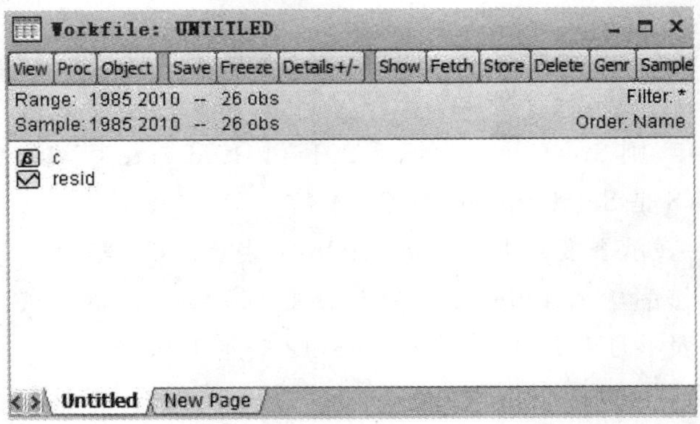

图 2-5

(2) 工作窗口。

图 2-5 显示的是工作文件窗口，包括如下内容：

① 标题栏：指明窗口的类型 Workfile 及名称，还有控制按钮。Workfile：UNTITLED，UNTITLED 表示工作文件未保存和未命名。此时可点击工具栏中的 Save 或主菜单中 File→Save，则会弹出 Save as 的窗口，用户可选择 Workfile 保存的路径及名称，点击“保存”后，会弹出序列在硬盘中的保存格式，如图 2-6 所示。

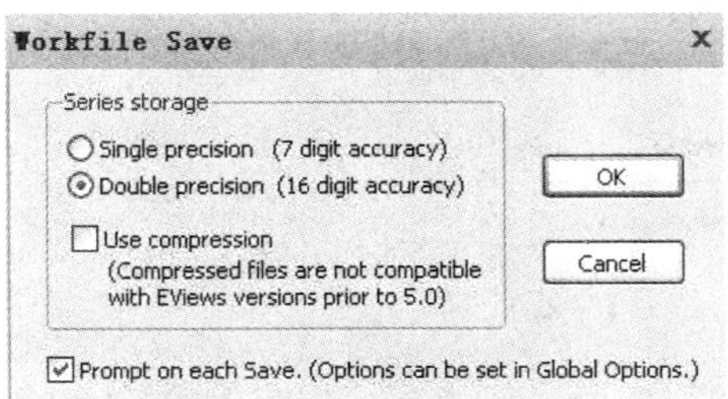

图 2-6

② 工具栏：提供常用操作的快捷方式。工具栏左边的三个按钮 View、Proc、Object 与主菜单栏上的同名菜单的功能完全一样。这里只介绍一些常用的选项。

A. Proc 菜单栏。

▼ Set Sample ...：设定样本回归区间。选择该项时，会弹出如图 2-7 所示的窗口。

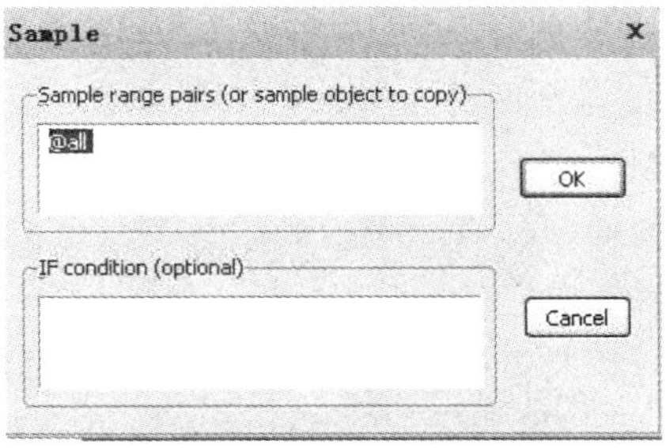

图 2-7

在 Sample range pairs 中，会显示已有的 Sample 区间，可以对此进行修改，并点击 OK。图 2-7 中“@all”是 EViews 设定的特殊关键字(Keywords)，表示与工作文件的时间范围(Range)相同，如果工作文件的时间范围发生变化，则 Sample 也跟着改变。在此例则等同于“1985　2010”。

在 IF condition 中可以输入条件表达式，通过该表达式来确定样本区间。两者可同时确定。等同于工具栏上的 Sample 按钮。

▼ Structure/Resize Current Page ...：改变工作文件的时间范围、数据类型。点击后弹出窗口，如图 2-8 所示。

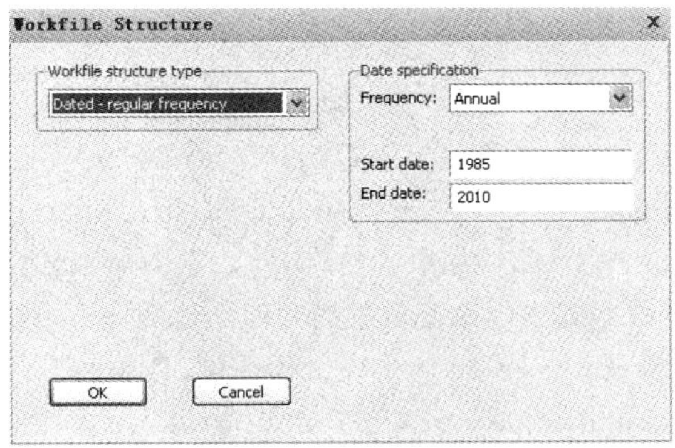

图 2-8

在本例中，若想把数据扩充到2018年，则可把 End date 中 2010 改成 2018，点击 OK 即可。

B. Object 的菜单项。

* New Object ...：创建新的对象。

* Copy selected ...：复制所选对象。

* Rename selected ...：重命名所选对象。

* Delete selected ...：删除所选对象。同工具栏上的 Delete 按钮。

③ 信息栏：显示工作区间和样本区间、Workfile 的显示方式及默认的方程。

Filter：*：表示显示全部对象；如果是 Filter：a *；则表示显示所有名字以字母"a"开头的对象。

Default Eq：表示最近一次估计过的方程。

NONE：表示工作文件中还没创建过方程。

④ 对象保存区：各种已建立的对象都显示在这个窗口中。对象的显示分为对象的图标和对象的名称两个部分。在一个新创建的 Workfile 中，都会自动显示 c 和 Resid 两个对象。

c：系数向量。左边的图标表示 c 的类型是向量(Coef)，保存估计系数。

Resid：残差序列。左边的图标表示 Resid 的类型是序列(Series)。用于保存最近一次估计的方程的残差。

双击所选取的对象就可以打开相应的窗口，右击某个对象可弹出快捷菜单选择某种操作。要选择多个对象，可按住 Ctrl 或 Shift 键同时点击对象。

3. 保存工作文件

此时可点击工具栏中的 Save 或主菜单中 File→Save，则会弹出 Save as 的窗口，用户就可选择 Workfile 保存的路径及名称。

二、使用命令行操作方式

1. 创建工作文件

命令格式：wfcreate (options) frequency start_date end_date [num_cross_sections] wfcreate(options) u num_observations

第一行命令用于创建时间序列数据和面板数据，frequency 是时间序列的数据类型，如年度数据 Annual 用字母"a"表示，具体如下：

a：Annual　　s：Semi-annual

q：Quarterly　　m：Monthly

w：Weekly　　d：Daily(5 day week)

7：Daily(7day week)　　u：Undated or irregular

(options)可建立工作文件名，如果省略，则建立一个未命名的工作文件。

[num_cross_sections]则指定面板数据的截面个体数。

现以创建一个名为 con_income 的工作文件为例，命令如下：

```
wfcreate (wf =con_income) a  1985  2010
```

con_income 文件将自动存入默认的路径(EViews 的安装文件夹下)中。

第二行命令则创建横截面数据，num_obervations 表示样本数。

2. **保存工作文件**

保存未命名的工作文件或重新保存经修改的工作文件，则可使用 Save 命令。命令格式:Save 文件名或 Wfsave 文件名

Save　con_income　　　　　　表示存入默认路径中。

Save　D:\aa\con_income　　　　表示存入 D 盘的 aa 目录下。

工作文件的扩展名是.wf1。EViews 在保存时自动将工作文件存为此扩展名，如本例中为 con_income.wf1。

3. **打开工作文件**

命令格式:Load　workfile_name

　　　　Wfopen　workfile_name

如果文件不在默认路径下，则在文件名前输入对应的路径。例如:

Load d:\aa\con_income.wf1 或 Wfopen d:\aa\con_income.wf1

4. **设定样本区间**

命令格式:smpl 样本区间

　　　　smpl 样本区间 if 条件表达式

5. **改变工作文件的范围**

命令格式:expand　start　end

例如，由于预测需要，要把工作区间从 1985—2010 年扩到 1985—2018 年，则命令为:

expand　1985　2018。

§2.2　数据输入、编辑和分析

建立或调入工作文件以后，可以输入和编辑数据，对数据进行加工和分析。

一、输入数据

有以下四种输入数据的方式。

1. **以菜单方式——单个序列方式输入数据**

在 EViews 窗口或工作文件窗口中点击 Object→New object，弹出如图 2-9 所示的窗口。

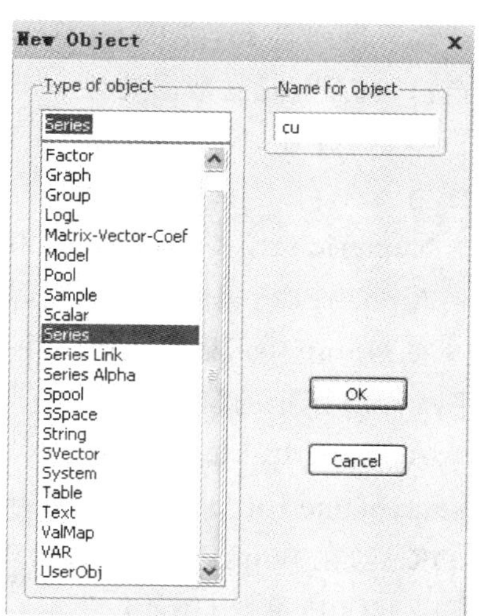

图 2-9

在 Type of object 中选择 Series 类型；在 Name for object 中输入序列名称 cu(城镇居民人均消费支出)，点击 OK，则回到 Workfile 界面，双击 cu 序列，则打开数据编辑窗口。点击 Edit+/-

打开数据编辑状态（用户可以根据习惯点击 Smpl + / − 改变数据按行或列的显示形式），然后输入数据（与 Excel 类似），如图 2 − 10 所示。

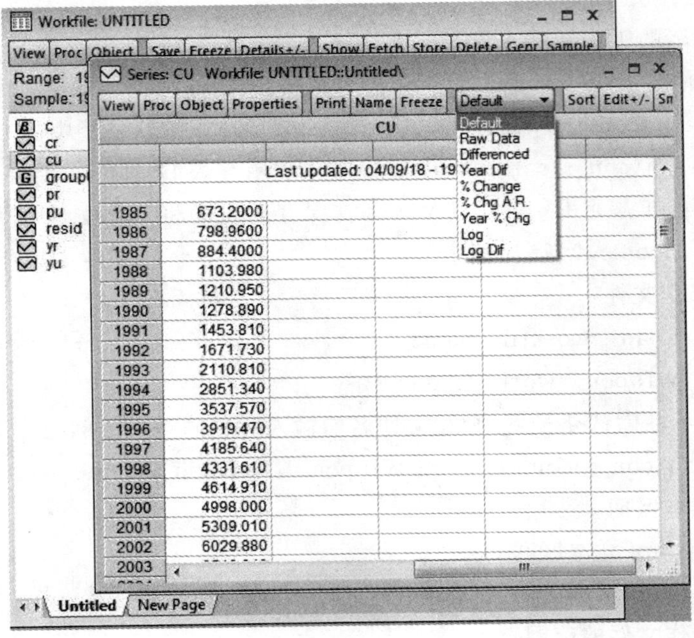

图 2 − 10

然后用相同方法再建立序列 yu（城镇居民人均可支配收入）、pu（城镇居民消费价格指数）。

2. 以菜单方式——群组方式输入数据

在 EViews 窗口中点击 Quick→Empty Group (Edit Series)，则会进入数据编辑窗口，点击 obs 行，然后输入序列名 cu，按 Enter，则弹出如图 2 − 11 所示的窗口，选择所建立数据类型。

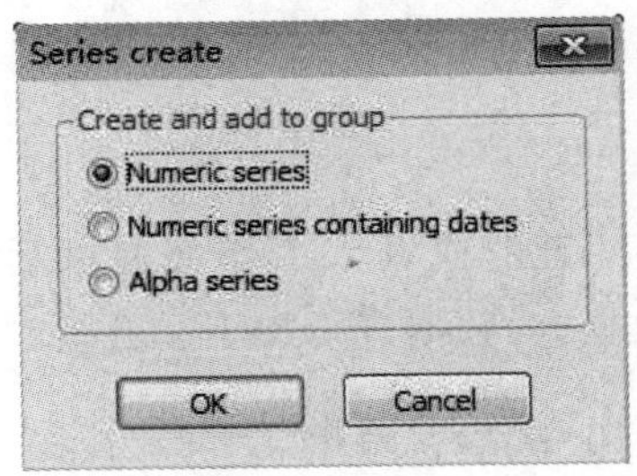

图 2 − 11

图 2 − 11 中，Numeric series 是数字型序列，缺失数据为 NA；

Numeric series containing dates 是日期型序列；

Alpha series 是字符型序列，如姓名、地址等。

在 Group 中可以输入多个序列。输入序列名后，可以输入数据，方式同上。弹出如图 2 − 12 所示的窗口。

在 Name to identify object 中输入名称 urban 或可以默认 group01，在下面的 Display name for labeling tables and graphs (optional) 中可输入注释，也可不输入，点击 OK 后，在 Workfile 中就会出现名为 urban 的 Group 了。例如，现在 Workfile 中有如图 2 − 13 所示的 Group。

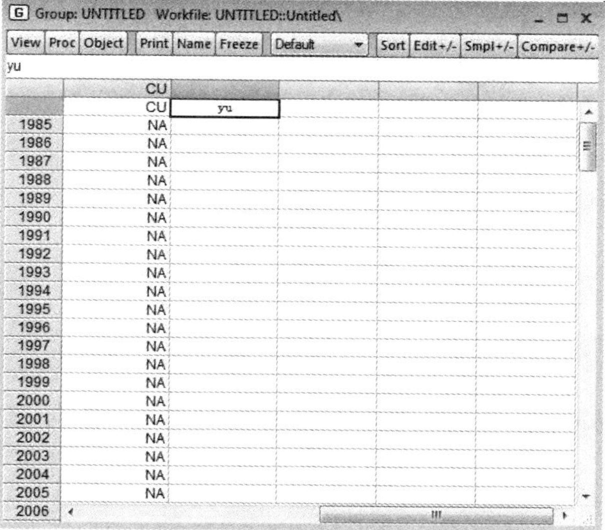

图 2－12

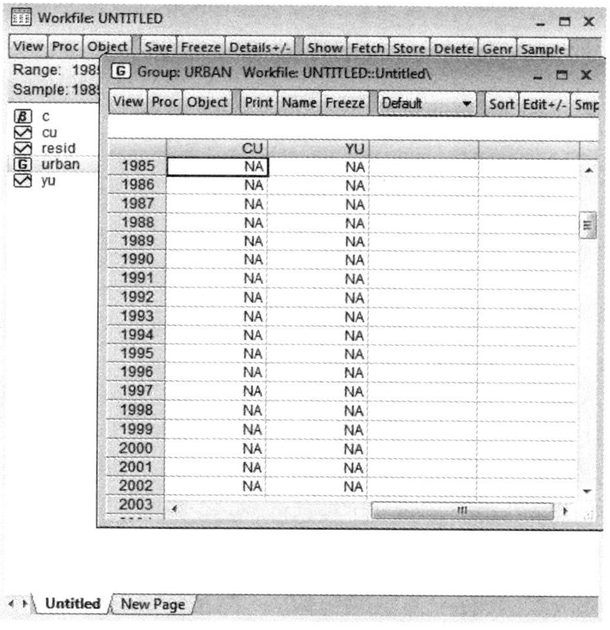

图 2－13

图 2－13 中的 Untitled:表示没有给 Group 命名。点击 Group 中的 Name 菜单，则出现如图 2－14 所示的窗口：

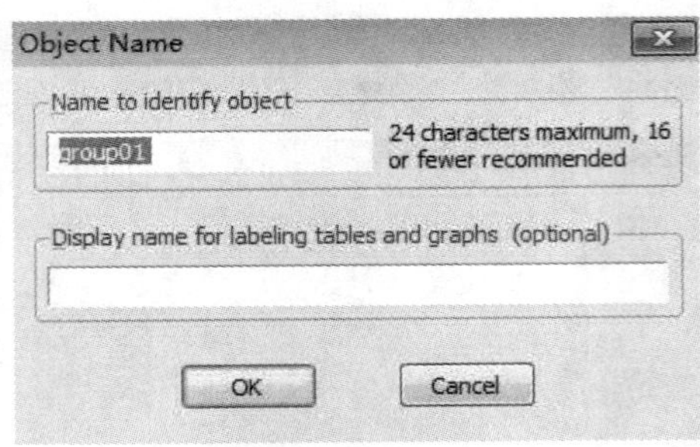

图 2-14

yu:表示输入序列名,按 Enter 键后,就会出现与序列 cu 一样的格式。

在 Group 中也可以先输入数据,再给序列命名。输完 cu、yu 后,在第三列 1985 年处输入数据 100.0 后,按 Enter 键,EViews 会自动给序列命名为 SER01。

用户可以通过以下两种方法修改此序列名:

(1) 在 Group 中点击 SER01,输入自己建立的序列名 pu,按 Enter 即可,如图 2-15 所示。

Group: UNTITLED Workfile: 1::Untitled\

View | Proc | Object | Print | Name | Freeze | Default | Sort | Edit+/- | Smp

100

	CU	YU	SER01	ALPHA01
1985	673.2000	739.1000	100.0000	
1986	798.9600	899.6000	NA	
1987	884.4000	1002.200	NA	
1988	1103.980	1181.400	NA	
1989	1210.950	1375.700	NA	
1990	1278.890	1510.200	NA	
1991	1453.810	1700.600	NA	
1992	1671.730	2026.600	NA	
1993	2110.810	2577.400	NA	
1994	2851.340	3496.200	NA	
1995				

图 2-15

(2) 在 Workfile 中:选中 SER01 序列,按右键,在快捷菜单中选 Rename ...,如图 2-16 所示;或点击 Object→Rename Selected,则会弹出 Object Name 窗口(与图 2-13 同),在 Name 选项中输入 pu,点击 OK 即可。

3. 以命令行方式——data 命令

命令格式为:data ＜序列名 1＞ ＜序列名 2＞……＜序列名 n＞

在命令框中输入 data cu yu pu

回车后弹出数据编辑框与第 2 种输入方式完全相同,如图 2-16 所示。

4. 以命令行方式——Series 命令

命令格式为:series 序列名

series 序列名=公式

输入命令:series cu series yu series pu

回车后,数据输入方式与第 1 种方法完全相同。

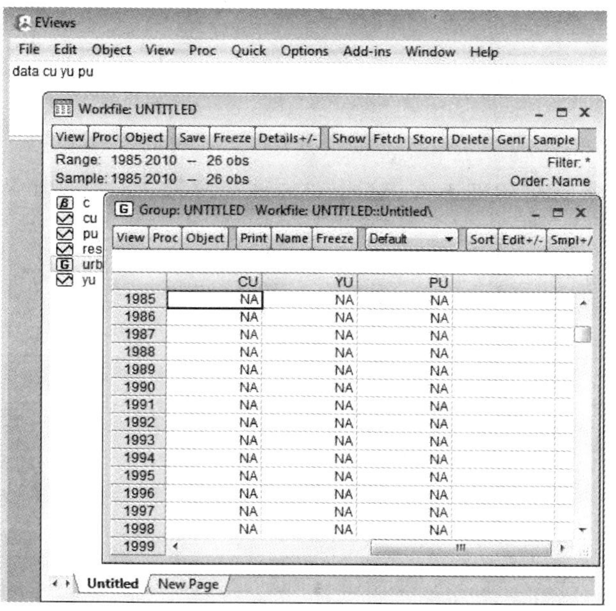

图 2-16

上面介绍的数据输入方式都是通过键盘实现的。EViews 也支持直接从各种格式的外部文件输入数据。

二、编辑数据

建立数据后,可以对数据进行编辑。

1. 产生新的序列

在本例中,消费支出 cu 和人均可支配收入 yu 都是名义数据,现在要转换成以 1985 年为基年的实际数据,设城镇居民人均实际消费支出和城镇居民人均实际可支配收入分别用 cup 和 yup 表示,则计算公式为:

cup = cu/pu * 100;

yup = yu/pu * 100

具体操作如下:

(1) 菜单方式。

点击菜单 Object → Generate series ... 或 Quick→Generate series ... 或 Workfile 中的工具栏 Genr,则弹出如图 2-17 所示的窗口。

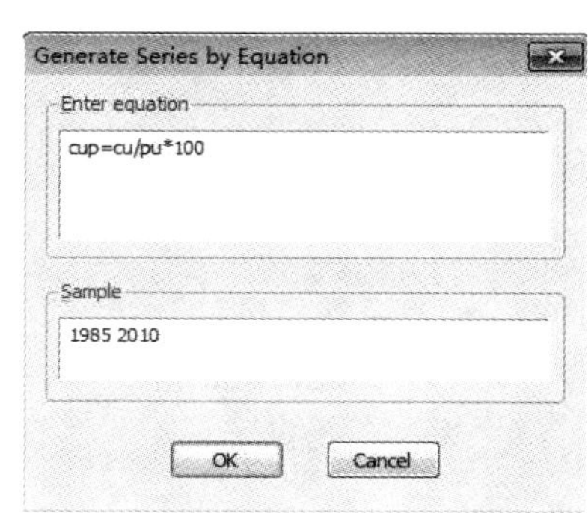

图 2-17

在 Enter equation 框中键入相应的公式后,点击 OK,则生成新序列 cup。yup 的处理与 cup 同。

(2) 命令方式。

格式:genr 对象名 = 公式

series 对象名 = 公式

本例命令如下:genr　cup = cu/pu * 100　回车
genr　yup = yu/pu * 100　回车
或　series　cup = cu/pu * 100　回车
series　yup = yu/pu * 100　回车

在公式中,还经常会用到一些函数,比如取对数等,如对 cu 取对数,则 genr lcu = log(cu)。

常用的函数,如表 2-3 所示。

表 2-3　常用函数

函数名称	功　能	函数名称	功　能
abs(x)	求序列 x 的绝对值	log(x)	取 x 的自然对数
exp(x)	求指数 e^x	sqre(x)	对 x 求平方根
mean(x)	求均值	d(x)	求 x 的一阶差分
min(x)	求最小值	d(x,n)	求 x 的 n 阶差分
max(x)	求最大值	var(x)	求方差
sum(x)	求和	stdev(x)	求标准差
sumsq(x)	求平方和	cor(x,y)	求 x,y 的相关系数
inv(x)	求倒数 1/x	cov(x,y)	求 x,y 的协方差
x(-1)	取 x 的滞后一期	x(-n)	取 x 的滞后 n 期

2. 给对象重命名

格式:Rename　原对象名　新对象名

3. 删除对象

格式:Delete　对象名

4. 在 Group 中添加或删除序列

删除序列:打开 Group 窗口,然后用鼠标选择所要删除的序列,按右键,在弹出的菜单中选择 Remove Series 即可。

添加序列:选中任何一个序列(包括空序列),按鼠标右键,在弹出的菜单中选中 Insert Series,在弹出的窗口中输入添加序列名即可。例如,在 Group:urban 中,输入 cup、yup。

三、数据的统计分析

1. 相关系数矩阵

打开 Group:urban 窗口,点击 Quick→Group Statistics→Correlations,弹出如图 2-18 所示的窗口。

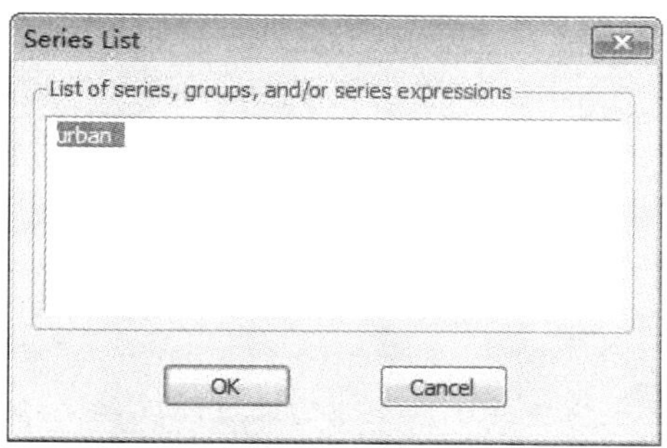

图 2－18

在图 2－18 中输入 Group 名，对 Group 中所有的序列求相关系数。点击 OK 后，结果如图 2－19 所示。

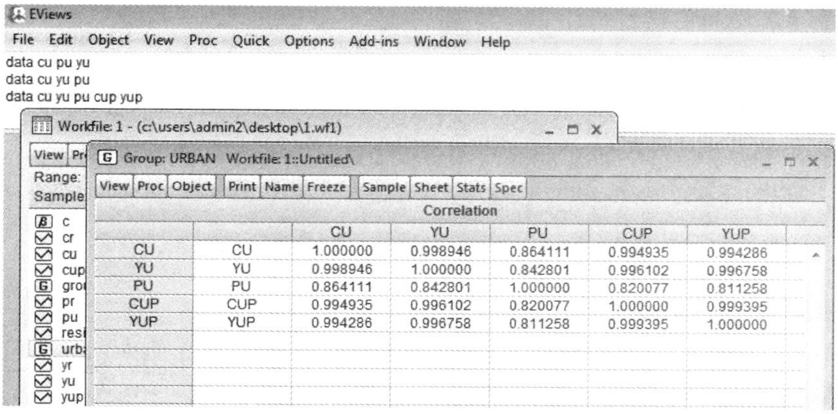

EViews
File Edit Object View Proc Quick Options Add-ins Window Help
data cu pu yu
data cu yu pu
data cu yu pu cup yup

Workfile: 1 - (c:\users\admin2\desktop\1.wf1)

Group: URBAN Workfile: 1::Untitled\

Correlation

		CU	YU	PU	CUP	YUP
CU	CU	1.000000	0.998946	0.864111	0.994935	0.994286
YU	YU	0.998946	1.000000	0.842801	0.996102	0.996758
PU	PU	0.864111	0.842801	1.000000	0.820077	0.811258
CUP	CUP	0.994935	0.996102	0.820077	1.000000	0.999395
YUP	YUP	0.994286	0.996758	0.811258	0.999395	1.000000

图 2－19

可见各序列之间的相关度都很高。这个操作是显示 Group 中所有序列之间的相关系数矩阵，如果只想显示其中一些序列的相关关系，则可在图 2－18 中输入 cu、yu、pu，点击 OK，结果如图 2－20 所示。

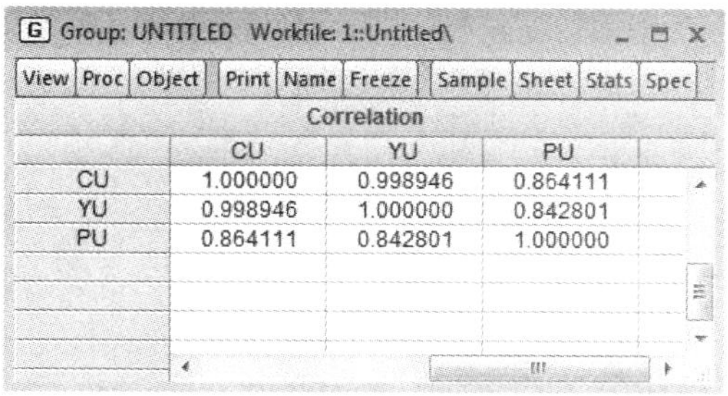

Group: UNTITLED Workfile: 1::Untitled\

Correlation

	CU	YU	PU
CU	1.000000	0.998946	0.864111
YU	0.998946	1.000000	0.842801
PU	0.864111	0.842801	1.000000

图 2－20

进行同样的操作，然后在图 2－18 中输入 cup、yup、pu，结果如图 2－20 所示。

Group: UNTITLED Workfile: 1::Untitled\

View | Proc | Object | Print | Name | Freeze | Sample | Sheet | Stats | Spec

Correlation

	CUP	YUP	PU
CUP	1.000000	0.999395	0.820077
YUP	0.999395	1.000000	0.811258
PU	0.820077	0.811258	1.000000

图 2－21

从图 2－20 与图 2－21 可知，城镇居民人均消费支出 cu(cup)与城镇居民人均可支配收入 yu(yup)的相关度很高。

2. 显示各序列的描述统计量

在 Group 窗口中点击 View→Descriptive Stats→Common Sample，结果如图 2－22 所示，给出了各序列的均值、中位数、最大值、最小值、标准差、偏度、峰度、J－B 统计量、观测值数。

Group: URBAN Workfile: 1::Untitled\

View | Proc | Object | Print | Name | Freeze | Sample | Sheet | Stats | Spec

	CU	YU	PU	CUP	YUP
	CU	YU	PU	CUP	YUP
Mean	4933.575	6496.525	292.1738	1468.093	1898.719
Median	4258.625	5292.700	353.1500	1189.634	1478.535
Maximum	13471.45	19109.44	429.4300	3137.054	4449.955
Minimum	673.2000	739.1000	100.0000	673.2000	739.1000
Std. Dev.	3777.672	5376.008	110.0598	742.2758	1105.340
Skewness	0.764843	0.895065	-0.557548	0.870426	0.941712
Kurtosis	2.570366	2.791548	1.742868	2.555890	2.716190
Jarque-Bera	2.734905	3.518687	3.059135	3.496783	3.930150
Probability	0.254755	0.172158	0.216629	0.174054	0.140145
Sum	128273.0	168909.7	7596.520	38170.41	49366.69
Sum Sq. Dev.	3.57E+08	7.23E+08	302828.9	13774332	30544417
Observations	26	26	26	26	26

图 2－22

四、画图

1. 在一张图上建立 cu、yu、pu 的线形图

(1) 点击 Quick→Graph ...；

(2) 在弹出的窗口中输入 cu、yu、pu(EViews 按输入序列的先后，称 cu 线形图为 Line1；yu 线形图为 Line2；依此类推)，点击 OK；

(3) 在随后弹出的窗口(见图 2－23)中按默认选项，点击 OK，结果如图 2－24 所示。

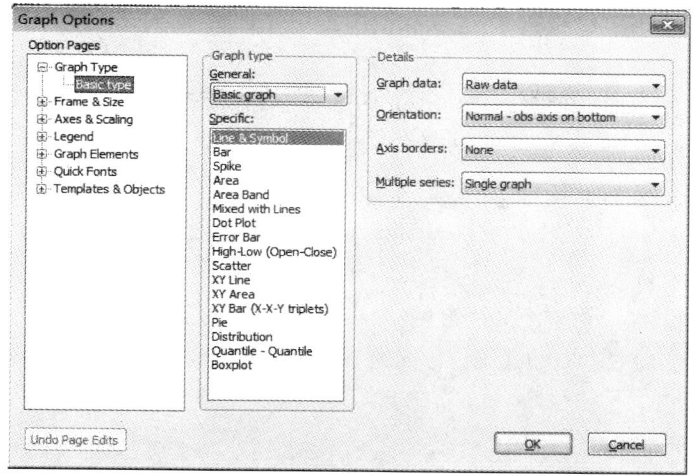

图 2-23

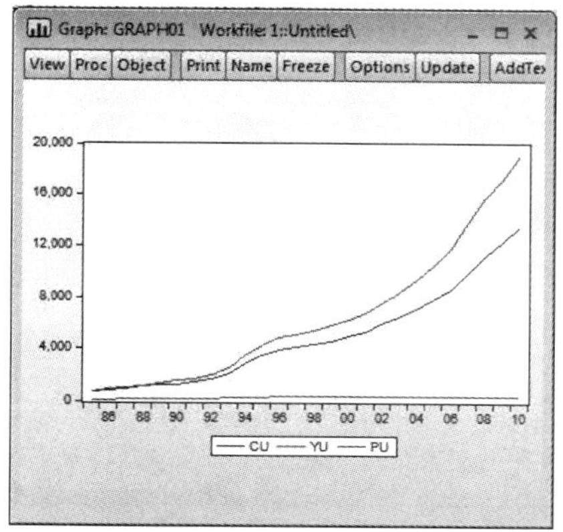

图 2-24

从图 2-24 中可以看出人均消费支出有不断上升的趋势。用户可以对图 2-24 进行各种修改，如改变图形的类型、坐标尺度、线形等。点击图形按右键，弹出快捷菜单，如图 2-25 所示。

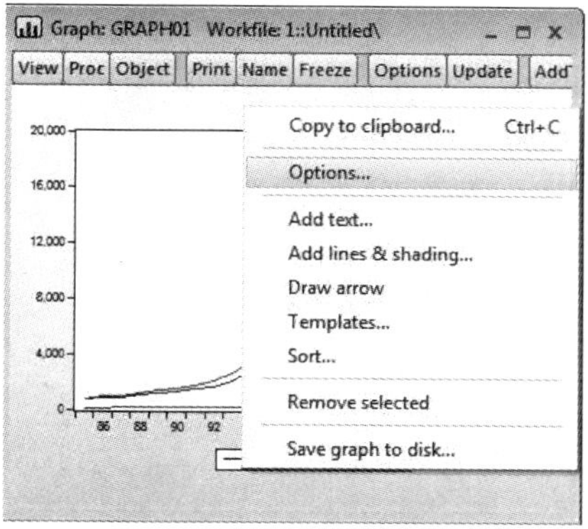

图 2-25

点击快捷菜单中的 Options ... 或双击图形内任何位置，也会弹出“Graph Options”的窗口。

EViews 通过图形选项窗(Graph Options)提供了丰富多彩的绘图选项，在这里可以设置图形的类型、显示方式、坐标轴的刻度等。其中最基本的是图形类型(Graph Type)，列出了以下类型：Line Graph(线型图)、Stacked Lines(叠线图)、Bar Graph(直方图)、Stacked Bars(叠柱图)、Mixed Bar & Line(柱线混合图)、Scatter Diagram(散点图)和 Pie Chart(饼图)。

2. 建立 yup 和 cup 的 X_Y 线形图

线形用折线和数据点(空心圆点)同时表示；颜色用绿色。

具体操作如下：

(1) 点击 Quick→Graph ...；

(2) 在弹出如图 2-18 的窗口中输入 yup、cup(先输入的序列作为横轴，第二个序列作为纵轴)，点击 OK；

(3) 在随后弹出如图 Graph Options 的窗口中输入如下内容：

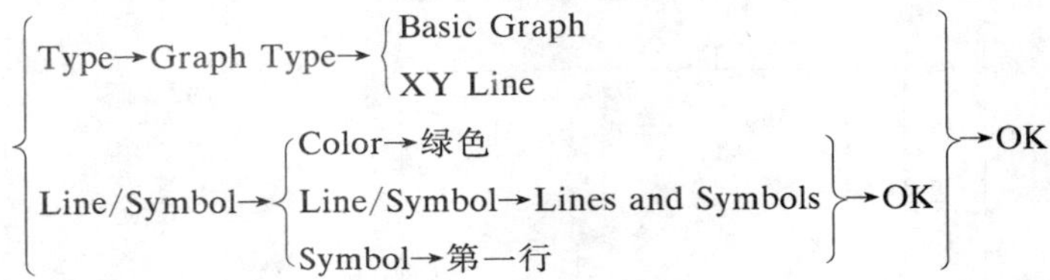

结果如图 2-26 所示。

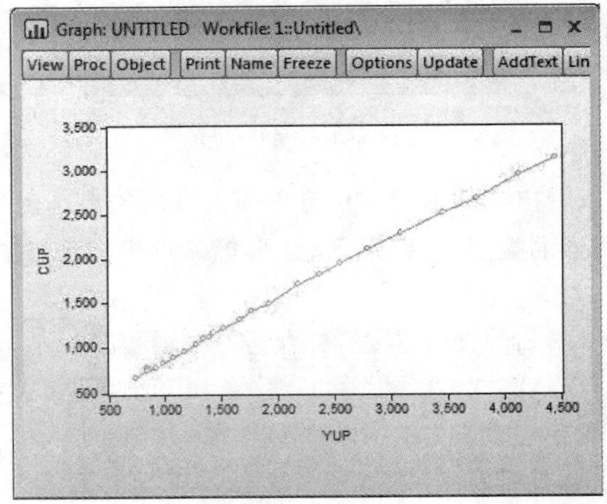

图 2-26

用户如果对画图的命令方式感兴趣，可参考 Help→Command reference→Chapter 3：Graph Creation Commands。

§2.3　单方程回归和预测

一、估计城镇消费函数

1. 确定方程形式

从图 2-21 中可以看出，cup 与 yup 的相关系数为 0.999；观察消费性支出与可支配收入的线形图（见后图 2-26），可知两者呈高度线性关系。在经济理论指导下，依据凯恩斯理论，设定理论模型：

$$cup = a + b(yup)$$

2. 用普通最小二乘法（OLS）估计模型

（1）菜单方式。

在主菜单选 Quick→Estimate Equation …，进入方程设定对话框，如图 2-27 所示。

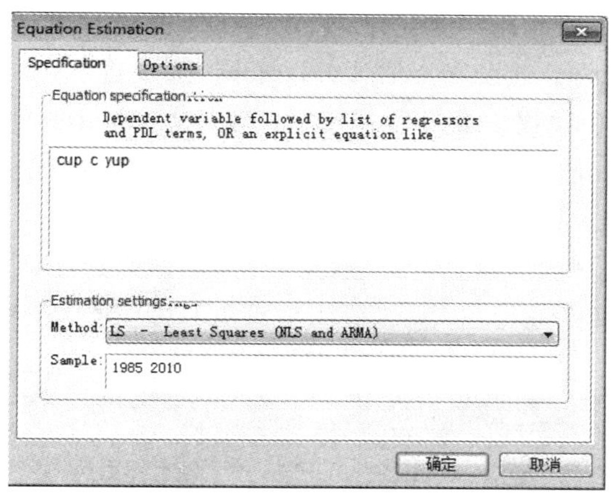

图 2-27

在方程设定对话框中，主要工作是进行方程设定和设置估计方法。

方程设定可用列表方式或公式方式设定。用列表方式设定方程比较简单，但只适用于无约束的线性回归方程。例如，图中 Equation Specification 框中的 cup c yup，其中 c 用于指定方程的常数项（workfile 中自动设定的向量 c），存放方程回归的各系数值。

用公式方式设定模型比较灵活，适用于线性、非线性、无约束和有约束的回归模型。例如：

cup = c(1) + c(2) * yup　　（线性回归）

Log(Y)　c　X　　（Y 的自然对数对变量 X 回归）

1/Y　C　(X + X(-1))/2　　（Y 的倒数对变量 X 的二阶移动平均值回归）

Y = C(1) + C(2) * X + C(3) * X(-1) + C(4) * X(-2) + (1 - C(3) - C(-4)) * X(-3)

（有约束回归：设定自变量 X 的各阶滞后值的系数之和为 1）

Y = C(1) + C(2) * (K^C(3) + L^C(4))

（非线性回归：EViews 会检测其非线性并采用非线性最小二乘法估计）

在 Method 框中点击下拉菜单，则会出现弹出各种估计方法，具体如下：

LS：最小二乘法，包括普通最小二乘法（OLS）、加权最小二乘法（WLS）、非线性最小二乘法（NLS）和自回归移动平均（ARMA）。

TSLS：二阶段最小二乘法、二阶段非线性最小二乘法、二阶段自回归移动平均法。

ARCH：自回归条件异方差估计法。

GMM：广义矩估计方法。

BINARY：二值因变量模型估计法，包括 Probit、Logit 和 Gompit 等估计法。

ORDERED：定序因变量模型估计法。

CENSORED：截断数据模型估计方法。

COUNT：计数数据模型估计方法。

方程和估计方法设定之后，下一步就是样本区间的设置。Workfile 中的样本区间为方程估计的默认区间，可输入不同于默认区间的样本估计区间，如 1990　2010，但该样本区间仅对当前方程起作用，并不会改变 Workfile 的样本区间。

最后是选项（Options）的设置。估计方法不同，选项也不一样。例如，对于 LS 和 TSLS 这两类方法，选项中提供异方差校正的两种方法：White 和 Newey-West。而对于 WLS 法，则提供 weight 选项以输入作为权重的序列，非线性最小二乘的最大迭代次数、收敛的精度、ARMA 系数的初始值等。

本例中，用列表方式输入待估计方程（见后图 2 - 27），选择估计方法——普通最小二乘法（OLS），点击 OK 进行估计，即得到估计方程及其统计检验结果，如图 2 - 28 所示。

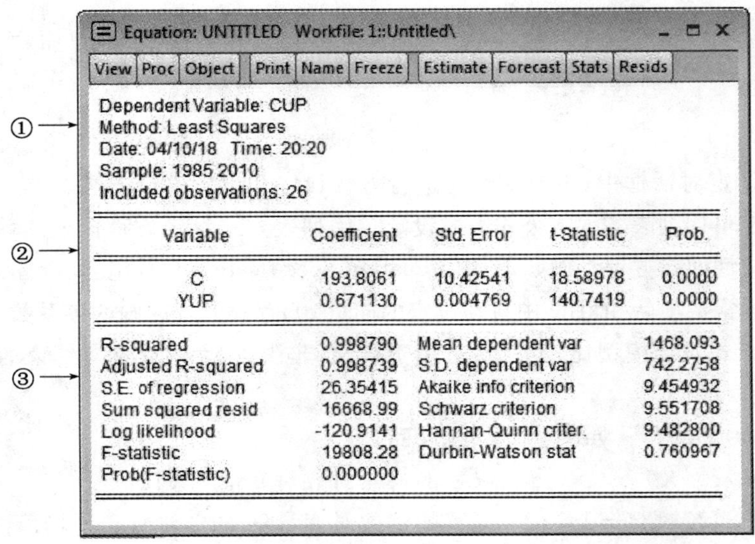

Dependent Variable: CUP
Method: Least Squares
Date: 04/10/18 Time: 20:20
Sample: 1985 2010
Included observations: 26

Variable	Coefficient	Std. Error	t-Statistic	Prob.
C	193.8061	10.42541	18.58978	0.0000
YUP	0.671130	0.004769	140.7419	0.0000

R-squared	0.998790	Mean dependent var	1468.093
Adjusted R-squared	0.998739	S.D. dependent var	742.2758
S.E. of regression	26.35415	Akaike info criterion	9.454932
Sum squared resid	16668.99	Schwarz criterion	9.551708
Log likelihood	-120.9141	Hannan-Quinn criter.	9.482800
F-statistic	19808.28	Durbin-Watson stat	0.760967
Prob(F-statistic)	0.000000		

图 2 - 28

(2) 命令方式。

命令格式:LS　因变量　常数项　自变量 1　自变量 2…自变量 n

本例命令:LS　cup　c　yup　回车

结果与采用菜单方式完全相同。

图 2－28 的 Equation 窗口中点击功能键 Name,在弹出的窗口中按默认名取为 EQ01,点击 OK,则标题栏 Equation:UNTITLED 变为 Equation:EQ01。

(3) 对回归结果的解释。

图 2－28 给出的是城镇消费函数的回归结果,下面分三个部分来说明(更详细说明可参考:Help→Users Guide II→Chapter 24:Basic Regression→Equation Output):

图中①主要给出估计的因变量、估计方法、时间、估计区间、观测值数及所估计的方程形式。

图中②给出所估计的参数的估计值及统计量。

* C:方程的第一个系数,本例中是常数项,如果没有常数项,则指第一个自变量的斜率系数。

* Coefficient:回归系数值。

* Std. Error:标准误差。

* t-Statistic:t 统计量,在假设检验中用来检验系数是否显著的统计量。

* Prob(P 值):实际显著性水平(双侧检验)。当 P 值小于给定的显著性水平α时,拒绝原假设。

③ 检验模型的统计量。

* R-squared:决定系数 R^2。

* Adjusted R-squared:修正决定系数 $\bar{\boldsymbol{R}}^2$。

* S. E. of regression:回归标准误差,即$\hat{\sigma}$。

* Sum squared resid:残差平方和。

* Log likelihood:对数似然估计值。

* F-statistic:F 统计量,用于检验方程全部斜率系数是否都为零。

* Prob(F-statistic):F 检验的实际显著性水平,即 P 值。如果 P 值小于给定的显著性水平,则拒绝原假设。

* Mean dependent var:因变量的均值$\bar{y}$。

* S. D. dependent var:因变量的标准差。

* Akaike info criterion:赤池信息准则(AIC 准则)。在同类模型比较时,AIC 的值越小越好,还可以通过使 AIC 达到最小值的方式来选择最优滞后分布的长度。

* Schwarz criterion:施瓦茨准则。与 AIC 类似。

* Hannan-Quinn criter.:汉南－奎因准则。与 AIC 类似。

* Durbin-Watson stat:DW 统计量,判定扰动项是否存在一阶自相关。

了解了回归结果的含义之后,不难写出本例的标准格式回归结果如下:

$$\boldsymbol{C\hat{U}P} = 193.81 + 0.67 * \mathrm{YUP} \quad R^2 = 0.999$$

t：　　(18.59)　(140.74)　　DW = 0.76

不难看出，模型拟合得很好(R^2)，系数也很显著，这可直接从 P 值看出，方程中系数的 P 值都小于给定的显著性水平 0.05。

3. **给出模型拟合图**

点击 Equation 窗口中的功能键 View→Actual，Fitted，Residual→Actual，Fitted，Residual Graph 或直接点击功能键 Resids，或直接输入命令：EQ01. resids(g)，按回车键，则结果如图 2 - 29 所示。

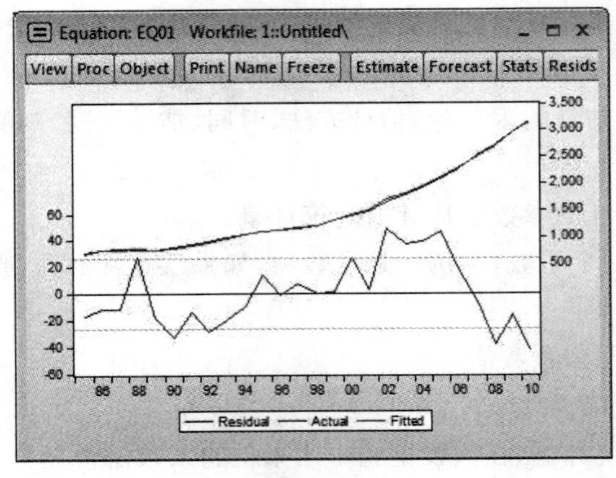

图 2 - 29

从图 2 - 29 中，我们可以看出因变量实际值和拟合值几乎重叠，只有 1988 年差距稍大一点。

二、单方程预测

1. 操作步骤

(1) 进入 Equation 窗口(可以选定一个已有的方程打开或新建一个新方程)，如图2 - 28 所示。

(2) 点击其工具栏 Proc→Forecast ... 或直接点击工具栏中的 Forecast，打开对话框，如图 2 - 30 所示。

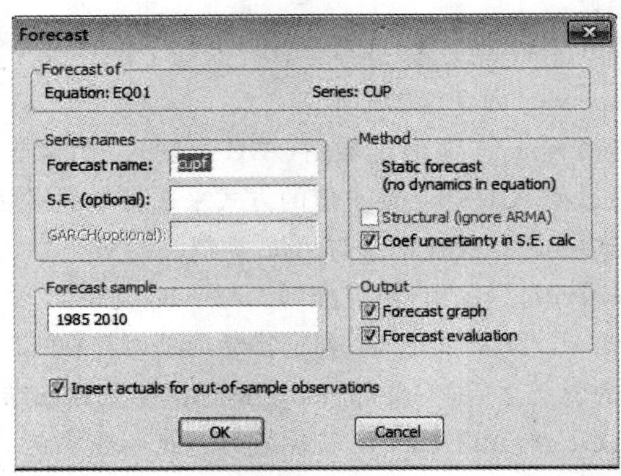

图 2 - 30

① Forecast name：输入预测的因变量序列名，这名称不能与因变量名相同，否则会覆盖因变量序列的数据。

② S.E.(optional)：给定保存标准预测误差的序列名，是可选项。

③ Forecast sample：设定预测区间。默认设置为 Workfile 的工作区间；如果设定的预测区间大于 Workfile 的工作区间，EViews 则进行外推预测。

④ Method：设定预测方法。

Static forecast：静态预测，指用解释变量的真实值进行预测，只有当真实数据可获得时才能使用此方法(动态预测只适合于动态方程)；

Coef uncertainty in S.E. calc：在计算预测标准误差时考虑系数的不确定性；

Structural：当方程中保护 ARMA 时，变成可选项。选择即表示忽略 ARMA 项。

⑤ Output：选择输出结果的形式，图形、数值、预测评价指标(平均绝对误差等)。

将对话框的内容输入完毕，点击 OK 得到用户命名的预测值序列。

2. 实例

根据表 2-1 中的数据：农村居民人均消费支出 cr、农村居民家庭人均纯收入 yr、农村居民消费物价指数 pr，进行下列练习：

(1) 根据 1985—2006 年数据，建立农村居民人均消费支出回归模型，各变量采用实际值；

(2) 根据 2007—2010 年农村居民家庭人均纯收入的数据，利用所建模型预测 2007—2010 年农村人均实际消费支出。

根据前面所学，对练习(1)、(2)的操作步骤如下：

(1) 建立 Workfile。

Create　rural_con　a　1985　2006

(2) 输入和编辑数据。

data cr　yr　pr(创建组对象，用于输入数据)，点击 Name：rural

genr　crp = cr/pr * 100

genr　yrp = yr/pr * 100(输完数据后，对数据进行处理，产生以 1985 年基准的不变价数据)

(3) 建立 crp 与 yrp 的散点图，用连线把红色正方形数据点连接。

操作如下：

① 点击 Quick→Graph ...；

② 在弹出的窗口中输入 yrp、crp，点击 OK；

③ 在随后弹出的窗口中输入如下内容：

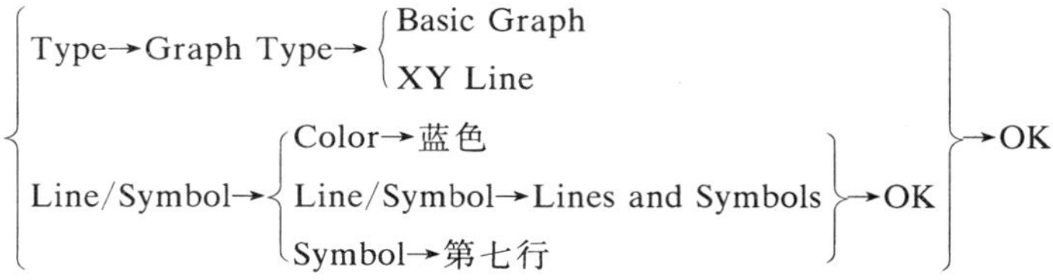

结果如图 2－31 所示。

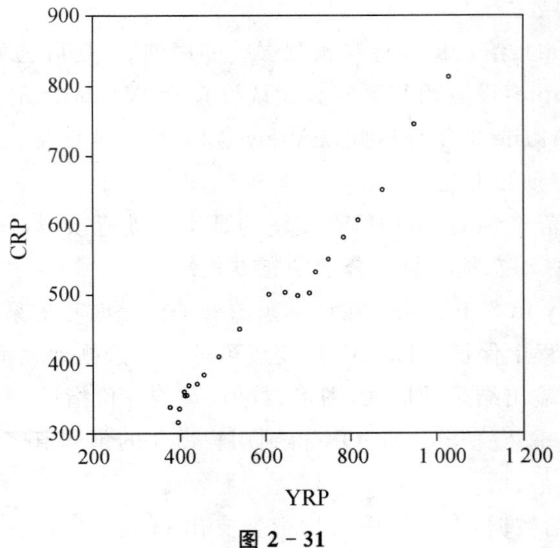

图 2－31

从图 2－31 中可以看出，crp 与 yrp 呈高度线性关系。除了 1997—1999 年，这三年消费几乎没有随着收入的增加而变动；1985 与 1986 年数据也存在异常，收入变动非常小。

（4）回归。

输入命令：Ls　crp　c　yrp，结果如图 2－32 所示。

Equation: EQ02　Workfile: 1::Untitled\

View | Proc | Object | Print | Name | Freeze | Estimate | Forecast | Stats | Resids

Dependent Variable: CRP
Method: Least Squares
Date: 04/10/18　Time: 20:33
Sample: 1985 2010
Included observations: 26

Variable	Coefficient	Std. Error	t-Statistic	Prob.
C	46.07166	11.35807	4.056292	0.0005
YRP	0.717419	0.014667	48.91256	0.0000

R-squared	0.990068	Mean dependent var	555.8187
Adjusted R-squared	0.989654	S.D. dependent var	226.4008
S.E. of regression	23.02820	Akaike info criterion	9.185120
Sum squared resid	12727.15	Schwarz criterion	9.281896
Log likelihood	-117.4066	Hannan-Quinn criter.	9.212988
F-statistic	2392.439	Durbin-Watson stat	0.504178
Prob(F-statistic)	0.000000		

图 2－32

由图 2－32，可写出标准格式回归结果：

$$C\hat{R}P = 46.07 + 0.72 * YRP \qquad R^2 = 0.976$$

$$t: \quad (4.47)\ (28.74) \qquad DW = 0.488$$

(5) 预测。

① 扩大 Worfile 的工作区间:expand　1985　2010

② 双击 Group:rural,分别输入 yr、pr 的 2007、2008、2009、2010 四年的数据。

③ 产生 yrp 的 2007—2010 数据:genr yrp = yr/pr * 100

④ 点击图 2-32 中的功能键 Forstcast,在弹出的 Forecast 窗口中,设置如下:

Output:不做任何选择。点击 OK,则在 Workfile 中产生因变量的预测序列 crpf。或直接采用命令方式:eq01. forecast(g,e) crpf。

Forecast 命令的详细运用可参考下述:Help→Command Reference→Chapter 4: Command Reference →forecast。

经整理,预测值与历史数据比较如表 2-4 所示。

表 2-4　预测值与历史数据比较

年　份	历史数据 crp	预测值 crpf	绝对百分比误差
2007	878.67	832.67	-5.24
2008	936.95	893.73	-4.61
2009	1 025.28	964.64	-5.91
2010	1 085.95	1 062.26	-2.18

本章小结

1. 回归分析(Regression Analysis)是研究一个变量关于另一个(些)变量的具体依赖关系的计算方法和理论。其主要目的是通过后者的已知或设定值,去估计和(或)预测前者的(总体)均值。总体回归函数是对总体变量间关系的定量表述,由总体回归模型在若干基本假设下得到,但它只是建立在理论之上,在现实中只能先从总体中抽取一个样本,获得样本回归函数,并用它对总体回归函数做出统计推断。

2. 如何获取线性的样本回归函数,主要涉及普通最小二乘法(OLS)的学习与掌握。除此之外还包括极大似然估计法(ML)以及矩估计法(MM)。

3. 对样本回归函数能否代表总体回归函数需要进行统计推断,即进行所谓的统计检验。统计检验包括两个方面:一是先检验样本回归函数与样本点的"拟合优度",二是检验样本回归函数与总体回归函数的"接近"程度。后者又包括两个层次:第一,检验解释变量对被解释变量是否存在着显著的线性影响关系,这可以通过变量的 t 检验完成;第二,检验回归函数与总体回归函数的"接近"程度,这可以通过参数估计值的"区间检验"完成。

思考与练习

1. 我国 1995—2014 年的人均国民生产总值和居民消费支出的统计资料(此资料

来自中华人民共和国统计局网站）如表1所示，做回归分析。

表1　我国1995—2014年人均国民生产总值与居民消费水平

年　份	人均国内生产总值(元)	居民消费水平(元)
1995年	5 074	2 330
1996年	5 878	2 765
1997年	6 457	2 978
1998年	6 835	3 126
1999年	7 199	3 346
2000年	7 902	3 721
2001年	8 670	3 987
2002年	9 450	4 301
2003年	10 600	4 606
2004年	12 400	5 138
2005年	14 259	5 771
2006年	16 602	6 416
2007年	20 337	7 572
2008年	23 912	8 707
2009年	25 963	9 514
2010年	30 567	10 919
2011年	36 018	13 134
2012年	39 544	14 699
2013年	43 320	16 190
2014年	46 612	17 806

(1) 做出散点图，建立居民消费水平随人均国内生产总值变化的一元线性回归方程，并解释斜率的经济意义。

(2) 对所建立的回归方程进行检验。

2. 表2列出了2014年中国部分省市城镇居民家庭年平均可支配收入(Income)与消费性支出(Expense)的统计数据。

表 2　中国部分省市城镇居民家庭年平均可支配收入与消费性支出　　单位：元

地　区	可支配收入	消费性支出	地　区	可支配收入	消费性支出
北京	43 910.00	28 009.00	广西	24 669.00	15 045.00
上海	47 710.00	30 520.00	山东省	29 222.00	18 323.00
重庆	25 147.00	18 279.00	陕西省	28 844.00	19 968.00
河北省	24 141.00	16 204.00	山西省	24 069.00	14 637.00
山西省	24 069.00	14 637.00	安徽省	24 839.00	16 107.00
内蒙古	28 350.00	20 885.00	甘肃省	20 804.00	15 507.00
吉林省	23 217.80	17 156.00	云南省	24 299.00	16 268.00
江苏省	34 346.00	23 476.00	贵州省	22 548.21	15 254.64
浙江省	40 393.00	27 242.00	四川省	24 381.00	18 027.00
江西省	24 309.00	15 142.00	青海省	22 306.57	17 492.89
湖南省	26 570.00	18 335.00	海南省	24 487.00	17 514.00
河南省	24 391.45	15 726.12	宁夏	23 285.00	17 216.00

试用 OLS 法建立居民消费支出对可支配收入的线性模型。

第 3 章　多元线性回归模型

【实验目的】

1. 掌握建立多元线性回归模型的估计和检验方法；
2. 理解调整的判定系数($\bar{R}^2$)、参数显著性检验(t 检验)、联合假设检验(F 检验)；
3. 模型的外推预测与置信区间预测。

【实验内容】

在一项对某社区家庭对某些消费品的消费需求调查中，得到如表 3－1 所示的资料。

表 3－1　某社区家庭对某些消费品的消费需求调查

序　号	对某商品的消费支出 Y	商品单价 X_1	家庭月收入 X_2	序　号	对某商品的消费支出 Y	商品单价 X_1	家庭月收入 X_2
1	591.9	23.56	7 620	6	644.4	34.14	12 920
2	654.5	24.44	9 120	7	680.0	35.3	14 340
3	623.6	32.07	10 670	8	724.0	38.7	15 960
4	647.0	32.46	11 160	9	757.1	39.63	18 000
5	674.0	31.15	11 900	10	706.8	46.68	19 300

(1) 估计回归方程的参数及随机干扰项的方差$\hat{\sigma}^2$，计算 R^2 及$\bar{R}^2$。

(2) 对方程进行 F 检验，对参数进行 t 检验，并构造参数 95%的置信区间。

(3) 如果商品单价变为 35 元，则某一月收入为 20 000 元的家庭的消费支出是多少？构造该估计值的 95%的置信区间。

【实验步骤】

§3.1 建立工作文件并录入全部数据

建立工作文件并录入数据，如图 3-1 所示。

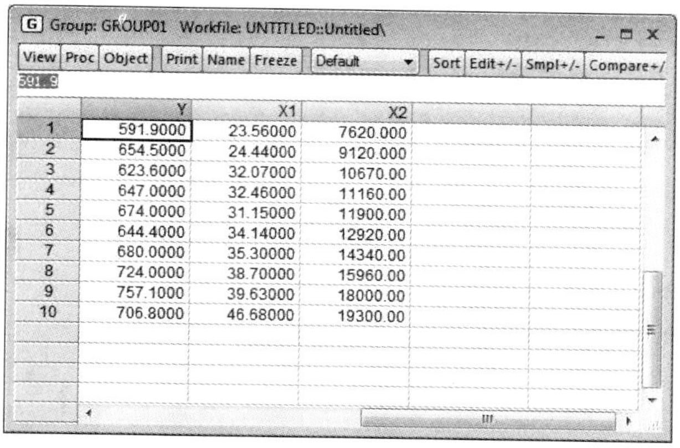

Group: GROUP01 Workfile: UNTITLED::Untitled\

View | Proc | Object | Print | Name | Freeze | Default | Sort | Edit+/- | Smpl+/- | Compare+/-

	Y	X1	X2
1	591.9000	23.56000	7620.000
2	654.5000	24.44000	9120.000
3	623.6000	32.07000	10670.00
4	647.0000	32.46000	11160.00
5	674.0000	31.15000	11900.00
6	644.4000	34.14000	12920.00
7	680.0000	35.30000	14340.00
8	724.0000	38.70000	15960.00
9	757.1000	39.63000	18000.00
10	706.8000	46.68000	19300.00

图 3-1

§3.2 建立二元线性回归模型

建立一个符合经典假设的二元模型如下：

$$Y = \beta_0 + \beta_1 X_1 + \beta_2 X_2$$

点击主界面菜单 QuickEstimate Equation 选项，在弹出的对话框中输入：Y C X1 X2

点击确定即可得到回归结果，如图 3-2 所示。

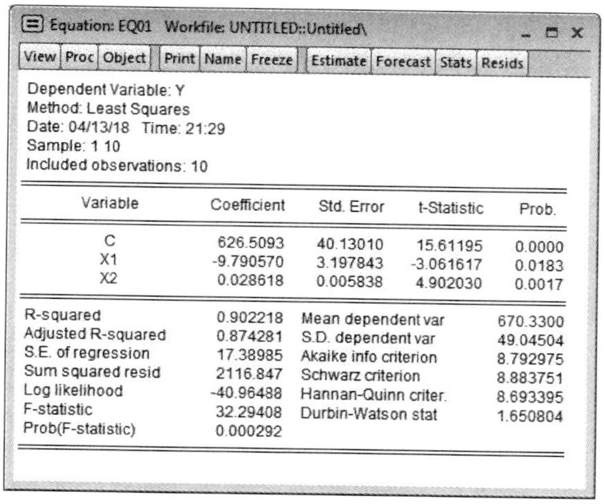

Equation: EQ01 Workfile: UNTITLED::Untitled\

View | Proc | Object | Print | Name | Freeze | Estimate | Forecast | Stats | Resids

Dependent Variable: Y
Method: Least Squares
Date: 04/13/18 Time: 21:29
Sample: 1 10
Included observations: 10

Variable	Coefficient	Std. Error	t-Statistic	Prob.
C	626.5093	40.13010	15.61195	0.0000
X1	-9.790570	3.197843	-3.061617	0.0183
X2	0.028618	0.005838	4.902030	0.0017

R-squared	0.902218	Mean dependent var	670.3300
Adjusted R-squared	0.874281	S.D. dependent var	49.04504
S.E. of regression	17.38985	Akaike info criterion	8.792975
Sum squared resid	2116.847	Schwarz criterion	8.883751
Log likelihood	-40.96488	Hannan-Quinn criter.	8.693395
F-statistic	32.29408	Durbin-Watson stat	1.650804
Prob(F-statistic)	0.000292		

图 3-2

根据图 3－2 的信息，得到回归模型的估计结果为：

$$Y = 626.5193 - 9.7906X_1 + 0.0286X_2$$

$$(15.61)\quad(-3.06)\quad(4.90)$$

$$R^2 = 0.902218 \quad \overline{R}^2 = 0.874281 \quad D.W. = 1.650804$$

$$\sum e_i^2 = 2116.847 \quad F = 32.29408 \quad df = (2,7)$$

随机干扰项的方差估计值$\hat{\sigma}^2 = \dfrac{2116.847}{7} = 302.4067$。

§3.3　结果的分析与检验

一、方程的 F 检验

回归模型的 F 值为：

$$F = 32.29408$$

因为在 5%的显著性水平下，F 统计量的临界值为：

$$F_{0.05}(2,7) = 4.74$$

所以有 $F > F_{0.05}(2,7)$

所以回归方程通过 F 检验，方程显著成立。

二、参数的 t 检验

由图 3－2 的估计结果，常数项、X1、X2 系数的参数估计的 t 值分别为：

$$t_0 = 15.61195$$

$$t_1 = -3.061617$$

$$t_2 = 4.902030$$

在 5%的显著性水平下，t 统计量的临界值为：$t_{0.025}(7) = 2.3646$

显然有 $|t_i| > t_{0.025}(7), i = 0,1,2$

所以拒绝原假设 H_0，即回归方程的三个估计参数均显著，通过 t 检验。

§3.4　参数的置信区间

由图 3－2 的结果，可以看到：

$$S_{\hat{\beta}_0} = 40.13010$$

$$S_{\hat{\beta}_1} = 3.197843$$

$$S_{\hat{\beta}_2} = 0.005838$$

因为参数的区间估计为：

$$[\hat{\beta}_i - t_{\alpha/2} \cdot S_{\hat{\beta}_i}, \hat{\beta}_i + t_{\alpha/2} \cdot S_{\hat{\beta}_i}], i = 0,1,2$$

又因为在 $\alpha = 0.05$ 的显著性水平下，$t_{0.025}(7) = 2.3646$

所以得　　$\hat{\beta}_0 \pm t_{\alpha/2} \cdot S_{\hat{\beta}_0} = 626.5093 \pm 2.3646 * 40.13010$

于是，常数项的 95% 的置信区间为：

$$[531.6177, 721.4009]$$

同样的有　　$\hat{\beta}_1 \pm t_{\alpha/2} \cdot S_{\hat{\beta}_1} = -9.790570 \pm 2.3646 * 3.197843$

于是，X1 项的系数的 95% 的置信区间为：

$$[-17.3522, -2.2290]$$

同样的有　　$\hat{\beta}_2 \pm t_{\alpha/2} \cdot S_{\hat{\beta}_2} = 0.028618 \pm 2.3646 * 0.005838$

于是，X2 项的系数的 95% 的置信区间为：

$$[0.0148, 0.0424]$$

§3.5　回归预测

一、内插预测

在 Equation 框中，点击 Forecast，在 Forecast name 框中可以为所预测的预测值序列命名，计算机默认为 yf，点击 OK，得到样本期内被解释变量的预测值序列 yf（也称拟合值序列）的图形形式，如图 3－3 所示。同时在 Workfile 中出现一个新序列对象 yf。

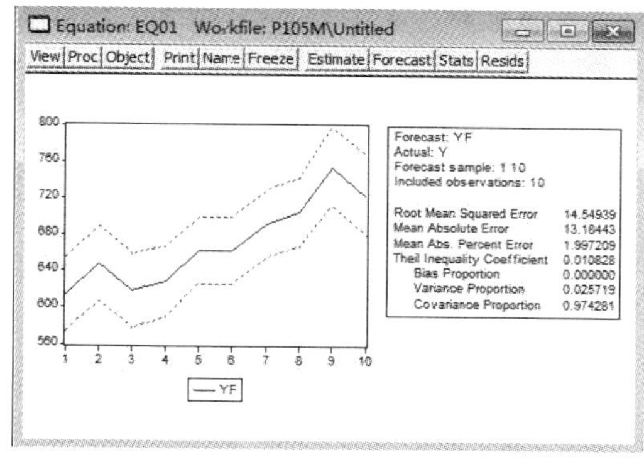

图 3－3

二、外推预测

1. 录入数据

双击 Workfile 菜单下的 Range 所在行，出现 Workfile structured 对话框，将右侧 Observation 旁边的数值改为 11，然后点击 OK，即可将 Workfile 的 Range 以及 Sample 的 Range 改为 11。

双击打开 group01 序列表格形式，将编辑状态切换为“可编辑”，在 X1 序列中补充输入 X1 = 35；同样的方法录入 X2 = 20000。

2. 进行预测

在 Equation 框中，点击 Forecast，弹出一对话框，在其中为预测的序列命名，如 yf2。点击 OK 即可用得到预测结果的图形形式，如图 3 - 4 所示。

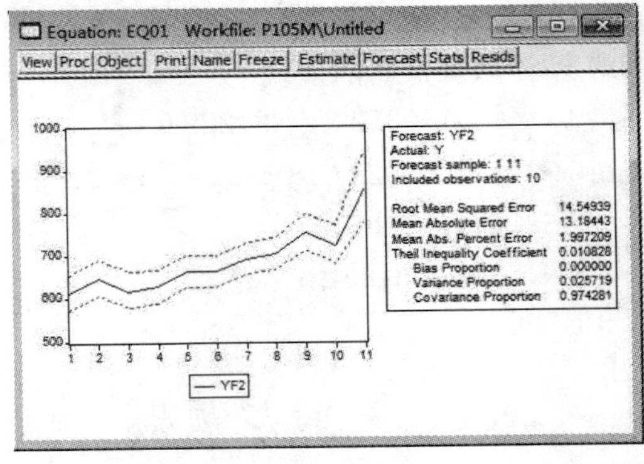

图 3 - 4

点击 Workfile 中新出现的序列 yf2，可以看到预测值为 856.202 5，如图 3 - 5 所示。

Series: YF2 Workfile: P105M\Untitled

View Proc Object Properties Print Name Freeze Default Sort

	YF2
1	613.9138
2	648.2254
3	617.8815
4	628.0860
5	662.0891
6	662.0058
7	691.2866
8	704.3600
9	753.6358
10	721.8159
11	856.2025

图 3 - 5

3. 结果查看

按住 Ctrl 键，同时选中 y、yf、resid，点击右键，在右键菜单中选 Open/as Group 可打开实际值、预测值、残差序列，在 View 菜单中选择 Grap/Line，画折线图，如图 3 - 6 所示。

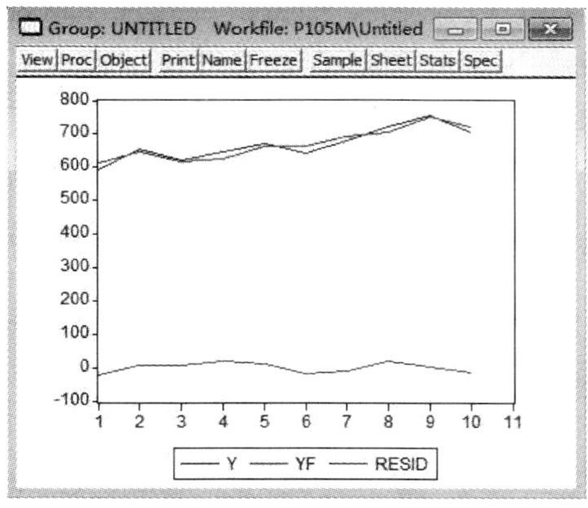

图 3-6

§3.6　置信区间的预测

消费支出 Y 的个别值的预测置信区间为：

$$\hat{Y}_0 \pm t_{a/2} \cdot S_{\hat{Y}_0}$$

其中，$S_{\hat{Y}_0}$ 为 Y 的个别值预测的标准差为：

$$S_{\hat{Y}_0} = \sqrt{\hat{\sigma} \cdot [1 + X_0(X'X)X_0']}$$

消费支出 Y 的均值的预测置信区间为：

$$\hat{Y}_0 \pm t_{a/2} \cdot S_{E(\hat{Y}_0)}$$

其中，$S_{E(\hat{Y}_0)}$ 为 Y 的均值预测的标准差为：

$$S_{E(\hat{Y}_0)} = \sqrt{\hat{\sigma} \cdot X_0(X'X)X_0'}$$

一、Y 个别值的置信区间的预测

在 Equation 框中，点击 Forecast，弹出 Forecast 话框，如图 3-7 所示。

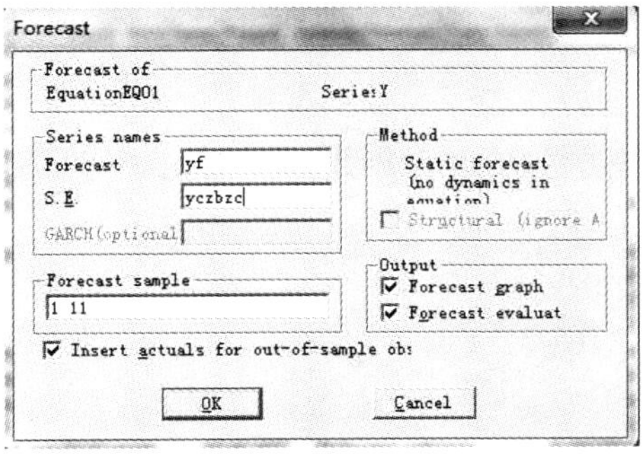

Forecast

Forecast of
EquationEQ01　　Series:Y

Series names
Forecast　yf
S.E.　ycrbzc
GARCH(optional)

Method
Static forecast
(no dynamics in equation)
Structural (ignore A

Forecast sample
1 11

Output
Forecast graph
Forecast evaluat

Insert actuals for out-of-sample obs

OK　Cancel

图 3-7

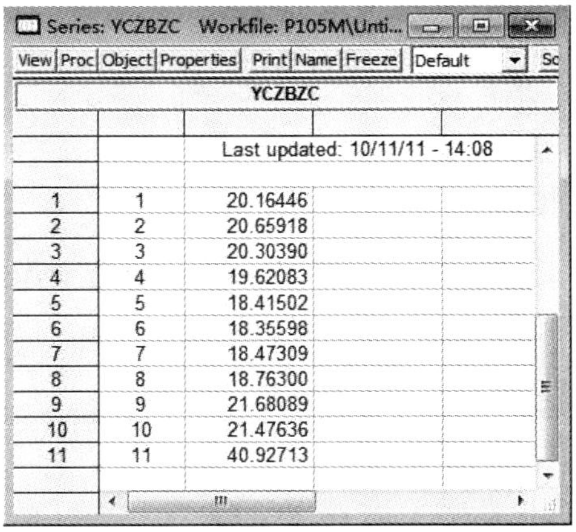

Series: YCZBZC　Workfile: P105M\Unti...
View Proc Object Properties Print Name Freeze Default Sc

YCZBZC

Last updated: 10/11/11 - 14:08

		YCZBZC
1	1	20.16446
2	2	20.65918
3	3	20.30390
4	4	19.62083
5	5	18.41502
6	6	18.35598
7	7	18.47309
8	8	18.76300
9	9	21.68089
10	10	21.47636
11	11	40.92713

图 3-8

在图 3-7 中 S.E.一栏为预测值的标准差，命名为 yczbzc，然后点击 OK，即可在 Workfile 界面看到一个名为 yczbzc 的序列。双击打开这一序列，如图 3-8 所示，在第 11 行(预测行)即可直接显示个别值的预测值标准差为：

$$S_{\hat{Y}_0}=40.92713$$

把结果代入 $\hat{Y}_0 \pm t_{\alpha/2}\cdot S_{\hat{Y}_0}$，即可得到 Y 个别值的 95% 的置信区间为：

$$[759.4262, 952.9788]$$

二、Y 均值的置信区间的预测

由于 $S_{\hat{Y}_0}=\sqrt{\hat{\sigma}\cdot[1+X_0(X'X)X_0']}=40.92713$

且 $\hat{\sigma}^2=302.41$

所以可计算得 $X_0(X'X)X_0'=4.539$

代入公式即可得到 Y 均值的预测标准差为：

$$S_{E(\hat{Y}_0)}=\sqrt{\hat{\sigma}\cdot X_0(X'X)X_0'}=37.049$$

再把结果代入均值的置信区间公式 $\hat{Y}_0 \pm t_{\alpha/2}\cdot S_{E(\hat{Y}_0)}$

得到 Y 均值的 95% 的置信区间为：

$$[768.5964, 943.8086]$$

本章小结

1. 与一元回归分析相比，多元回归分析的基本假设中引入了多个解释变量间不存在(完全)多重共线性这一假设；在检验部分，一方面引入了修正的可决系数，另一方面引入了对多个解释变量是否对被解释变量有显著线性影响关系的联合性 F 检验，并讨论了 F 检验与拟合优度检验的内在联系。

2. 选择合适的自变量是正确进行多元回归预测的前提之一，多元回归模型自变量的选择可以利用变量之间的相关矩阵来解决。应用多元线性回归进行统计分析时要求满足数据服从正态分布，这是统计检验的基础。

3. 多元回归总体参数的假设检验和两个总体参数之差(或比)的检验，其检验统计量不同，要注意它们之间的联系与区别。

思考与练习

1. 经研究发现，家庭书刊消费受家庭收入及户主受教育年数的影响，表 1 为某地区部分家庭抽样调查得到样本数据。

表 1　某地区部分家庭抽样调查表

家庭书刊年消费支出(元) Y	家庭月平均收入(元) X	户主受教育年数(年) T	家庭书刊年消费支出(元) Y	家庭月平均收入(元) X	户主受教育年数(年) T
450	1 027.2	8	793.2	1 998.6	14
507.7	1 045.2	9	660.8	2 196	10
613.9	1 225.8	12	792.7	2 105.4	12
563.4	1 312.2	9	580.8	2 147.4	8
501.5	1 316.4	7	612.7	2 154	10
781.5	1 442.4	15	890.8	2 231.4	14
541.8	1 641	9	1 121	2 611.8	18
611.1	1 768.8	10	1 094.2	3 143.4	16
1 222.1	1 981.2	18	1 253	3 624.6	20

(1) 建立家庭书刊消费的计量经济模型。

(2) 利用样本数据估计模型的参数。

(3) 检验户主受教育年数对家庭书刊消费是否有显著影响。

(4) 分析所估计模型的经济意义和作用。

2. 某地区城镇居民人均全年耐用消费品支出、人均年可支配收入及耐用消费品价格指数的统计资料如表 2 所示。

表 2　某地区城镇居民人均全年耐用消费品支出、人均年可支配收入及耐用消费品价格指数

年　份	人均耐用消费品支出 Y(元)	人均年可支配收入 X1 (元)	耐用消费品价格数 X2(1990 年 = 100)
1991	137.16	1 181.4	115.96
1992	124.56	1 375.7	133.35
1993	107.91	1 501.2	128.21
1994	102.96	1 700.6	124.85
1995	125.24	2 026.6	122.49
1996	162.45	2 577.4	129.86
1997	217.43	3 496.2	139.52
1998	253.42	4 283.0	140.44
1999	251.07	4 838.9	139.12
2000	285.85	5 160.3	133.35
2001	327.26	5 425.1	126.39

利用表中数据，建立该地区城镇居民人均全年耐用消费品支出关于人均年可支配收入和耐用消费品价格指数的回归模型，进行回归分析，并检验人均年可支配收入及耐用消费品价格指数对城镇居民人均全年耐用消费品支出是否有显著影响。

3. 考虑以下“期望扩充菲利普斯曲线(Expectations-augmented Phillips Curve)”模型：

$$Y_t = \beta_1 + \beta_2 X_{2t} + \beta_3 X_{2t} + u_t$$

式中，Y_t = 实际通货膨胀率(%)；

X_{2t} = 失业率(%)；

X_{3t} = 预期的通货膨胀率(%)。

表 3 为某国的有关数据：

表 3　1970—1982 年某国实际通货膨胀率 Y(%)、失业率 X_2(%)和预期通货膨胀率 X_3(%)

年　份	实际通货膨胀率 Y (%)	失业率 X_2 (%)	预期的通货膨胀率 X_3(%)
1970	5.92	4.90	4.78
1971	4.30	5.90	3.84
1972	3.30	5.60	3.31
1973	6.23	4.90	3.44
1974	10.97	5.60	6.84
1975	9.14	8.50	9.47
1976	5.77	7.70	6.51
1977	6.45	7.10	5.92
1978	7.60	6.10	6.08
1979	11.47	5.80	8.09
1980	13.46	7.10	10.01
1981	10.24	7.60	10.81
1982	5.99	9.70	8.00

(1) 对此模型做估计，并做出经济学和计量经济学的说明。

(2) 根据此模型所估计的结果，做计量经济学的检验。

(3) 计算修正的可决系数(写出详细计算过程)。

第 4 章　非线性回归模型估计和模型设定偏误检验

§4.1　非线性回归模型的估计和检验

【实验目的】

1. 掌握可化为线性的非线性回归模型的估计方法；
2. 模型参数的线性约束检验方法；
3. 掌握 Chow 检验的基本原理和主要用途；
4. 掌握 Chow 分割点检验和 Chow 预测检验的操作过程，判断分割点。

【实验内容】

表 4－1 列出了中国某年按行业分的全部制造业国有企业及规模以上制造业非国有企业的工业总产值 Y、资产合计 K 及职工人数 L。

表 4－1

序号	工业总产值 Y（亿元）	资产合计 K（亿元）	职工人数 L（万人）	序号	工业总产值 Y（亿元）	资产合计 K（亿元）	职工人数 L（万人）
1	3 722.7	3 078.22	113	10	1 590.36	2 511.99	66
2	1 442.52	1 684.43	67	11	616.71	973.73	58
3	1 752.37	2 742.77	84	12	617.94	516.01	28
4	1 451.29	1 973.82	27	13	4 429.19	3 785.91	61
5	5 149.3	5 917.01	327	14	5 749.02	8 688.03	254
6	2 291.16	1 758.77	120	15	1 781.37	2 798.9	83
7	1 345.17	939.1	58	16	1 243.07	1 808.44	33
8	656.77	694.94	31	17	812.7	1 118.81	43
9	370.18	363.48	16	18	1 899.7	2 052.16	61

续 表

序 号	工业总产值 Y（亿元）	资产合计 K（亿元）	职工人数 L（万人）	序 号	工业总产值 Y（亿元）	资产合计 K（亿元）	职工人数 L（万人）
19	3 692.85	6 113.11	240	26	4 834.68	5 260.2	145
20	4 732.9	9 228.25	222	27	7 549.58	7 518.79	138
21	2 180.23	2 866.65	80	28	867.91	984.52	46
22	2 539.76	2 545.63	96	29	4 611.39	18 626.94	218
23	3 046.95	4 787.9	222	30	170.3	610.91	19
24	2 192.63	3 255.29	163	31	325.53	1 523.19	45
25	5 364.83	8 129.68	244				

设定模型为

$$Y = AK^{\alpha}L^{\beta}e^{\mu}$$

(1) 利用上述资料，进行回归分析。

(2) 中国概念的制造总体呈现规模报酬不变吗？

【实验步骤】

建立工作文件并导入全部数据，如图 4－1 所示。

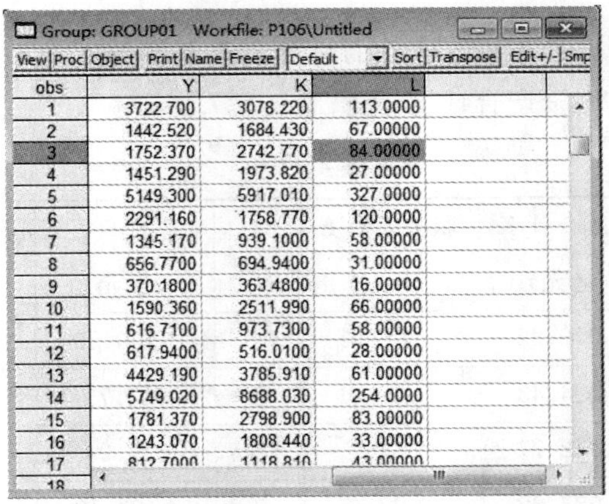

Group: GROUP01 Workfile: P106\Untitled

View | Proc | Object | Print | Name | Freeze | Default | Sort | Transpose | Edit+/- | Smp

obs	Y	K	L
1	3722.700	3078.220	113.0000
2	1442.520	1684.430	67.00000
3	1752.370	2742.770	84.00000
4	1451.290	1973.820	27.00000
5	5149.300	5917.010	327.0000
6	2291.160	1758.770	120.0000
7	1345.170	939.1000	58.00000
8	656.7700	694.9400	31.00000
9	370.1800	363.4800	16.00000
10	1590.360	2511.990	66.00000
11	616.7100	973.7300	58.00000
12	617.9400	516.0100	28.00000
13	4429.190	3785.910	61.00000
14	5749.020	8688.030	254.0000
15	1781.370	2798.900	83.00000
16	1243.070	1808.440	33.00000
17	812.7000	1118.810	43.00000

图 4－1

(1) 设定并估计可化为线性的非线性回归模型：

$$\ln Y = \beta_0 + a\ln K + \beta\ln L + \mu$$

在 Eviews 软件下，点击主界面菜单 Qucik→Estimate Equation，在弹出的对话框中输入 LOG(Y) C LOG(K) LOG(L)，点击确定即可得到回归结果，如图 4－2 所示。

Equation: UNTITLED Workfile: P106\Untitled

View | Proc | Object | Print | Name | Freeze | Estimate | Forecast | Stats | Resids

Dependent Variable: LOG(Y)
Method: Least Squares
Date: 10/08/11 Time: 22:57
Sample: 1 31
Included observations: 31

Variable	Coefficient	Std. Error	t-Statistic	Prob.
C	1.153994	0.727611	1.586004	0.1240
LOG(K)	0.609236	0.176378	3.454149	0.0018
LOG(L)	0.360796	0.201591	1.789741	0.0843

R-squared	0.809925	Mean dependent var	7.493997
Adjusted R-squared	0.796348	S.D. dependent var	0.942960
S.E. of regression	0.425538	Akaike info criterion	1.220839
Sum squared resid	5.070303	Schwarz criterion	1.359612
Log likelihood	-15.92300	F-statistic	59.65501
Durbin-Watson stat	0.793209	Prob(F-statistic)	0.000000

图 4 - 2

根据图 4 - 2 中的数据，得到模型的估计结果为：

$$\ln\hat{Y} = 1.153\,99 + 0.609\,24\ln K + 0.360\,807\ln L$$
$$(1.586) \quad (3.454) \quad (1.790)$$

$$R_2 = 0.809\,925 \qquad \overline{R}_2 = 0.796\,348 \qquad D.W. = 0.793\,209$$

$$\sum e_i^2 = 5.070\,303 \qquad F = 59.655\,01 \qquad df = (2,28)$$

随机干扰项的方差估计值为：

$$\sigma^2 = \sum e_i^2 \div (n-3) = 5.070\,303 \div 28 = 0.181\,082\,25$$

回归结果表明，这一年 $\ln Y$ 变化的 81%可由 $\ln K$ 和 $\ln L$ 的变化来解释。在 5%的显著性水平下，F 统计量的临界值未 $F_{0.05}(2,28) = 3.34$，表明模型的线性关系显著。在 5%的显著性水平下，自由度为 $n-k-1=28$ 的 t 统计量临界值为 $t_{0.025(28)} = 2.048$，因此 $\ln K$ 的参数通过了该显著性水平下的 t 检验，但 $\ln L$ 未通过检验。如果将显著性水平设为 10%，则 t 分布的临界值为 $t_{0.05(28)} = 1.701$，此时 $\ln L$ 的参数也通过了显著性水平检验。

（2）从上述回归结果可以得到：$\hat{\alpha} + \hat{\beta} = 0.97 \approx 1$，也就是说，资产与劳动的产出弹性之和可以认为是 1，即中国制造业这年呈现出规模报酬不变的状态。

下面进行参数的约束检验，原假设 $H_0: \alpha + \beta = 1$。

若原假设为真，则可估计如下模型：

$$\ln\left(\frac{Y}{L}\right) = C + \alpha\ln\left(\frac{K}{L}\right) + \mu$$

点击主界面菜单 Qucik→Estimate Equation，在弹出的对话框中输入 LOG(Y/L) C LOG(K/L)，点击确定即可得到回归结果，如图 4 - 3 所示。

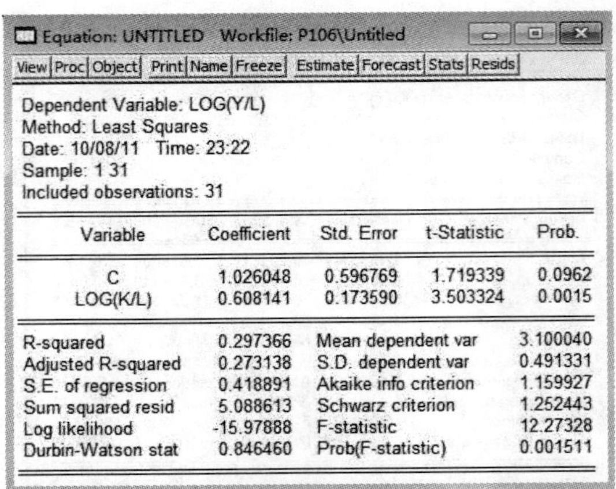

Equation: UNTITLED Workfile: P106\Untitled

View | Proc | Object | Print | Name | Freeze | Estimate | Forecast | Stats | Resids

Dependent Variable: LOG(Y/L)
Method: Least Squares
Date: 10/08/11 Time: 23:22
Sample: 1 31
Included observations: 31

Variable	Coefficient	Std. Error	t-Statistic	Prob.
C	1.026048	0.596769	1.719339	0.0962
LOG(K/L)	0.608141	0.173590	3.503324	0.0015

R-squared	0.297366	Mean dependent var	3.100040
Adjusted R-squared	0.273138	S.D. dependent var	0.491331
S.E. of regression	0.418891	Akaike info criterion	1.159927
Sum squared resid	5.088613	Schwarz criterion	1.252443
Log likelihood	-15.97888	F-statistic	12.27328
Durbin-Watson stat	0.846460	Prob(F-statistic)	0.001511

图 4－3

回归结果可看到此模型通过了 F 检验和 t 检验，而

$$F=\frac{(RSS_R-RSS_U)/(k_U-k_S)}{RSS_U/(n-k_U-1)}=\frac{5.0886-5.0703}{5.0703/28}=0.1011$$

在 5%的显著性水平，自由度为(1,28)的 F 分布的临界值为 4.20，$F<4.20$，不拒绝原假设，表明该年中国制造业呈现规模报酬不变的状态。

在 Eviews 软件中，当估计完图 4－2 所示的模型后，选中 View→Coefficient Test→Wald-Coefficient Restrictions，然后在对话框中输入 C(2)＋C(3)＝1，点击 OK 可得到如图 4－4 所示的结果。得出的结论仍然是不拒绝原假设的，则原假设为真，所以该年中国制造业呈现规模报酬不变的状态的结果。

Equation: UNTITLED Workfile: P106\U...

View | Proc | Object | Print | Name | Freeze | Estimate | Forecast | Stats | Resid:

Wald Test:
Equation: Untitled

Test Statistic	Value	df	Probability
F-statistic	0.101118	(1, 28)	0.7529
Chi-square	0.101118	1	0.7505

Null Hypothesis Summary:

Normalized Restriction (= 0)	Value	Std. Err.
-1 + C(2) + C(3)	-0.029968	0.094242

Restrictions are linear in coefficients.

图 4－4

§4.2　模型的设定偏误检验

【实验目的】

了解在多元线性回归中可能存在的函数形式误设，掌握拉姆齐（Ramsey）回归设定误差检验（RESET：Regression Specification Error Test）原理，并应用 Eviews 软件进行 Ramsey RESET 检验。

【实验内容】

中国城镇居民食品消费需求函数模型。

根据需求理论，居民对食品的消费需求函数大致为：

$$Q = f(X, P_1, P_0)$$

式中，Q 为居民对食品的需求量；

X 为消费者的消费支出总额；

P_1 为食品价格指数；

P_0 为居民消费价格总指数。

根据恩格尔定律，随着居民消费支出的增加，居民对食品的消费支出也增加，但食品消费支出比例会逐渐下降。因此，居民对食品的消费支出与居民的总支出间呈幂函数的变化关系。具体的函数形式设定为：

$$Q = AX^{\beta_1} P_1^{\beta_2} P_0^{\beta_3} e^{\mu}$$

实验数据如 4－2 表所示。

表 4－2

年　份	X（当年价）	X_1（当年价）	Q	P_0	P_1
1985	673.2	351.4	1 315.9	28.1	26.7
1986	799.0	418.9	1 463.3	30.1	28.6
1987	884.4	472.9	1 475.0	32.8	32.1
1988	1 104.0	567.0	1 412.5	39.5	40.1
1989	1 211.0	660.0	1 437.2	46.0	45.9
1990	1 278.9	693.8	1 529.2	46.6	45.4
1991	1 453.8	782.5	1 636.3	49.0	47.8
1992	1 671.7	884.8	1 671.4	53.2	52.9

续 表

年　份	X(当年价)	X_1(当年价)	Q	P_0	P_1
1993	2 110.8	1 058.2	1 715.9	61.7	61.7
1994	2 851.3	1 422.5	1 718.7	77.2	82.8
1995	3 537.6	1 711.9	1 732.1	90.1	102.3
1996	3 919.5	1 904.7	1 725.6	98.1	110.4
1997	4 185.6	1 942.6	1 758.2	101.1	110.5
1998	4 331.6	1 926.9	1 799.8	100.5	107.1
1999	4 615.9	1 932.1	1 885.7	99.2	102.5
2000	4 998.0	1 971.3	1 971.3	100.0	100.0
2001	5 309.0	2 027.9	2 013.8	100.7	100.7
2002	6 029.9	2 271.8	2 258.3	99.7	100.6
2003	6 510.9	2 416.9	2 323.5	100.6	104.0
2004	7 182.1	2 709.6	2 370.2	103.9	114.3
2005	7 942.9	2 914.4	2 472.7	105.6	117.9
2006	8 696.6	3 111.9	2 573.4	107.2	120.9

【实验步骤】

一、录入数据

打开 EViews,点击 File→New→Workfile,弹出如图 4-5 所示的对话框。

选择 Dated-regular frequency,在 Frequency 后选择 Annual,在 Start data 框输入 1985,在 End data 框输入 2006,点击 OK,如图 4-6 所示。

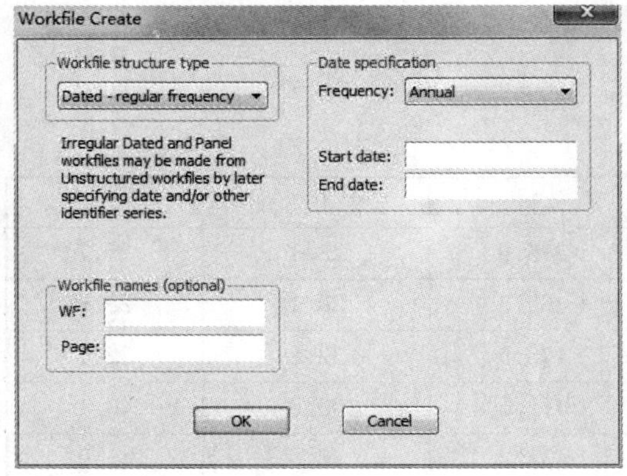

图 4-5

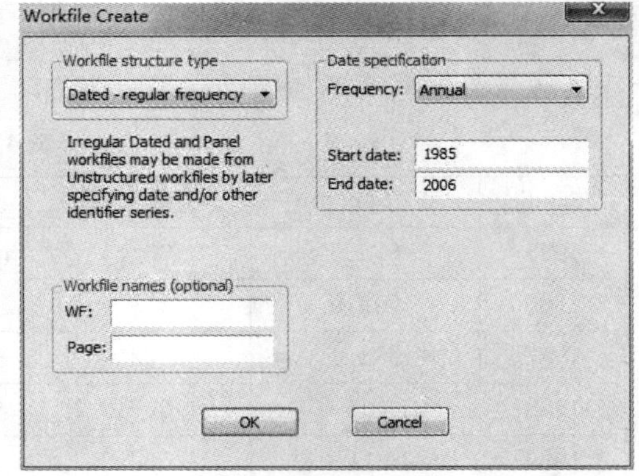

图 4-6

在命令行输入:DATA　X　Q　P0　P1,回车

将数据复制粘贴到 Group 中的表格中,如图 4-7 所示。

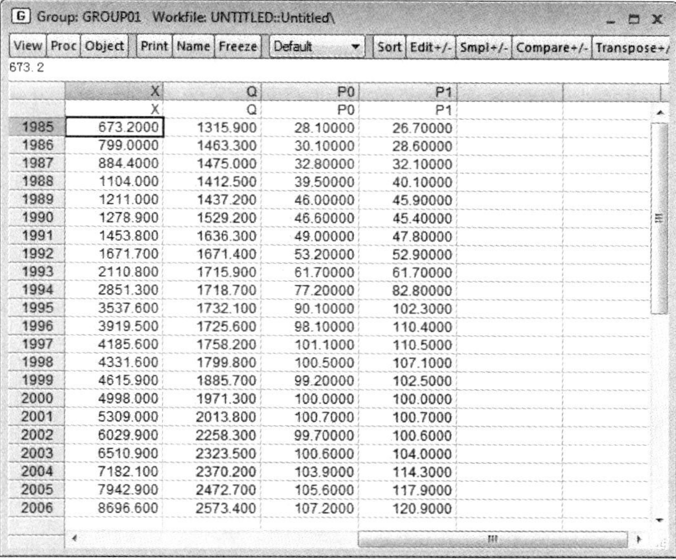

obs	X	Q	P0	P1
1985	673.2000	1315.900	28.10000	26.70000
1986	799.0000	1463.300	30.10000	28.60000
1987	884.4000	1475.000	32.80000	32.10000
1988	1104.000	1412.500	39.50000	40.10000
1989	1211.000	1437.200	46.00000	45.90000
1990	1278.900	1529.200	46.60000	45.40000
1991	1453.800	1636.300	49.00000	47.80000
1992	1671.700	1671.400	53.20000	52.90000
1993	2110.800	1715.900	61.70000	61.70000
1994	2851.300	1718.700	77.20000	82.80000
1995	3537.600	1732.100	90.10000	102.3000
1996	3919.500	1725.600	98.10000	110.4000
1997	4185.600	1758.200	101.1000	110.5000
1998	4331.600	1799.800	100.5000	107.1000
1999	4615.900	1885.700	99.20000	102.5000
2000	4998.000	1971.300	100.0000	100.0000
2001	5309.000	2013.800	100.7000	100.7000
2002	6029.900	2258.300	99.70000	100.6000
2003	6510.900	2323.500	100.6000	104.0000
2004	7182.100	2370.200	103.9000	114.3000
2005	7942.900	2472.700	105.6000	117.9000
2006	8696.600	2573.400	107.2000	120.9000

图 4－7

关闭 Group 窗口，回到命令行。

做数据的对数变换：

如图 4－8 所示，在命令行依次输入：

genr LnQ＝log(Q)　回车

genr LnX＝log(X)　回车

genr LnP0＝log(P0)　回车

genr LnP1＝log(P1)　回车

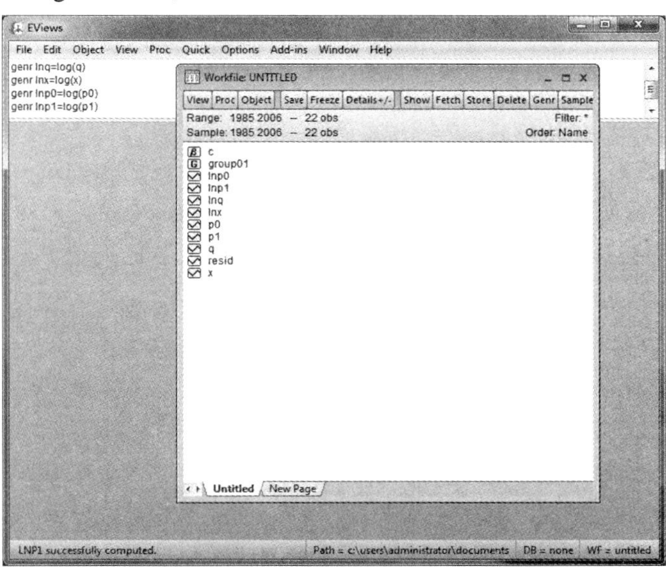

图 4－8

在命令行输入:LS　LnQ　C　LnX　LnP1　LnP0　回车

出现如图 4－9 所示的界面。

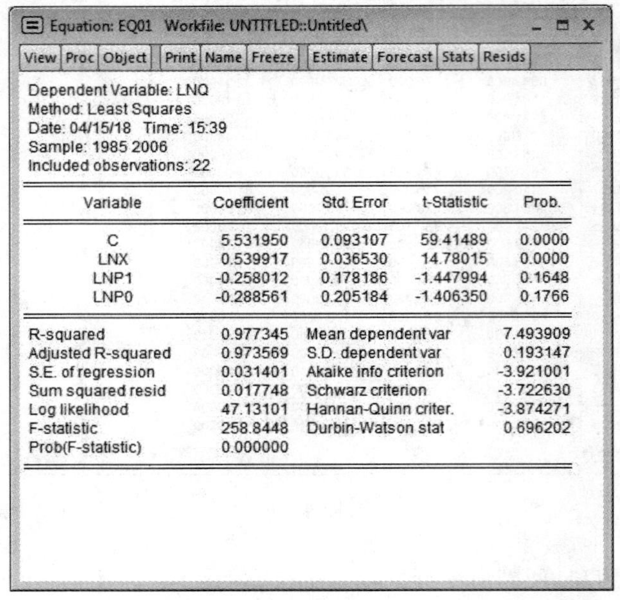

Equation: EQ01　Workfile: UNTITLED::Untitled\

View | Proc | Object | Print | Name | Freeze | Estimate | Forecast | Stats | Resids

Dependent Variable: LNQ
Method: Least Squares
Date: 04/15/18　Time: 15:39
Sample: 1985 2006
Included observations: 22

Variable	Coefficient	Std. Error	t-Statistic	Prob.
C	5.531950	0.093107	59.41489	0.0000
LNX	0.539917	0.036530	14.78015	0.0000
LNP1	-0.258012	0.178186	-1.447994	0.1648
LNP0	-0.288561	0.205184	-1.406350	0.1766

R-squared	0.977345	Mean dependent var	7.493909
Adjusted R-squared	0.973569	S.D. dependent var	0.193147
S.E. of regression	0.031401	Akaike info criterion	-3.921001
Sum squared resid	0.017748	Schwarz criterion	-3.722630
Log likelihood	47.13101	Hannan-Quinn criter.	-3.874271
F-statistic	258.8448	Durbin-Watson stat	0.696202
Prob(F-statistic)	0.000000		

图 4－9

二、回归报告

$$\text{Ln}\,\hat{Q} = 5.53 + 0.540 \cdot \text{Ln}\,X - 0.258 \cdot \text{Ln}\,P_1 - 0.229 \cdot \text{Ln}\,P_0$$

$$(59.4)(14.78)\qquad(-1.45)\qquad(-1.41)$$

$$R^2 = 0.977\,3 \quad \bar{R}^2 = 0.973\,6 \quad F = 258.84 \quad D.W. = 0.696\,2$$

三、模型的检验

经济意义检验:$A = e^{5.53} > 0$,$0 < 0.540 < 1$,$-1 < -0.258 < 0$,$-1 < -0.228 < 0$,符合经济理论和行为规律。$\beta_1 + \beta_2 + \beta_3 = 0.540 - 0.258 - 0.228 = -0.006$,很接近于 0,但不为 0,需要进一步检验该条件是否成立。

统计检验:

$R^2 = 0.977\,3$,模型拟合较好。

给定 $\alpha = 0.05$,$F = 258.84$,相伴概率 $P = 0.000\,0 < \alpha$,表明线性回归模型整体在 5%的水平上统计显著。

变量 $\text{Ln}\,X$ 的 t 统计量为 14.78,相伴概率 $P = 0.000\,0 < \alpha$,变量 $\text{Ln}\,P_1$ 的 t 统计量为 -1.45,相伴概率 $P = 0.164\,8 > \alpha$,变量 $\text{Ln}\,P_0$ 的 t 统计量为 -1.41,相伴概率 $P = 0.176\,6 > \alpha$,表明在 5%的显著性水平下,变量 $\text{Ln}\,X$ 显著,而变量 $\text{Ln}\,P_1$ 和 $\text{Ln}\,P_0$ 不显著。

四、非线性模型的估计

对于模型 $Q = AX^{\beta_1} P_1^{\beta_2} P_0^{\beta_3}$，可以直接进行估计：

在主菜单中点 Quick→Estimate Equation，如图 4－10 所示，在 Specification 中输入：Q = C(1) ＊ X^C(2) ＊ P1^C(3) ＊ P0^C(4)。

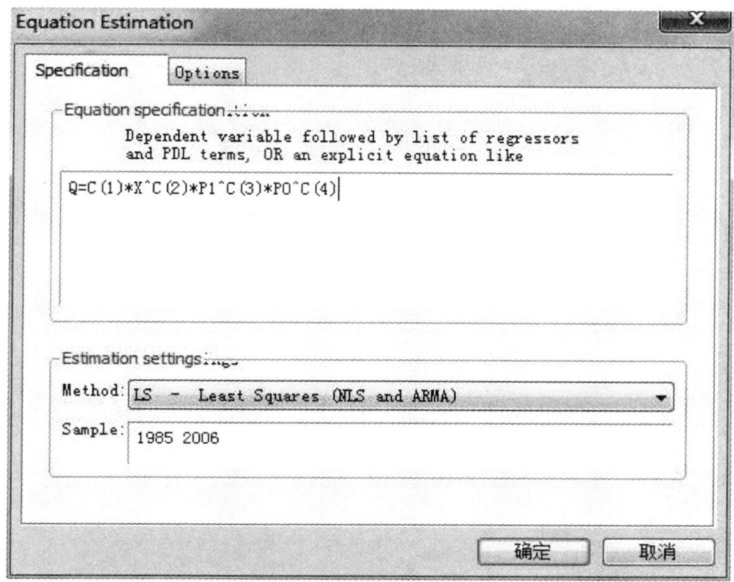

图 4－10

点"确定"后，出现如图 4－11 所示的界面。

Equation: EQ02 Workfile: UNTITLED::Untitled\

View | Proc | Object | Print | Name | Freeze | Estimate | Forecast | Stats | Resids

Dependent Variable: Q
Method: Least Squares
Date: 04/15/18 Time: 15:40
Sample: 1985 2006
Included observations: 22
Convergence achieved after 25 iterations
Q=C(1)*X^C(2)*P1^C(3)*P0^C(4)

	Coefficient	Std. Error	t-Statistic	Prob.
C(1)	261.8333	21.87287	11.97069	0.0000
C(2)	0.555715	0.029067	19.11874	0.0000
C(3)	-0.190154	0.143823	-1.322146	0.2027
C(4)	-0.394861	0.159291	-2.478866	0.0233

R-squared	0.983631	Mean dependent var	1830.000
Adjusted R-squared	0.980903	S.D. dependent var	365.1392
S.E. of regression	50.45954	Akaike info criterion	10.84319
Sum squared resid	45830.98	Schwarz criterion	11.04156
Log likelihood	-115.2751	Hannan-Quinn criter.	10.88992
Durbin-Watson stat	0.672163		

图 4－11

根据估计结果，写出回归模型：

系数的对应关系：

Q = C(1) * X^C(2) * P1^C(3) * P0^C(4)——$Q = AX^{\beta_1} P_1^{\beta_2} P_0^{\beta_3}$

C(1)——A

C(2)——β_1

C(3)——β_2

C(4)——β_3

因此回归方程：

$$\hat{Q} = 261.83 X^{0.556} P_1^{-0.190} P_0^{-0.395}$$

五、约束的检验

原假设 $H_0: \beta_1 + \beta_2 + \beta_3 = 0$

备择假设 $H_1: \beta_1 + \beta_2 + \beta_3 \neq 0$

六、检验

1. 手工检验方法

在约束条件成立的条件下，模型 $\text{Ln}\, Q = \beta_0 + \beta_1 \text{Ln}\, X + \beta_2 \text{Ln}\, P_1 + \beta_3 \text{Ln}\, P_0 + \mu$ 变为：

$$\text{Ln}\, Q = \beta_0 + \beta_1 \text{Ln}\, X + \beta_2 \text{Ln}\, P_1 + (-\beta_1 - \beta_2) \text{Ln}\, P_0 + \mu$$

按系数合并：

$$\text{Ln}\, Q = \beta_0 + \beta_1 \text{Ln}(X/P_0) + \beta_2 \text{Ln}(P_1/P_0) + \mu$$

记模型 $\text{Ln}\, Q = \beta_0 + \beta_1 \text{Ln}\, X + \beta_2 \text{Ln}\, P_1 + \beta_3 \text{Ln}\, P_0 + \mu$ 为无约束模型(UM)；

记模型 $\text{Ln}\, Q = \beta_0 + \beta_1 \text{Ln}(X/P_0) + \beta_2 \text{Ln}(P_1/P_0) + \mu$ 为受约束模型(RM)；

估计无约束模型，如图 4－12 所示。

Equation: UNTITLED Workfile: UNTITLED::Untitled\

View Proc Object Print Name Freeze Estimate Forecast Stats Resids

Dependent Variable: LNQ
Method: Least Squares
Date: 09/26/12 Time: 18:15
Sample: 1985 2006
Included observations: 22

	Coefficient	Std. Error	t-Statistic	Prob.
C	5.531950	0.093107	59.41489	0.0000
LNX	0.539917	0.036530	14.78015	0.0000
LNP1	-0.258012	0.178186	-1.447994	0.1648
LNP0	-0.288561	0.205184	-1.406350	0.1766

R-squared	0.977345	Mean dependent var	7.493909
Adjusted R-squared	0.973569	S.D. dependent var	0.193147
S.E. of regression	0.031401	Akaike info criterion	-3.921001
Sum squared resid	0.017748	Schwarz criterion	-3.722630
Log likelihood	47.13101	Hannan-Quinn criter.	-3.874271
F-statistic	258.8448	Durbin-Watson stat	0.696202
Prob(F-statistic)	0.000000		

无约束模型

图 4－12

估计受约束模型：LS　LnQ　C　LnX − LnP0　LnP1 − LnP0

或者：　　　　　LS　LnQ　C　Log(X/P0)　Log(P1/P0)　回车

出现如图 4 − 13 所示的界面。

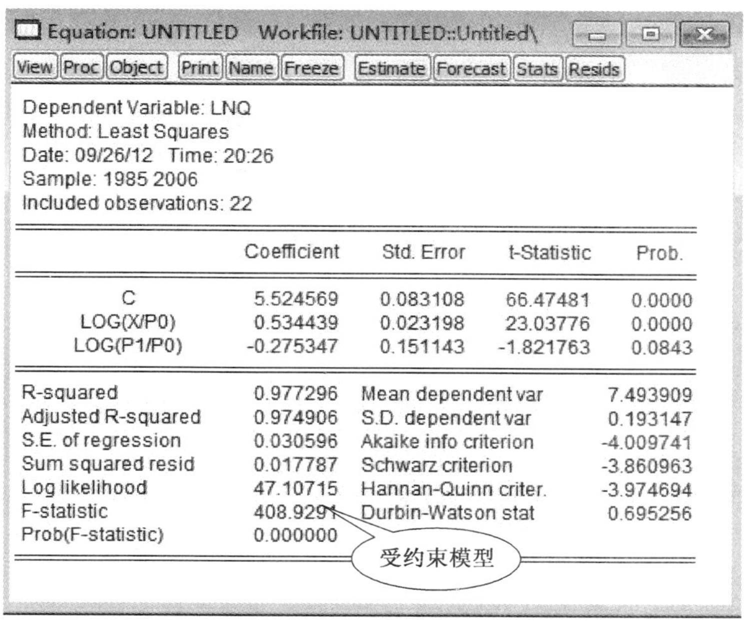

Equation: UNTITLED　Workfile: UNTITLED::Untitled\

View | Proc | Object | Print | Name | Freeze | Estimate | Forecast | Stats | Resids

Dependent Variable: LNQ
Method: Least Squares
Date: 09/26/12　Time: 20:26
Sample: 1985 2006
Included observations: 22

	Coefficient	Std. Error	t-Statistic	Prob.
C	5.524569	0.083108	66.47481	0.0000
LOG(X/P0)	0.534439	0.023198	23.03776	0.0000
LOG(P1/P0)	-0.275347	0.151143	-1.821763	0.0843

R-squared	0.977296	Mean dependent var	7.493909
Adjusted R-squared	0.974906	S.D. dependent var	0.193147
S.E. of regression	0.030596	Akaike info criterion	-4.009741
Sum squared resid	0.017787	Schwarz criterion	-3.860963
Log likelihood	47.10715	Hannan-Quinn criter.	-3.974694
F-statistic	408.9291	Durbin-Watson stat	0.695256
Prob(F-statistic)	0.000000		

图 4 − 13

计算检验的统计量：

$$F=\frac{(RSS_R-RSS_U)/(k_U-k_R)}{RSS_U/(n-k_U-1)}$$

$RSS_R=0.017\,787$　$RSS_U=0.017\,748$　K_U（无约束模型中解释变量的个数）$=3$

K_R（受约束模型中解释变量的个数）$=2$　$n=22$

$$F=\frac{(0.017\,787-0.017\,748)/(3-2)}{0.017\,748/(22-3-1)}=0.039\,6$$

给定 $\alpha=0.05$，查表 $F_{0.05}(1,18)=4.41$，$F=0.039\,6<4.41$，接受原假设，即可以认为：$\beta_1+\beta_2+\beta_3=0$，消费函数具有零阶齐次性。

2. 直接检验法

首先估计无约束回归模型，如图 4 − 14 所示。

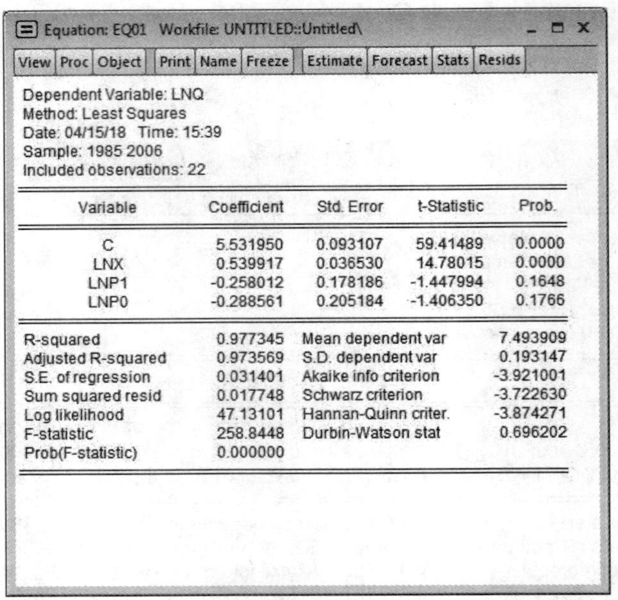
Equation: EQ01 Workfile: UNTITLED::Untitled\

Dependent Variable: LNQ
Method: Least Squares
Date: 04/15/18 Time: 15:39
Sample: 1985 2006
Included observations: 22

Variable	Coefficient	Std. Error	t-Statistic	Prob.
C	5.531950	0.093107	59.41489	0.0000
LNX	0.539917	0.036530	14.78015	0.0000
LNP1	-0.258012	0.178186	-1.447994	0.1648
LNP0	-0.288561	0.205184	-1.406350	0.1766

R-squared	0.977345	Mean dependent var	7.493909
Adjusted R-squared	0.973569	S.D. dependent var	0.193147
S.E. of regression	0.031401	Akaike info criterion	-3.921001
Sum squared resid	0.017748	Schwarz criterion	-3.722630
Log likelihood	47.13101	Hannan-Quinn criter.	-3.874271
F-statistic	258.8448	Durbin-Watson stat	0.696202
Prob(F-statistic)	0.000000		

图 4 - 14

在 Equation 窗口中点击 View→Coefficient Tests→Wald-Coefficient Restrictions，在弹出的窗口中输入要检验的约束：C(2) + C(3) + C(4) = 0（即 $\beta_1 + \beta_2 + \beta_3 = 0$），如图 4 - 15 所示。

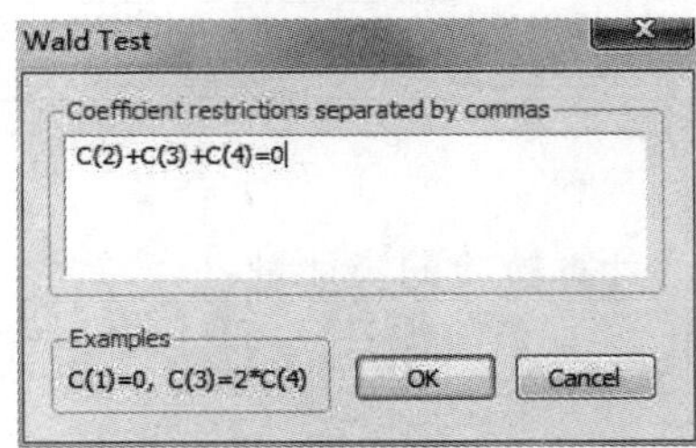

图 4 - 15

点击 OK 后，出现如图 4 - 16 所示的界面。

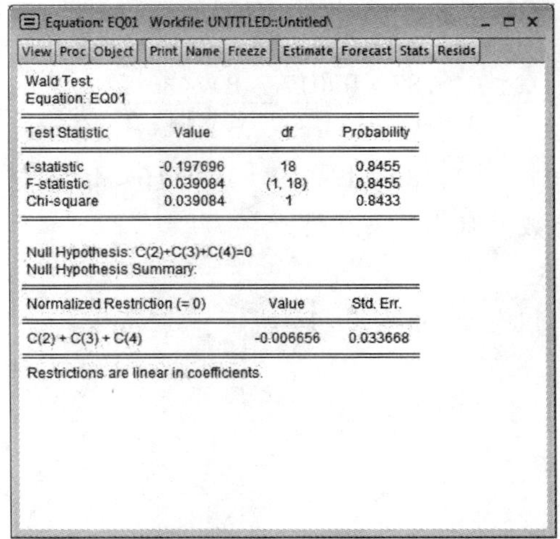
Equation: EQ01 Workfile: UNTITLED::Untitled\

Wald Test:
Equation: EQ01

Test Statistic	Value	df	Probability
t-statistic	-0.197696	18	0.8455
F-statistic	0.039084	(1, 18)	0.8455
Chi-square	0.039084	1	0.8433

Null Hypothesis: C(2)+C(3)+C(4)=0
Null Hypothesis Summary:

Normalized Restriction (= 0)	Value	Std. Err.
C(2) + C(3) + C(4)	-0.006656	0.033668

Restrictions are linear in coefficients.

图 4 - 16

得到检验的统计量 $F=0.039\,084$，自由度(1,18)，伴随概率为 0.845 5。

本章小结

1. 对于解释变量与被解释变量间的非线性关系，基本的方法就是通过变量变换的方法将之线性化，成为线性模型予以估计和检验。现实经济关系中，双对数模型、半对数模型、倒数变换模型是三类常见的非线性模型。

2. 对数模型的一般形式是：$\ln Y_i=\ln\beta_0+\beta_1\ln X_i+\mu_i$。模型特点：斜率系数 β_1 正好是 Y 关于 X 的弹性。例如，当 Y 表示商品需求量，X 表示价格时，则 β_1 就是商品需求的价格弹性，表示价格变动百分之一导致的需求量变动的百分比。由于在模型中 β_1 是常数，故也称为常数弹性模型。模型适用对象：对观测值取对数，将取对数后的观测值($\ln X$，$\ln Y$)描成散点图，如近似地为一条直线，则适合于用双对数模型来描述 X 与 Y 的变量关系。

3. 半对数模型适用对象：当 X 变动一个相对量时，Y 以一个固定的绝对量随之变动；或者当 X 变动一个绝对量时，Y 以一个固定的相对量随之变动。

4. 倒数变换模型适用对象：被解释变量 Y_i 存在的自然极限，Y_i 随着 X_i 的增大而增大(当 $\beta_1>0$)，但最终渐近于一条平行线($Y=\beta_0$)时。例如，产量与单位产品平均成本之间的关系一般属于这一类，这时 β_0 为单位产品可变成本，β_1 为单位产品固定成本。

思考与练习

1. 某产品的产量与科技投入之间呈二次函数模型：

$$y=\alpha_0+\alpha_1x+\alpha_2x^2+u$$

其统计资料如表 1 所示。

表 1　某产品的产量与科技投入

年　份	2008	2009	2010	2011	2012	2013	2014	2015	2016	2017
产量 y	20	40	48	60	80	100	120	150	200	300
投入 x	2	2.8	3	3.5	4	5	5.5	7	8	10

试对模型进行回归分析。

2. 某商场 2009—2017 年间皮鞋销售额(万元)的统计资料如表 2 所示。

表 2　某商场 2009—2017 年间皮鞋销售额统计资料

年　份	2009	2010	2011	2012	2013	2014	2015	2016	2017
时间 t	1	2	3	4	5	6	7	8	9
销售额 Y	4.1	5.3	7.2	9.6	12.9	17.1	23.2	29.5	37.4

考虑对数增长模型 $Y=\alpha+\beta\ln t+u$,试用上表的数据进行回归分析,并预测 2018 年该商场皮鞋的销售额。

3. 表 3 给出的是 1960—1982 年间 7 个 OECD 国家的能源需求指数(Y)、实际 GDP 指数(X1)、能源价格指数(X2)的数据,所有指数均以 1973 年为基准(1973=100)。

表 3

年　份	能源需求指数 Y	实际 GDP 指数 X1	能源价格指数 X2	年　份	能源需求指数 Y	实际 GDP 指数 X1	能源价格指数 X2
1960	54.1	54.1	111.9	1972	97.2	94.3	98.6
1961	55.4	56.4	112.4	1973	100.0	100.0	100.0
1962	58.5	59.4	111.1	1974	97.3	101.4	120.1
1963	61.7	62.1	110.2	1975	93.5	100.5	131.0
1964	63.6	65.9	109.0	1976	99.1	105.3	129.6
1965	66.8	69.5	108.3	1977	100.9	109.9	137.7
1966	70.3	73.2	105.3	1978	103.9	114.4	133.7
1967	73.5	75.7	105.4	1979	106.9	118.3	144.5
1968	78.3	79.9	104.3	1980	101.2	119.6	179.0
1969	83.3	83.8	101.7	1981	98.1	121.1	189.4
1970	88.9	86.2	97.7	1982	95.6	120.6	190.9
1971	91.8	89.8	100.3				

(1) 建立能源需求与收入和价格之间的对数需求函数 $\ln Y_t=\beta_0+\beta_1\ln X1_t+\beta_2\ln X2_t+u_t$,解释各回归系数的意义,用 P 值检验所估计回归系数是否显著。

(2) 再建立能源需求与收入和价格之间的线性回归模型 $Y_y=\beta_0+\beta_1 X1_t+\beta_2 X2_t+u$,解释各回归系数的意义,用 P 值检验所估计回归系数是否显著。

(3) 比较所建立的两个模型,如果两个模型结论不同,你将选择哪个模型,为什么?

4. GDP 反映了一国的经济水平与发展状况,而广义货币量作为一项宏观经济指标,探究它与 GDP 的关系对政府的相关宏观调控有着重大的意义。为此,我们利用统计数据对 GDP 和广义货币供应增量 M2 这两项指标之间的关系进行实证分析。我们选择 1991 年至 2013 年我国 GDP(Y)和广义货币供应增量 M2(X)对该问题进行研究。我们选择国家统计局和中国人民银行网站 1991 年至 2013 年我国 GDP(Y)和广义货币供应增量 M2(X)的数据进行研究。详细数据如表 4 所示。

表 4　1991 年至 2013 年我国 GDP(Y)和广义货币供应增量 M2(X)

年　度	GDP(亿元)	M2(亿元)	年　度	GDP(亿元)	M2(亿元)
1991	21 781.50	4 056.50	2003	135 822.76	36 215.83
1992	26 923.48	6 052.30	2004	159 878.34	32 884.20
1993	35 333.92	9 477.60	2005	184 937.37	44 648.70
1994	48 197.86	12 043.70	2006	216 314.43	46 847.89
1995	60 793.73	13 827.00	2007	265 810.31	57 838.62
1996	71 176.59	15 344.40	2008	314 045.43	71 724.39
1997	78 973.03	14 900.40	2009	340 902.81	131 058.41
1998	84 402.28	13 503.20	2010	401 512.80	119 626.79
1999	89 677.05	15 399.40	2011	473 104.05	125 739.10
2000	99 214.55	14 712.40	2012	519 470.10	122 568.56
2001	109 655.17	23 691.60	2013	568 845.00	132 365.52
2002	120 332.69	26 705.07			

分别利用双对数模型、增长模型(对数-线性模型)、线性-对数模型、线性模型,对以上两组数据进行相关分析。

第 5 章 异方差的检验及修正

【实验目的】

1. 异方差性模型的检验方法与处理方法；
2. 掌握异方差性模型的修正方法。

【实验内容】

某年中国部分省市城镇居民每个家庭平均全年可支配收入 X 与消费性支出 Y 的统计数据如表 5－1 所示。

表 5－1 某年中国部分省市城镇居民每个家庭平均全年可支配收入 X 与消费性支出 Y

地 区	可支配收入(X)	消费性支出(Y)	地 区	可支配收入(X)	消费性支出(Y)
北京	10 349.69	8 493.49	浙江	9 279.16	7 020.22
天津	8 140.50	6 121.04	山东	6 489.97	5 022.00
河北	5 661.16	4 348.47	河南	4 766.26	3 830.71
山西	4 724.11	3 941.87	湖北	5 524.54	4 644.5
内蒙古	5 129.05	3 927.75	湖南	6 218.73	5 218.79
辽宁	5 357.79	4 356.06	广东	9 761.57	8 016.91
吉林	4 810.00	4 020.87	陕西	5 124.24	4 276.67
黑龙江	4 912.88	3 824.44	甘肃	4 916.25	4 126.47
上海	11 718.01	8 868.19	青海	5 169.96	4 185.73
江苏	6 800.23	5 323.18	新疆	5 644.86	4 422.93

(1) 使用普通最小二乘法建立居民人均消费支出与可支配收入的线性模型；

(2) 检验模型是否存在异方差性；

(3) 如果存在异方差性，试采用适当的方法估计模型参数。

【实验步骤】

§5.1　建立对象

录入变量可支配收入 X 和消费性支出 Y,如图 5－1 所示。

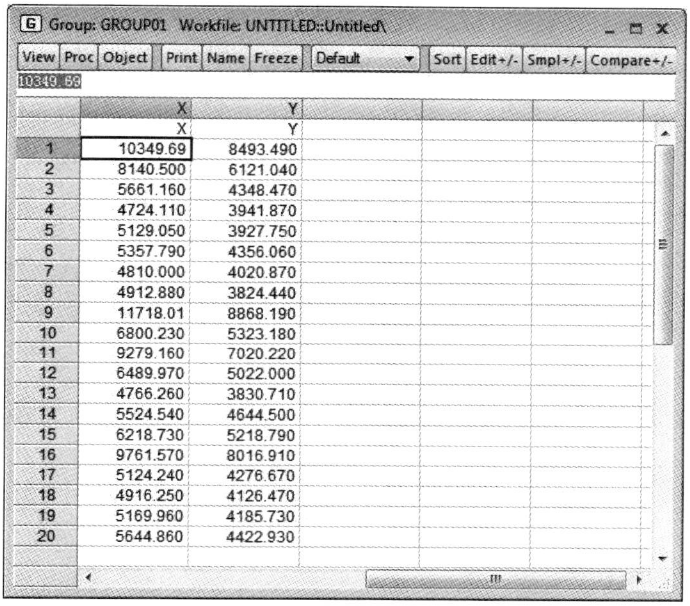

Group: GROUP01　Workfile: UNTITLED::Untitled\

View | Proc | Object | Print | Name | Freeze | Default | Sort | Edit+/- | Smpl+/- | Compare+/-

10349.69

	X	Y
	X	Y
1	10349.69	8493.490
2	8140.500	6121.040
3	5661.160	4348.470
4	4724.110	3941.870
5	5129.050	3927.750
6	5357.790	4356.060
7	4810.000	4020.870
8	4912.880	3824.440
9	11718.01	8868.190
10	6800.230	5323.180
11	9279.160	7020.220
12	6489.970	5022.000
13	4766.260	3830.710
14	5524.540	4644.500
15	6218.730	5218.790
16	9761.570	8016.910
17	5124.240	4276.670
18	4916.250	4126.470
19	5169.960	4185.730
20	5644.860	4422.930

图 5－1

§5.2　用普通最小二乘法建立线性模型

设定一元线性回归模型为:

$$\hat{Y} = \beta_0 + \beta_1 X + \mu$$

点击主界面菜单 Quick→Estimate Equation,在弹出的对话框中输入 Y、C、X,点击确定即可得到回归结果,如图 5－2 所示。

根据图 5－2 中的数据,得到模型的估计结果为

$$\hat{Y} = 272.36 + 0.7551X$$

$$(1.71) \quad (32.39)$$

$R^2 = 0.9831$　　$\overline{R}^2 = 0.9822$　　$D.W. = 1.3017$

$F = 1\,048.912$　　$RSS = 846\,743.0$

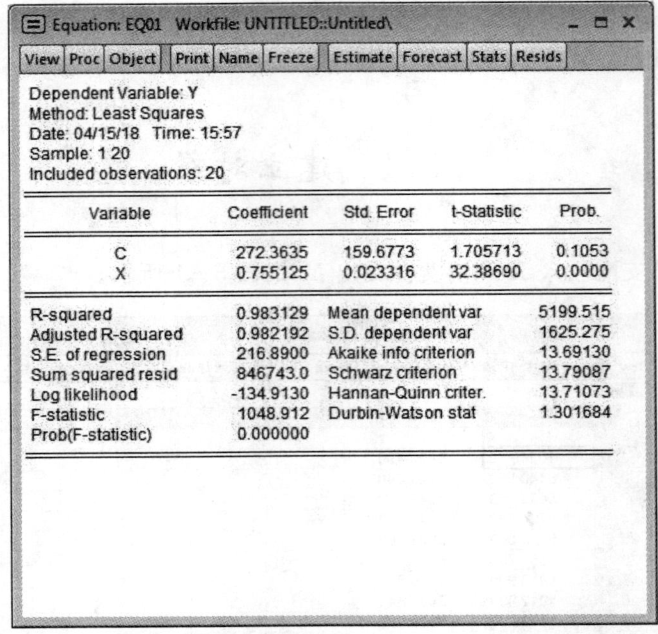

Dependent Variable: Y
Method: Least Squares
Date: 04/15/18 Time: 15:57
Sample: 1 20
Included observations: 20

Variable	Coefficient	Std. Error	t-Statistic	Prob.
C	272.3635	159.6773	1.705713	0.1053
X	0.755125	0.023316	32.38690	0.0000

R-squared	0.983129	Mean dependent var	5199.515
Adjusted R-squared	0.982192	S.D. dependent var	1625.275
S.E. of regression	216.8900	Akaike info criterion	13.69130
Sum squared resid	846743.0	Schwarz criterion	13.79087
Log likelihood	-134.9130	Hannan-Quinn criter.	13.71073
F-statistic	1048.912	Durbin-Watson stat	1.301684
Prob(F-statistic)	0.000000		

图 5－2

估计结果显示，即使在 10% 的显著性水平下，都不拒绝常数项为零的假设。

§5.3 检验模型的异方差性

一、图形检验

生成残差序列。在得到图 5－2 结果后，在工作文件中点击 Object→Generate Series ...，在弹出的窗口中，在主窗口键入命令如下“e2 = resid^2”，如图 5－3 所示，得到残差平方和序列 e2。

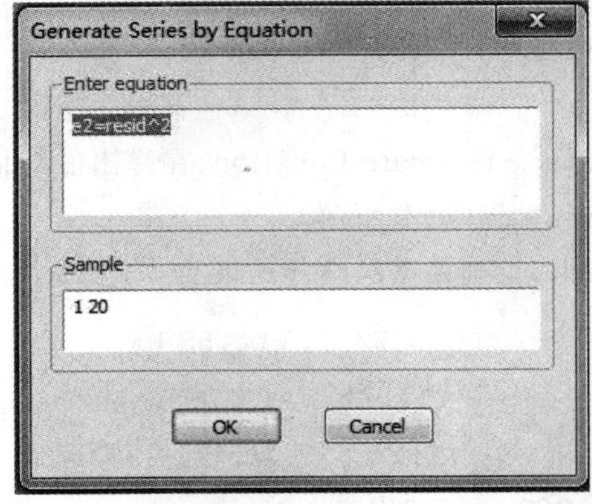

图 5－3

如果存在异方差，则只可能是由于可支配收入 X 引起的。

绘制 e_t^2 对 X_t 的散点图。按住 Ctrl 键，同时选择变量 X 与 e2，以组对象方式打开，进入数据列表，再点击 View→Graph→Scatter→Simple Scatter，可得散点图，如图 5－4 所示。

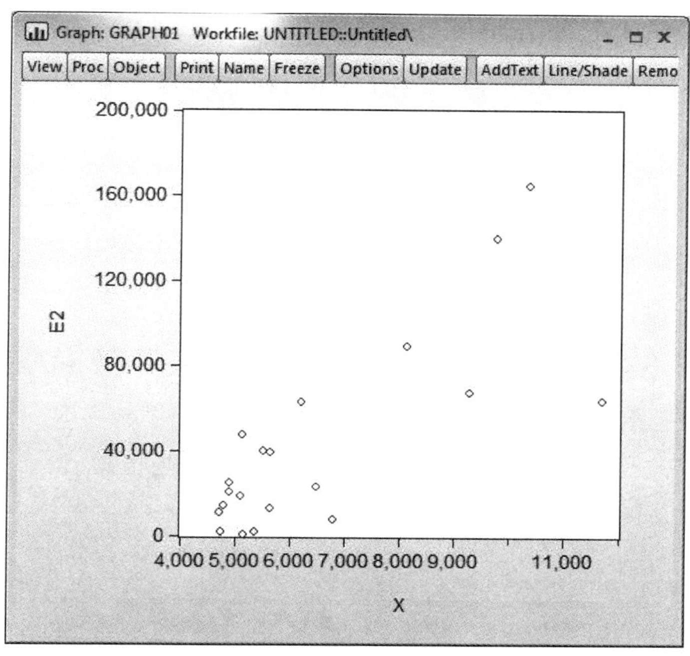

图 5－4

由图 5－4 可以看出，残差平方和 e_t^2 对 X 大致存在递增关系，即存在单调增型异方差。

二、Goldfeld-Quanadt(戈德菲尔特—匡特)检验

对变量取值排序(按递增或递减)。在工作文件中点击 Proc→Scrt Current Page ...，在弹出对话框中输入 X 即可(默认项是升序)，如图 5－5 所示。本列选择升序排列，这时变量 Y 将以 X 按升序排列。

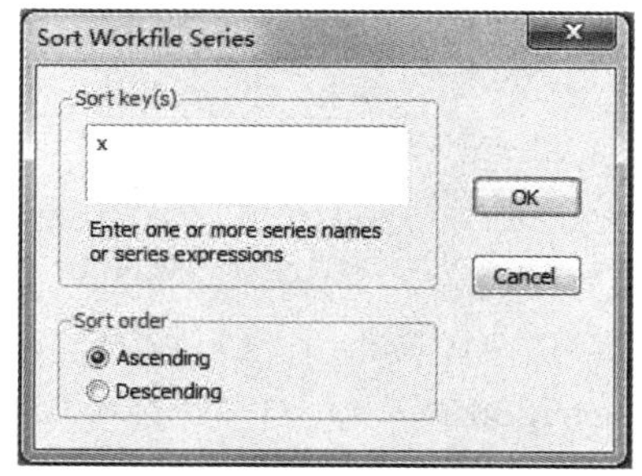

图 5－5

构造子样本区间，建立回归模型。在本案例中，样本容量 $n=20$，删除中间 1/4 的观测值，大约 4 个数据，余下部分平分得两个样本区间：1～8 和 13～20，它们的样本个数均是 8 个，即 $n_1=n_2=8$。在工作文件窗口中点击 Sample 菜单，在弹出的对话框中输入 1 8，将样本期改为 1～8，如图 5－6 所示。

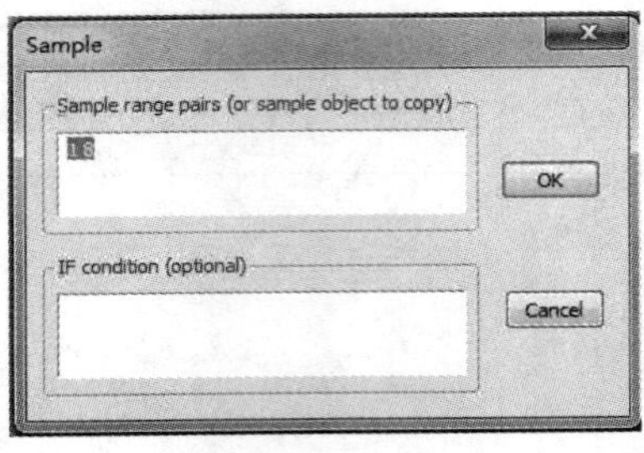

图 5－6

然后，用 OLS 方法，键入命令：ls y c x，求得如图 5－7 所示的结果。

Equation: EQ02 Workfile: UNTITLED::Untitled\

View | Proc | Object | Print | Name | Freeze | Estimate | Forecast | Stats | Resids

Dependent Variable: Y
Method: Least Squares
Date: 04/15/18 Time: 16:13
Sample: 1 8
Included observations: 8

Variable	Coefficient	Std. Error	t-Statistic	Prob.
C	1277.161	1540.604	0.829000	0.4388
X	0.554126	0.311432	1.779287	0.1255

R-squared	0.345397	Mean dependent var	4016.814
Adjusted R-squared	0.236296	S.D. dependent var	166.1712
S.E. of regression	145.2172	Akaike info criterion	13.00666
Sum squared resid	126528.3	Schwarz criterion	13.02652
Log likelihood	-50.02663	Hannan-Quinn criter.	12.87271
F-statistic	3.165861	Durbin-Watson stat	3.004532
Prob(F-statistic)	0.125501		

图 5－7

根据图 5－7 中的数据，得到模型的估计结果为：

$$\hat{Y}=1\,277.161+0.554\,1X$$
$$(0.829)\qquad(1.779)$$

$R^2=0.345\,4$　　$\overline{R}^2=0.236\,3$　　$D.W.=3.004\,5$

$F=3.165\,9$　　$RSS_1=126\,528.3$

同样的，在 Sample 菜单中，将区间定义为 13～20，利用 OLS 方法求得如图 5－8 所示的结果。

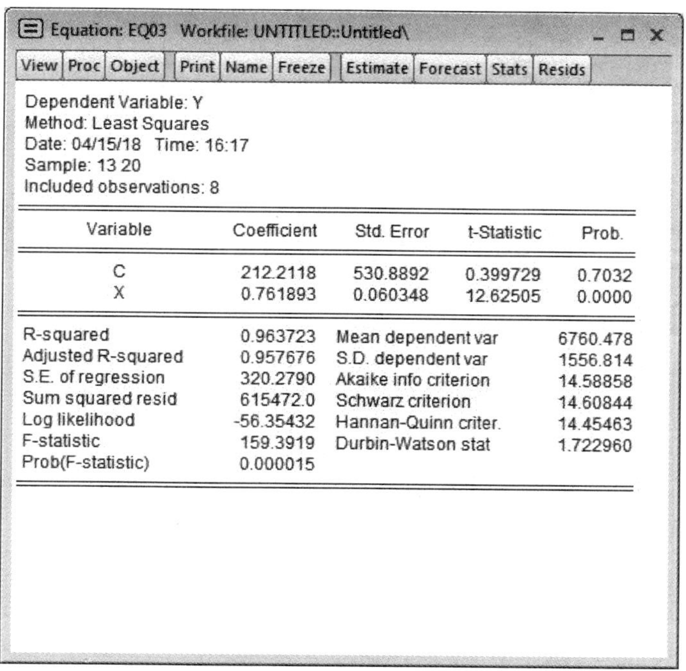
Dependent Variable: Y
Method: Least Squares
Date: 04/15/18 Time: 16:17
Sample: 13 20
Included observations: 8

Variable	Coefficient	Std. Error	t-Statistic	Prob.
C	212.2118	530.8892	0.399729	0.7032
X	0.761893	0.060348	12.62505	0.0000

R-squared	0.963723	Mean dependent var	6760.478
Adjusted R-squared	0.957676	S.D. dependent var	1556.814
S.E. of regression	320.2790	Akaike info criterion	14.58858
Sum squared resid	615472.0	Schwarz criterion	14.60844
Log likelihood	-56.35432	Hannan-Quinn criter.	14.45463
F-statistic	159.3919	Durbin-Watson stat	1.722960
Prob(F-statistic)	0.000015		

图 5－8

根据图 5－8 中的数据，得到模型的估计结果为：

$$\hat{Y}=212.2118+0.7619X$$
$$(0.3997)\quad(12.625)$$

$R^2=0.9637$　　$\overline{R}^2=0.9577$　　$D.W.=1.723$

$F=159.39$　　$RSS_2=615472.0$

计算 F 统计量：

$$F=\frac{RSS_2}{RSS_1}=\frac{615472.0}{126528.3}=4.86$$

如果设定显著性水平为 5%，那么自由度为(6，6)的 F 分布临界值为 $F_{0.55}(6,6)=4.28$，即有 $F=4.86>4.28=F_{0.55}(6,6)$，所以拒绝原假设，表明模型存在异方差性。

三、White(怀特)检验

在图 5－2 中，点击 View→Residual Diagnostics→heteroskedasticity Tests→White，进入 White 检验，经过估计出现 White 检验的结果，如图 5－9 所示。

Equation: EQ01 Workfile: UNTITLED::Untitled\

View | Proc | Object | Print | Name | Freeze | Estimate | Forecast | Stats | Resids

Heteroskedasticity Test: White

F-statistic	14.63595	Prob. F(2,17)	0.0002
Obs*R-squared	12.65213	Prob. Chi-Square(2)	0.0018
Scaled explained SS	5.568079	Prob. Chi-Square(2)	0.0618

Test Equation:
Dependent Variable: RESID^2
Method: Least Squares
Date: 04/15/18 Time: 16:23
Sample: 1 20
Included observations: 20

Variable	Coefficient	Std. Error	t-Statistic	Prob.
C	-180998.9	103318.2	-1.751858	0.0978
X^2	-0.002115	0.001847	-1.144742	0.2682
X	49.42846	28.93929	1.708006	0.1058

R-squared	0.632606	Mean dependent var	42337.15
Adjusted R-squared	0.589384	S.D. dependent var	45279.67
S.E. of regression	29014.92	Akaike info criterion	23.52649
Sum squared resid	1.43E+10	Schwarz criterion	23.67585
Log likelihood	-232.2649	Hannan-Quinn criter.	23.55565
F-statistic	14.63595	Durbin-Watson stat	2.081758
Prob(F-statistic)	0.000201		

图 5－9

由图 5－9 中的数据，得到：

$$\hat{e}^2 = -180\,998.9 + 49.428\,46X - 0.021\,15X^2$$
$$(-1.750\,8) \quad (1.708) \quad (-1.145)$$
$$R^2 = 0.632\,606$$

White 统计量 $nR^2 = 20 \times 0.632\,606 = 12.652\,12$，该值大于 5% 显著性水平下自由度为 2(在估计模型中含有两个解释变量，所以自由度为 2)的 χ^2 分布的相应临界值 $\chi^2_{0.05}(2) = 5.99$，因此拒绝同方差性的原假设。

§5.4 异方差性的修正

一、加权最小二乘法

运用 OLS 方法估计过程中，我们选用权数 $w_t = 1/|e_t|$。权数生成过程如下，在图 5－2 所示的情况下，在工作文件中点击 Object→Generate Series ...，在弹出的窗口中，在 Enter Equation 处输入 w＝1/@abs(resid)。

在工作文件中点击 Quick→Estimate Equation，在弹出的对话框中输入 Y C X，如图 5－10 所示。

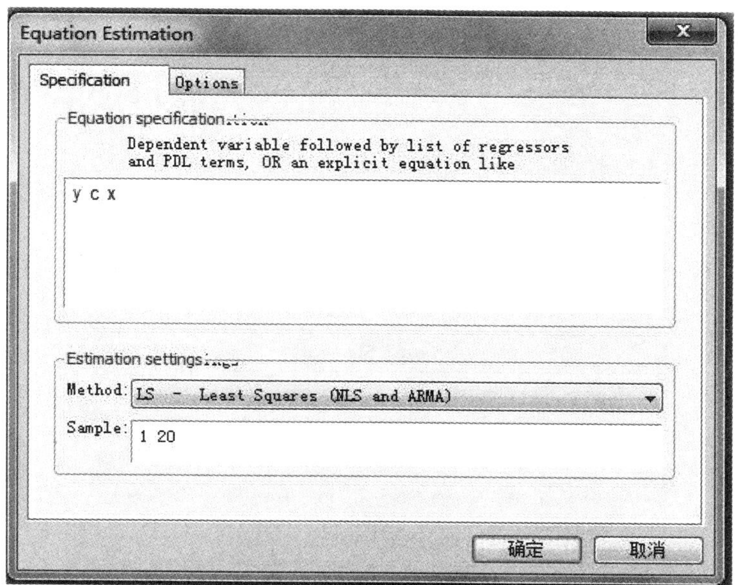

图 5 - 10

在图 5 - 10 中点击 Options 选项，选中 Weighted LS/TSLS 复选框，在 Weight 框中输入 w，如图 5 - 11 所示。

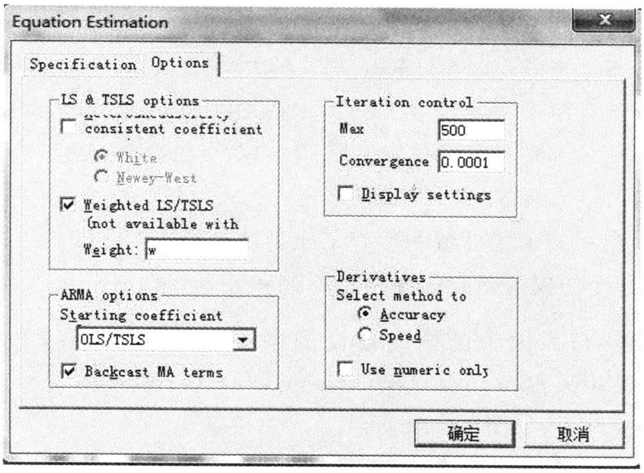

图 5 - 11

点击确定，即可得到加权最小二乘法的结果，如图 5 - 12 所示。

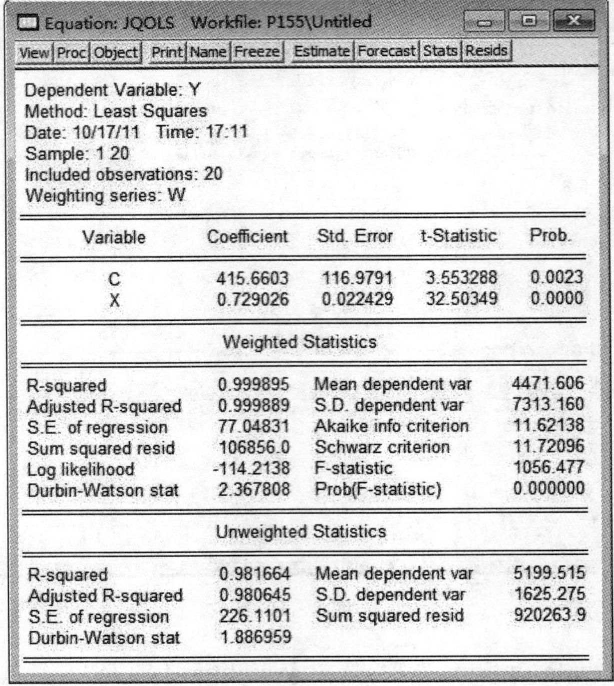
Equation: JQOLS Workfile: P155\Untitled

View | Proc | Object | Print | Name | Freeze | Estimate | Forecast | Stats | Resids

Dependent Variable: Y
Method: Least Squares
Date: 10/17/11 Time: 17:11
Sample: 1 20
Included observations: 20
Weighting series: W

Variable	Coefficient	Std. Error	t-Statistic	Prob.
C	415.6603	116.9791	3.553288	0.0023
X	0.729026	0.022429	32.50349	0.0000

Weighted Statistics

R-squared	0.999895	Mean dependent var	4471.606
Adjusted R-squared	0.999889	S.D. dependent var	7313.160
S.E. of regression	77.04831	Akaike info criterion	11.62138
Sum squared resid	106856.0	Schwarz criterion	11.72096
Log likelihood	-114.2138	F-statistic	1056.477
Durbin-Watson stat	2.367808	Prob(F-statistic)	0.000000

Unweighted Statistics

R-squared	0.981664	Mean dependent var	5199.515
Adjusted R-squared	0.980645	S.D. dependent var	1625.275
S.E. of regression	226.1101	Sum squared resid	920263.9
Durbin-Watson stat	1.886959		

图 5－12

由图 5－12 中的数据，得到模型的估计结果：

$$\hat{Y} = 415.6603 + 0.729026X$$

$$(3.55) \quad (32.5)$$

$R^2 = 0.9999$　　$\overline{R}^2 = 0.9999$　　$D.W. = 2.3678$

$F = 1056.477$　　$RSS = 106856.0$

可以看出，常数项的 t 统计量的值有了显著的改进。

下面检验是否经加权的回归的模型已不存在异方差性。

记 $\overset{\approx}{e}{}^2$ 为加权回归后模型的残差估计的平方和。在图 5－12 中，点击 View→Residual Tests→White Heteroskedasticity(no cross terms)，进入 White 检验，经过估计出现 White 检验结果，如图 5－13 所示。

由图 5－13 中的数据，得到：

$$\overset{\approx}{e}{}^2 = 6196.481 - 0.165323X + 0.0000048X^2$$

$$(0.525) \quad (-0.050) \quad (0.023)$$

$$R^2 = 0.003821$$

White 统计量 $nR^2 = 0.07642$，其所对应的伴随概率为 $P = 0.967983$，因此在 5% 的显著性水平下，不能拒绝同方差的假设。

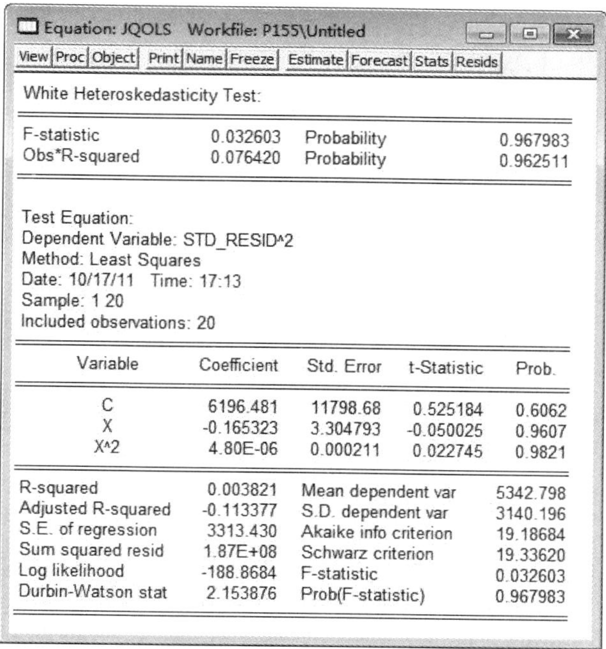

Equation: JQOLS　Workfile: P155\Untitled

View | Proc | Object | Print | Name | Freeze | Estimate | Forecast | Stats | Resids

White Heteroskedasticity Test:

F-statistic	0.032603	Probability	0.967983
Obs*R-squared	0.076420	Probability	0.962511

Test Equation:
Dependent Variable: STD_RESID^2
Method: Least Squares
Date: 10/17/11　Time: 17:13
Sample: 1 20
Included observations: 20

Variable	Coefficient	Std. Error	t-Statistic	Prob.
C	6196.481	11798.68	0.525184	0.6062
X	-0.165323	3.304793	-0.050025	0.9607
X^2	4.80E-06	0.000211	0.022745	0.9821

R-squared	0.003821	Mean dependent var	5342.798
Adjusted R-squared	-0.113377	S.D. dependent var	3140.196
S.E. of regression	3313.430	Akaike info criterion	19.18684
Sum squared resid	1.87E+08	Schwarz criterion	19.33620
Log likelihood	-188.8684	F-statistic	0.032603
Durbin-Watson stat	2.153876	Prob(F-statistic)	0.967983

图 5－13

二、异方差稳健性标准误方法

在图 5－2 中，点击 Estimate 按钮，出现 Spection 窗口（见图 5－14），点击 Option 按钮，在出现的 Estimation Options 窗口中，选择 Heteroskedasticity 选项，并选择默认的 White 选项（见图 5－15），点击确定按钮退回到 Equation Spection 窗口（见图 5－14），再点击确定按钮，即得到如图 5－16 所示的结果。

Equation Estimation

Specification | Options

Equation specification
Dependent variable followed by list of regressors
and PDL terms, OR an explicit equation like

y c x

Estimation settings
Method: LS - Least Squares (NLS and ARMA)
Sample: 1 20

确定　取消

图 5－14

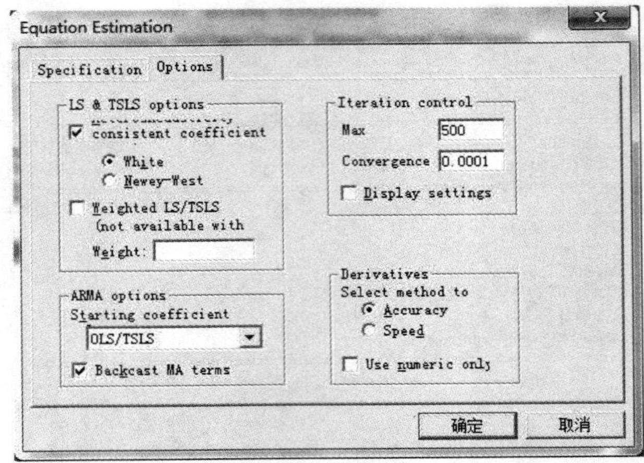

图 5－15

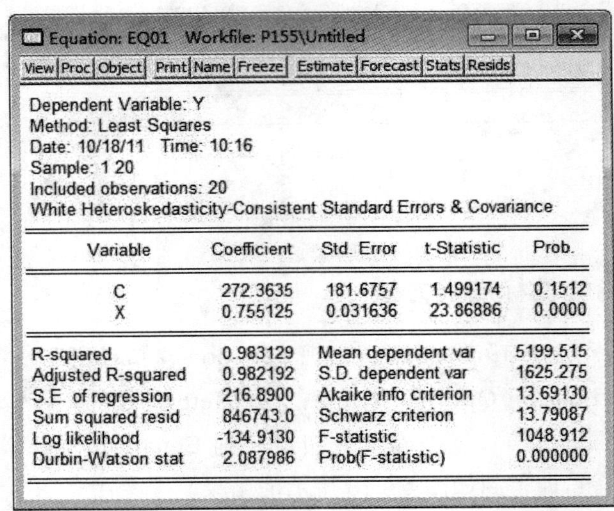

Dependent Variable: Y
Method: Least Squares
Date: 10/18/11 Time: 10:16
Sample: 1 20
Included observations: 20
White Heteroskedasticity-Consistent Standard Errors & Covariance

Variable	Coefficient	Std. Error	t-Statistic	Prob.
C	272.3635	181.6757	1.499174	0.1512
X	0.755125	0.031636	23.86886	0.0000

R-squared	0.983129	Mean dependent var	5199.515
Adjusted R-squared	0.982192	S.D. dependent var	1625.275
S.E. of regression	216.8900	Akaike info criterion	13.69130
Sum squared resid	846743.0	Schwarz criterion	13.79087
Log likelihood	-134.9130	F-statistic	1048.912
Durbin-Watson stat	2.087986	Prob(F-statistic)	0.000000

图 5－16

可以看出，估计的参数与普通最小二乘法的结果相同，只是由于参数的标准差得到了修正，从而使得 t 检验值与普通最小二乘法的结果不同。

本章小结

1. 当回归模型中随机误差项的方差不是常数，即 $Var(\mu_i)=\sigma_i^2\neq\sigma^2$（常数）时，称随机误差项的方差的非齐次性或为异方差性，实际经济关系中，异方差现象是十分常见的。

2. 一般经验告诉我们，对于采用横截面数据作样本的经济计量研究中，由于不同样本点上解释变量以外的其他因素的差异较大，往往会存在异方差性。采用时序资料作样本的经济计量研究中，异方差现象较轻一些，但也可能存在。

3. 当模型不能满足齐次方差假设时，参数 OLS 估计量是非有效的，并且对 OLS 估计量方差的估计是有偏的。因而，普通最小二乘法是不适用的。

4. 戈德菲尔特—匡特检验法、安斯卡姆伯—雷姆塞检验、怀特检验、戈里瑟检验等方法是检验异方差性的常见方法。

思考与练习

1. 由表 1 中给出消费 Y 与收入 X 的数据，试根据所给数据资料完成以下问题：

(1) 估计回归模型 $Y=\beta_1+\beta_2 X+u$ 中的参数 β_1 和 β_2，并写出样本回归模型。

(2) 试用 Goldfeld-Quandt 法和 White 法检验模型的异方差性。

表 1　消费 Y 与收入 X　　单位：元

Y	X	Y	X	Y	X
55	80	152	220	95	140
65	100	144	210	108	145
70	85	175	245	113	150
80	110	180	260	110	160
79	120	135	190	125	165
84	115	140	205	115	180
98	130	178	265	130	185
95	140	191	270	135	190
90	125	137	230	120	200
75	90	189	250	140	205
74	105	55	80	140	210
110	160	70	85	152	220
113	150	75	90	140	225
125	165	65	100	137	230
108	145	74	105	145	240
115	180	80	110	175	245
140	225	84	115	189	250
120	200	79	120	180	260
145	240	90	125	178	265
130	185	98	130	191	270

2. 表 2 中给出了 1985 年我国北方几个省市农业总产值、农用化肥量、农用水利、

农业劳动力、每日生产性固定生产原值以及农机动力数据,要求:

(1) 试建立我国北方地区农业产出线性模型。

(2) 选用适当的方法检验模型中是否存在异方差。

表 2

地　区	农业总产值（亿元）	农业劳动力（万人）	灌溉面积（万公顷）	化肥用量（万吨）	户均固定资产（元）	农机动力（万马力）
北京	19.64	90.1	33.84	7.5	394.3	435.3
天津	14.4	95.2	34.95	3.9	567.5	450.7
河北	149.9	1 639.0	357.26	92.4	706.89	2 712.6
山西	55.07	562.6	107.9	31.4	856.37	1 118.5
内蒙古	60.85	462.9	96.49	15.4	1 282.81	641.7
辽宁	87.48	588.9	72.4	61.6	844.74	1 129.6
吉林	73.81	399.7	69.63	36.9	2 576.81	647.6
黑龙江	104.51	425.3	67.95	25.8	1 237.16	1 305.8
山东	276.55	2 365.6	456.55	152.3	5 812.02	3 127.9
河南	200.02	2 557.5	318.99	127.9	754.78	2 134.5
陕西	68.18	884.2	117.9	36.1	607.41	764
新疆	49.12	256.1	260.46	15.1	1 143.67	523.3

3. 表 3 中的数据是美国 1988 年研究与开发(R&D)支出费用(Y)与不同部门产品销售量(X)。试根据资料建立一个回归模型,运用 Glejser 方法和 White 方法检验异方差。

表 3

单位:百万美元

工业群体	销售量 X	R&D 费用 Y	利润 Z
容器与包装	6 375.3	62.5	185.1
非银行业金融	11 626.4	92.9	1 569.5
服务行业	14 655.1	178.3	276.8
金属与采矿	21 869.2	258.4	2 828.1
住房与建筑	26 408.3	494.7	225.9
一般制造业	32 405.6	1 083	3 751.9
休闲娱乐	35 107.7	1 620.6	2 884.1
纸张与林木产品	40 295.4	421.7	4 645.7
食品	70 761.6	509.2	5 036.4
卫生保健	80 552.8	6 620.1	13 869.9

续　表

工业群体	销售量 X	R&D 费用 Y	利润 Z
宇航	95 294	3 918.6	4 487.8
消费者用品	101 314.3	1 595.3	10 278.9
电器与电子产品	116 141.3	6 107.5	8 787.3
化工产品	122 315.7	4 454.1	16 438.8
五金	141 649.9	3 163.9	9 761.4
办公设备与电算机	175 025.8	13 210.7	19 774.5
燃料	230 614.5	1 703.8	22 626.6
汽车	293 543	9 528.2	18 415.4

4. 由表 4 中给出的收入和住房支出样本数据，建立住房支出模型。

表 4　收入和住房支出样本数据

住房支出	收　入	住房支出	收　入
1.8	5	4.2	15
2	5	4.2	15
2	5	4.5	15
2	5	4.8	15
2.1	5	5	15
3	10	4.8	20
3.2	10	5	20
3.5	10	5.7	20
3.5	10	6	20
3.6	10	6.2	20

假设模型为 $Y_i = \beta_1 + \beta_2 X_i + u_i$，其中 Y 为住房支出，X 为收入。试求解下列问题：

(1) 用 OLS 求参数的估计值、标准差、拟合优度。

(2) 用 Goldfeld-Quandt 方法检验异方差(假设分组时不去掉任何样本值)。

5. 表 5 给出的是 1998 年我国重要制造业销售收入与销售利润的数据资料：

表 5　1998 年我国重要制造业销售收入与销售利润

行业名称	销售收入	销售利润	行业名称	销售收入	销售利润
食品加工业	187.25	3 180.44	医药制造业	238.71	1 264.10
食品制造业	111.42	1 119.88	化学纤维制造	81.57	779.46

续 表

行业名称	销售收入	销售利润	行业名称	销售收入	销售利润
饮料制造业	205.42	1 489.89	橡胶制品业	77.84	692.08
烟草加工业	183.87	1 328.59	塑料制品业	144.34	1 345.00
纺织业	316.79	3 862.90	非金属矿制品	339.26	2 866.14
服装制造业	157.70	1 779.10	黑色金属冶炼	367.47	3 868.28
皮革羽绒制品	81.73	1 081.77	有色金属冶炼	144.29	1 535.16
木材加工业	35.67	443.74	金属制品业	201.42	1 948.12
家具制造业	31.06	226.78	普通机械制造	354.69	2 351.68
造纸及纸制品	134.40	1 124.94	专用设备制造	238.16	1 714.73
印刷业	90.12	499.83	交通运输设备	511.94	4 011.53
文教体育用品	54.40	504.44	电子机械制造	409.83	3 286.15
石油加工业	194.45	2 363.80	电子通讯设备	508.15	4 499.19
化学原料制品	502.61	4 195.22	仪器仪表设备	72.46	663.68

试完成以下问题：

(1) 求销售利润随销售收入的样本回归函数，并对模型进行经济意义检验和统计检验。

(2) 分别用图形法、Glejser 方法、White 方法检验模型是否存在异方差。

6. 表 6 所给资料为 1978 年至 2000 年四川省农村人均纯收入 X 和人均生活费支出 Y 的数据。

表 6　四川省农村人均纯收入和人均生活费支出　　单位：元/人

时　间	农村人均纯收入 X	农村人均生活费支出 Y	时　间	农村人均纯收入 X	农村人均生活费支出 Y
1978	127.1	120.3	1988	448.85	426.47
1979	155.9	142.1	1989	494.07	473.59
1980	187.9	159.5	1990	557.76	509.16
1981	220.98	184.0	1991	590.21	552.39
1982	255.96	208.23	1992	634.31	569.46
1983	258.39	231.12	1993	698.27	647.43
1984	286.76	251.83	1994	946.33	904.28
1985	315.07	276.25	1995	1 158.29	1 092.91
1986	337.94	310.92	1996	1 459.09	1 358.03
1987	369.46	348.32	1997	1 680.69	1 440.48

续　表

时　间	农村人均纯收入 X	农村人均生活费支出 Y	时　间	农村人均纯收入 X	农村人均生活费支出 Y
1998	1 789.17	1 440.77	2000	1 903.60	1 485.34
1999	1 843.47	1 426.06			

数据来源:《四川统计年鉴》2001 年

(1) 求农村人均生活费支出对人均纯收入的样本回归函数,并对模型进行经济意义检验和统计检验。

(2) 选用适当的方法检验模型中是否存在异方差。

第 6 章 序列相关性的检验及修正

【实验目的】

1. 掌握序列相关性模型的检验方法与处理方法；
2. 掌握序列相关性模型的修正方法。

【实验内容】

中国 1980—2007 年全社会固定资产投资总额 X 与工业总产值 Y 的统计资料，如表 6－1 所示。

表 6－1 中国 1980—2007 年全社会固定资产投资总额 X 与工业总产值 Y 单位：亿元

年份	全社会固定资产投资（X）	工业增加值（Y）	年份	全社会固定资产投资（X）	工业增加值（Y）
1980	910.9	1 996.5	1994	17 042.1	19 480.7
1981	961	2 048.4	1995	20 019.3	24 950.6
1982	1 230.4	2 162.3	1996	22 913.5	29 447.6
1983	1 430.1	2 375.6	1997	2 4941.1	32 921.4
1984	1 832.9	2 789.0	1998	28 406.2	34 018.4
1985	2 543.2	3 448.7	1999	29 854.7	35 861.5
1986	3 120.6	3 967.0	2000	32 917.7	40 033.6
1987	3 791.7	4 585.8	2001	37 213.5	43 580.6
1988	4 753.8	5 777.2	2002	43 499.9	47 431.3
1989	4 410.4	6 484.0	2003	55 566.6	54 945.5
1990	4 517	6 858.0	2004	70 477.4	65 210.0
1991	5 594.5	8 087.1	2005	88 773.6	77 230.8
1992	8 080.1	10 284.5	2006	109 998.2	91 310.9
1993	13 072.3	14 188.0	2007	137 323.9	107 367.2

试问：

(1) 当设定模型为 $\ln Y_t = \beta_0 + \beta_1 \ln X_t + \mu_t$ 时，是否存在序列相关性？

(2) 若按一阶自相关假设 $\mu_t = \rho\mu_{t-1} + \varepsilon_1$，试用广义最小二乘法估计原模型。

(3) 采用差分形式 $X_t^* = X_t - X_{t-1}$ 与 $Y_t^* = Y_t - Y_{t-1}$ 作为新数据，估计模型 $Y_t^* = \alpha_0 + \alpha_1 X_t^* \upsilon_t$，该模型是否存在序列相关？

【实验步骤】

在经济系统中，经济变量前后期之间很可能有关联，使得随机误差项不能满足无自相关性的假设。本案例将探讨随机误差项不满足无自相关性古典假定的参数估计问题，着重讨论自相关性模型的图形法检验、DW 检验与广义最小二乘估计和广义差分法。

§6.1　建立 Workfile 和对象

录入 1980—2007 年全社会固定资产投资总额 X 以及工业增加值 Y，如图 6－1 所示。

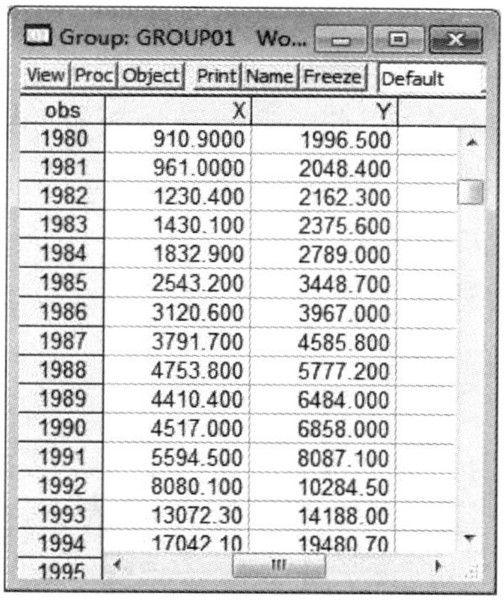

Group: GROUP01　Wo...

View | Proc | Object | Print | Name | Freeze | Default

obs	X	Y
1980	910.9000	1996.500
1981	961.0000	2048.400
1982	1230.400	2162.300
1983	1430.100	2375.600
1984	1832.900	2789.000
1985	2543.200	3448.700
1986	3120.600	3967.000
1987	3791.700	4585.800
1988	4753.800	5777.200
1989	4410.400	6484.000
1990	4517.000	6858.000
1991	5594.500	8087.100
1992	8080.100	10284.50
1993	13072.30	14188.00
1994	17042.10	19480.70
1995		

图 6－1

§6.2　参数估计、检验模型的自相关性

一、参数估计

设定模型为：$\ln Y_t = \beta_0 + \beta_1 \ln X_t + \mu_t$。

点击主界面菜单 Quick → Estimate Equation，在弹出的对话框中输入

log(Y) C log(X)，点击确定即可得到回归结果，如图 6－2 所示。

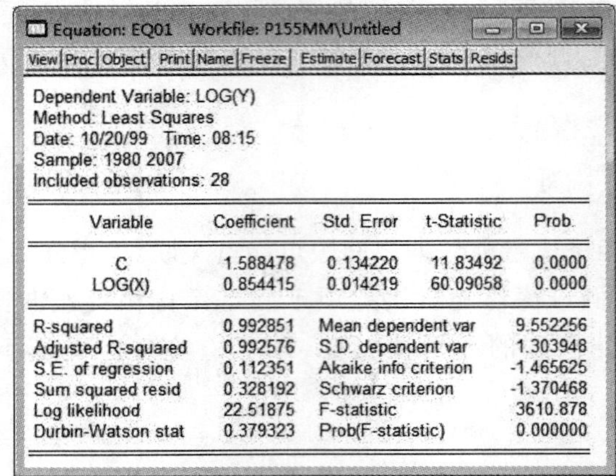

Equation: EQ01 Workfile: P155MM\Untitled

View | Proc | Object | Print | Name | Freeze | Estimate | Forecast | Stats | Resids

Dependent Variable: LOG(Y)
Method: Least Squares
Date: 10/20/99 Time: 08:15
Sample: 1980 2007
Included observations: 28

Variable	Coefficient	Std. Error	t-Statistic	Prob.
C	1.588478	0.134220	11.83492	0.0000
LOG(X)	0.854415	0.014219	60.09058	0.0000

R-squared	0.992851	Mean dependent var	9.552256
Adjusted R-squared	0.992576	S.D. dependent var	1.303948
S.E. of regression	0.112351	Akaike info criterion	-1.465625
Sum squared resid	0.328192	Schwarz criterion	-1.370468
Log likelihood	22.51875	F-statistic	3610.878
Durbin-Watson stat	0.379323	Prob(F-statistic)	0.000000

图 6－2

根据图 6－2 中的数据，得到模型的估计结果为：

$$\ln \hat{Y}_t = 1.588\,5 + 0.854\,4 \ln X_t$$
$$(11.83) \quad (60.09)$$

$R^2 = 0.992\,51$　　$\overline{R}^2 = 0.992\,576$　　$D.W. = 0.379\,323$

$F = 3\,610.878$　　$RSS = 0.328\,192$

该回归方程的可决系数较高，回归系数显著。对样本容量为 28、一个解析变量的模型、5%的显著性水平，查 D. W.统计表可知，$d_l = 1.33$，$d_U = 1.48$，模型中 $D.W. < d_L$，显然模型中存在正自相关。

下面对模型的自相关性进行检验。

二、检验模型的自相关性

点击 Eviews 方程输出窗口的按钮 Resids 可以得到残差图，如图 6－3 所示。

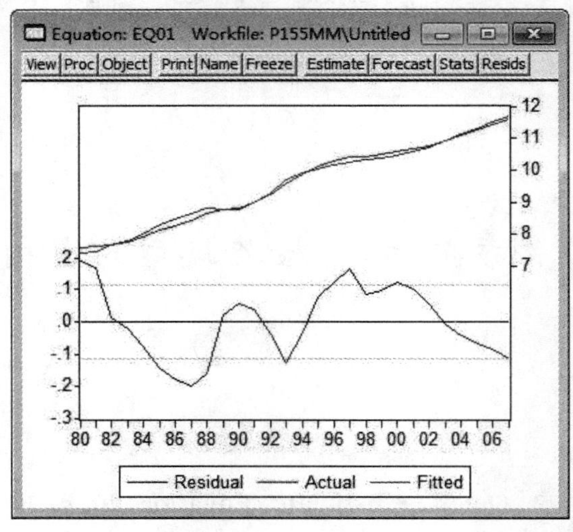

图 6－3

图 6－3 的残差图中，残差的变动有系统模式，连续为正和连续为负，表明残差存在一阶正自相关，模型中 t 统计量和 F 统计量的结论不可信，需要采取补救措施。

点击工作文件窗口工具栏中的 Object→Generate Series ...，在弹出的对话框中输入 et＝resid，如图 6－4 所示，点击 OK 得到残差序列 et。

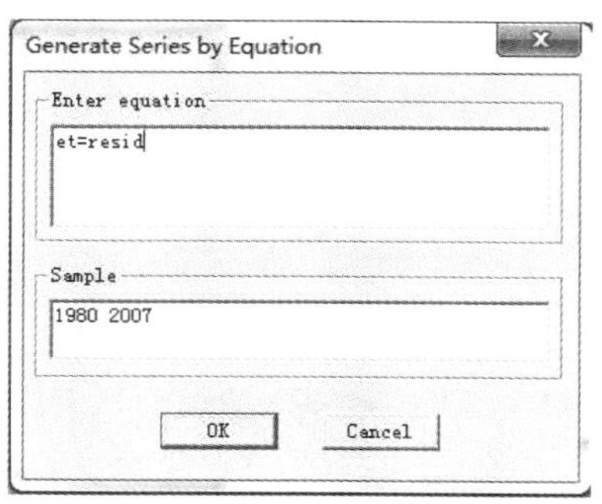

图 6－4

点击 Quick→Graph→Line Graph，在弹出的对话框中输入：et，再点击 OK，得到残差项 $\tilde{e}_t$ 与时间的关系图，如图 6－5 所示；点击 Quick→Graph→Scatter，在弹出的对话框中输入：et(－1) et，再点击 OK，得到残差项 $\tilde{e}_t$ 与 $\tilde{e}_{t-1}$ 时间的关系图，如图 6－6 所示。

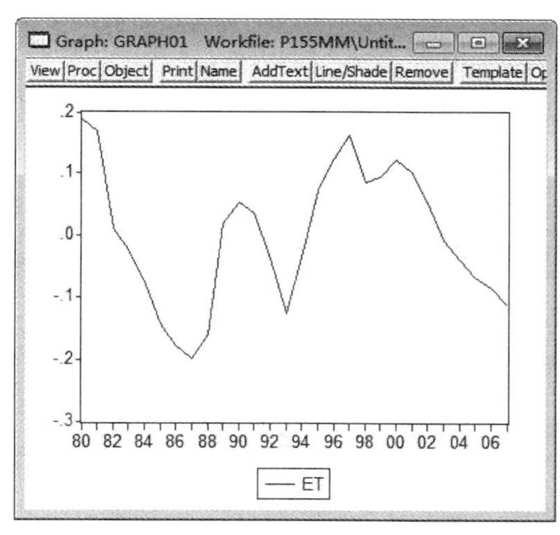

图 6－5

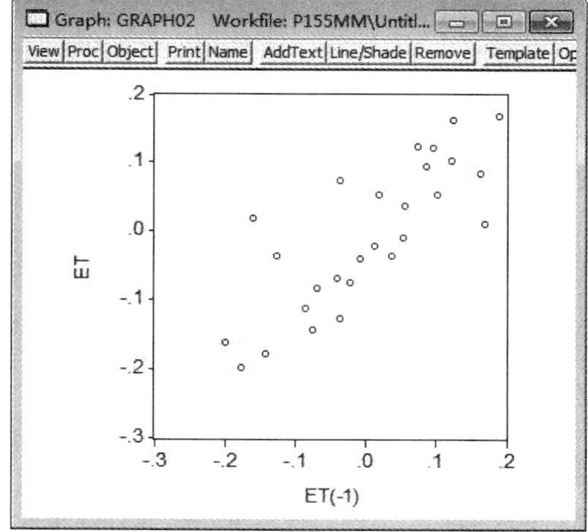

图 6－6

从图 6－5 和图 6－6 中可以看出，随机干扰项呈现正相关。

由于时间序列数据容易出现为回归现象，因此做回归分析是须格外谨慎的。本案例中，Y 和 X 都是事件序列数据，因此有理由怀疑较高的 R^2 部分是由这一共同的变化趋势带来的。为了排除事件序列模型中的这种随时间变动而具有的共同变化趋势的影响，一种解决方案是在模型中引入时间趋势项，将这种影响分离出来。点击 Quick→Graph→Line Graph，在弹出对话框中输入：X Y，再点击 OK，得到全社会固定资产投资总额 X 与工业增加值 Y 的变动图，如图 6－7 所示。

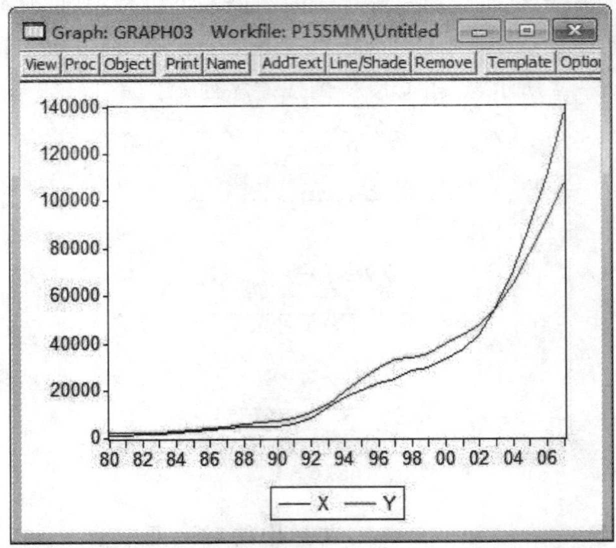

图 6－7

由图 6－7 可以看出，全社会固定资产投资总额 X 与工业增加值 Y 均呈现非线性变化态势，因此引入时间变量 $T(T=1,2,\cdots,28)$，以平方的形式出现。

点击工作文件窗口工具栏中的 Object→Generate Series ...，在弹出的对话框中输入 T＝@TREND＋1，点击 OK 得到时间变量序列 T。

点击主界面菜单 Quick→Estimate Equation，在弹出的对话框中输入 log(Y) C log(X) T^2，点击确定即可得到回归结果，如图 6－8 所示。

Equation: EQJIAPOWERT2 Workfile: P155MM\Unt...

View Proc Object Print Name Freeze Estimate Forecast Stats Resids

Dependent Variable: LOG(Y)
Method: Least Squares
Date: 10/20/99 Time: 08:48
Sample: 1980 2007
Included observations: 28

Variable	Coefficient	Std. Error	t-Statistic	Prob.
C	1.696111	0.378845	4.477060	0.0001
LOG(X)	0.840135	0.049065	17.12288	0.0000
T^2	9.25E-05	0.000304	0.304606	0.7632

R-squared	0.992877	Mean dependent var	9.552256
Adjusted R-squared	0.992308	S.D. dependent var	1.303948
S.E. of regression	0.114364	Akaike info criterion	-1.397901
Sum squared resid	0.326979	Schwarz criterion	-1.255165
Log likelihood	22.57062	F-statistic	1742.488
Durbin-Watson stat	0.369693	Prob(F-statistic)	0.000000

图 6－8

从图 6－8 可以看出，T^2 的系数估计非常的小，而且其伪概率 P 值为 0.763 2，即接受其系数为 0 的原假设，于是不通过假设检验。

我们认为原模型不存在虚假序列相关的成分，所以仍然采用原模型，即不引入时间趋势项。即原模型中较低的 *D.W.* 值是纯序列相关引起的。

下面再对模型进行序列相关性的拉格朗日乘数检验。

三、拉格朗日乘数检验

在图 6－2 中，点击 View→Residual Tests→Serial Correlation LM Test ...，在弹出的对话框中输入：1，点击 OK，得到如图 6－9 所示的结果。

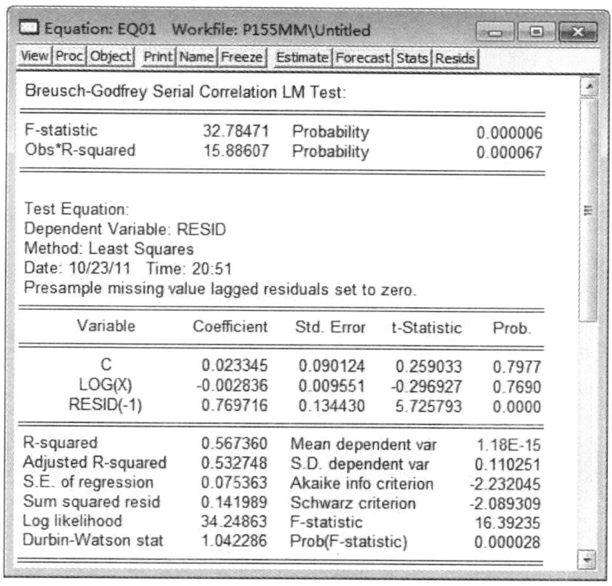

Equation: EQ01　Workfile: P155MM\Untitled

View | Proc | Object | Print | Name | Freeze | Estimate | Forecast | Stats | Resids

Breusch-Godfrey Serial Correlation LM Test:

F-statistic	32.78471	Probability	0.000006
Obs*R-squared	15.88607	Probability	0.000067

Test Equation:
Dependent Variable: RESID
Method: Least Squares
Date: 10/23/11　Time: 20:51
Presample missing value lagged residuals set to zero.

Variable	Coefficient	Std. Error	t-Statistic	Prob.
C	0.023345	0.090124	0.259033	0.7977
LOG(X)	-0.002836	0.009551	-0.296927	0.7690
RESID(-1)	0.769716	0.134430	5.725793	0.0000

R-squared	0.567360	Mean dependent var	1.18E-15
Adjusted R-squared	0.532748	S.D. dependent var	0.110251
S.E. of regression	0.075363	Akaike info criterion	-2.232045
Sum squared resid	0.141989	Schwarz criterion	-2.089309
Log likelihood	34.24863	F-statistic	16.39235
Durbin-Watson stat	1.042286	Prob(F-statistic)	0.000028

图 6－9

根据图 6－9 中的数据：

$$\tilde{e}_t = 0.023\,345 - 0.002\,836 \ln X + 0.769\,716\,\tilde{e}_{t-1}$$
$$(0.259)\qquad(-0.297)\qquad(5.726)$$

$nR^2 = 15.886\,07$，其所对应的伴随概率为 $P = 0.000\,067$，因此如果取显著性水平 5%，则可以判断原模型存在 1 阶序列相关性。

在图 6－2 中，点击 View→Residual Tests→Serial Correlation LM Test ...，在弹出的对话框中输入：2，点击 OK，得到如图 6－10 所示的结果。

根据图 6－10 中的数据：

$$\tilde{e}_t = 0.000\,108 - 0.000\,134 \ln X + 1.115\,701\,\tilde{e}_{t-1} - 0.473\,435\,\tilde{e}_{t-2}$$
$$(0.001\,3)\quad(-0.015\,4)\quad(5.116\,2)\quad(-2.546\,7)$$

$nR^2 = 18.463\,28$，其所对应的伴随概率为 $P = 0.000\,098$，模型存在序列相关性，又 $\tilde{e}_{t-2}$ 的参数通过了 5% 的显著性检验，表明模型存在 2 阶序列相关性。

同样的，在图 6－2 中，点击 View→Residual Tests→Serial Correlation LM Test

…,在弹出的对话框中输入:3,点击 OK,得到如图 6 - 11 所示的结果。

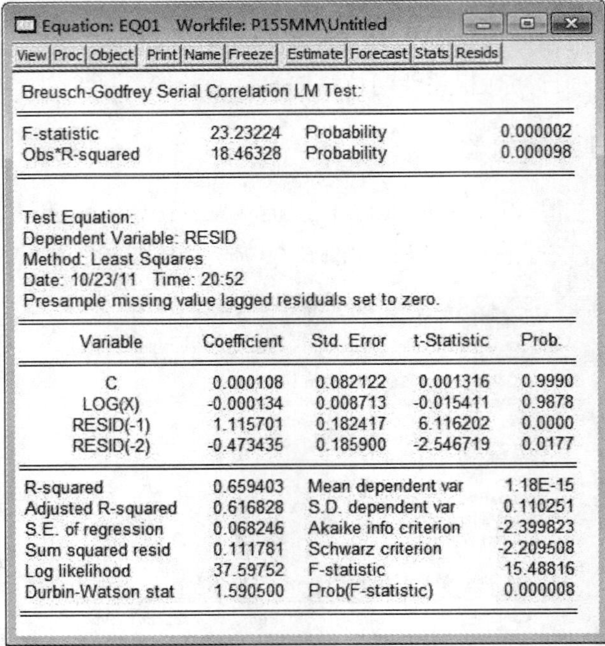
Equation: EQ01 Workfile: P155MM\Untitled

View | Proc | Object | Print | Name | Freeze | Estimate | Forecast | Stats | Resids

Breusch-Godfrey Serial Correlation LM Test:

F-statistic	23.23224	Probability	0.000002
Obs*R-squared	18.46328	Probability	0.000098

Test Equation:
Dependent Variable: RESID
Method: Least Squares
Date: 10/23/11 Time: 20:52
Presample missing value lagged residuals set to zero.

Variable	Coefficient	Std. Error	t-Statistic	Prob.
C	0.000108	0.082122	0.001316	0.9990
LOG(X)	-0.000134	0.008713	-0.015411	0.9878
RESID(-1)	1.115701	0.182417	6.116202	0.0000
RESID(-2)	-0.473435	0.185900	-2.546719	0.0177

R-squared	0.659403	Mean dependent var	1.18E-15
Adjusted R-squared	0.616828	S.D. dependent var	0.110251
S.E. of regression	0.068246	Akaike info criterion	-2.399823
Sum squared resid	0.111781	Schwarz criterion	-2.209508
Log likelihood	37.59752	F-statistic	15.48816
Durbin-Watson stat	1.590500	Prob(F-statistic)	0.000008

图 6 - 10

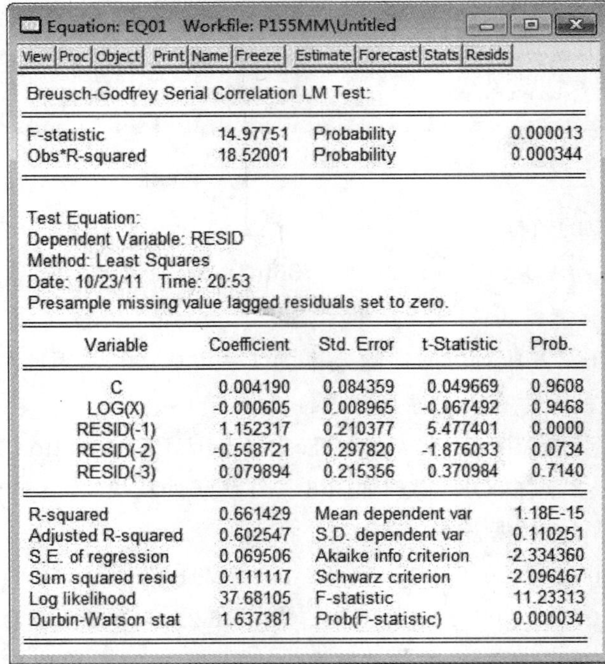
Equation: EQ01 Workfile: P155MM\Untitled

View | Proc | Object | Print | Name | Freeze | Estimate | Forecast | Stats | Resids

Breusch-Godfrey Serial Correlation LM Test:

F-statistic	14.97751	Probability	0.000013
Obs*R-squared	18.52001	Probability	0.000344

Test Equation:
Dependent Variable: RESID
Method: Least Squares
Date: 10/23/11 Time: 20:53
Presample missing value lagged residuals set to zero.

Variable	Coefficient	Std. Error	t-Statistic	Prob.
C	0.004190	0.084359	0.049669	0.9608
LOG(X)	-0.000605	0.008965	-0.067492	0.9468
RESID(-1)	1.152317	0.210377	5.477401	0.0000
RESID(-2)	-0.558721	0.297820	-1.876033	0.0734
RESID(-3)	0.079894	0.215356	0.370984	0.7140

R-squared	0.661429	Mean dependent var	1.18E-15
Adjusted R-squared	0.602547	S.D. dependent var	0.110251
S.E. of regression	0.069506	Akaike info criterion	-2.334360
Sum squared resid	0.111117	Schwarz criterion	-2.096467
Log likelihood	37.68105	F-statistic	11.23313
Durbin-Watson stat	1.637381	Prob(F-statistic)	0.000034

图 6 - 11

根据图 6-11 中的数据：

$$\tilde{e}_t = 0.004\,190 - 0.000\,605\ln X + 1.152\,317\,\tilde{e}_{t-1} - 0.558\,721\,\tilde{e}_{t-2} + 0.079\,894\,\tilde{e}_{t-3}$$
$$(0.049\,7)\quad(-0.067\,5)\quad(5.477\,4)\quad(-1.876\,0)\quad(0.370\,98)$$

$nR^2 = 18.520\,01$，其所对应的伴随概率为 $P = 0.000\,344$，因此如果取显著性水平 5%，则可以判断原模型存在序列相关性，但 $\tilde{e}_{t-3}$ 的参数未通过 5% 的显著性检验，表明并不存在 3 阶序列相关性。结合 2 阶滞后残差项的辅助回归情况，可以判断模型存在显著的 2 阶序列相关性。

点击主界面 Quick→Estimate Equation，在弹出的对话框中输入 log(Y) C log(X) AR(1) AR(2)，点击确定即可得到回归结果，如图 6-12 所示。

Equation: EQ02　Workfile: P155MM\Untitled

View | Proc | Object | Print | Name | Freeze | Estimate | Forecast | Stats | Resids

Dependent Variable: LOG(Y)
Method: Least Squares
Date: 10/23/11　Time: 20:54
Sample (adjusted): 1982 2007
Included observations: 26 after adjustments
Convergence achieved after 8 iterations

Variable	Coefficient	Std. Error	t-Statistic	Prob.
C	1.462411	0.220309	6.638005	0.0000
LOG(X)	0.865725	0.022741	38.06892	0.0000
AR(1)	1.153100	0.179489	6.424365	0.0000
AR(2)	-0.516672	0.168869	-3.059610	0.0057

R-squared	0.998087	Mean dependent var	9.701508
Adjusted R-squared	0.997826	S.D. dependent var	1.229613
S.E. of regression	0.057334	Akaike info criterion	-2.739210
Sum squared resid	0.072318	Schwarz criterion	-2.545657
Log likelihood	39.60973	F-statistic	3825.609
Durbin-Watson stat	1.819703	Prob(F-statistic)	0.000000

Inverted AR Roots	.58-.43i	.58+.43i

图 6-12

根据图 6-12 中的数据，得到广义最小二乘的估计结果为：

$$\ln \hat{Y}_t = 1.462\,411 + 0.865\,725\ln X_t + 1.153\,100AR(1) - 0.516\,672AR(2)$$
$$(6.638\,0)\quad(38.068\,9)\quad(6.424\,34)\quad(-3.059\,6)$$

$R^2 = 0.998\,087$　　$\bar{R}^2 = 0.997\,826$　　$D.W. = 1.819\,703$

在 5% 的显著性水平下，查 D.W.统计表可知，$d_L = 1.14$，$d_U = 1.65$（样本容量为 26），则有 $d_U < D.W. < 4 - d_U$，即序列已经不存在相关性。

1 阶 LM 检验结果如图 6-13 所示。

Breusch-Godfrey Serial Correlation LM Test：

F-statistic	0.091 138	Probability	0.765 705
Obs * R-squared	0.112 350	Probability	0.737 484

图 6-13　1 阶 LM 检验结果

§6.3 使用广义最小二乘法估计模型

按实验内容第二题要求，是假设存在一阶自相关 $\mu_t = \rho\mu_{t-1} + \varepsilon_t$，然后使用广义最小二乘法进行估计。

对于原模型 $\ln Y_t = \beta_0 + \beta_1 \ln X_t + \mu$，存在序列相关性，于是要找到一个可逆矩阵 D，用 D^{-1} 左乘上式两边，得到一个新的模型：

$$D^{-1}\ln Y_t = D^{-1}\beta_0 + D^{-1}\beta_1 \ln X_t + D^{-1}\mu_t$$

即

$$Y_* = \beta_{0*} + X_*\beta_1 + \mu_*$$

由一阶自相关假设 $\mu_t = \rho\mu_{t-1} + \varepsilon_t$，可得：

$$D^{-1} = \begin{bmatrix} \sqrt{1-\rho^2} & 0 & 0 & \cdots & 0 & 0 & 0 \\ -\rho & 1 & 0 & \cdots & 0 & 0 & 0 \\ 0 & -\rho & 1 & \cdots & 0 & 0 & 0 \\ \vdots & \vdots & \vdots & & \vdots & \vdots & \vdots \\ 0 & 0 & 0 & \cdots & 1 & 0 & 0 \\ 0 & 0 & 0 & \cdots & -\rho & 1 & 0 \\ 0 & 0 & 0 & \cdots & 0 & -\rho & 1 \end{bmatrix}$$

于是，先来计算 ρ 的值，可以根据 OLS 估计出来的 $D.W.$ 值来计算，OLS 估计出来的如图 6－2 所示。

因为样本容量较大时可根据 $\rho = 1 - D.W./2$ 计算，又 $D.W. = 0.379\,323$，因此得 $\rho = 0.810\,338\,5$。由此，可以直接计算新产生的序列 Y_* 跟 X_*。

点击工作文件窗口工具栏中的 Object→Generate Series ...，在弹出的对话框中输入命令：lny = log(y)，来产生取了自然对数后的 Y 序列，如图 6－14 所示。同样的，使用命令 yx = －0.810 338 5 * lny(－1) + lny，来产生新的序列 Y_*，如图 6－15 所示，此时产生的 Y_*，只有后 $n-1$ 项，须人工计算 $Y_{*1} = \sqrt{1-\rho^2} * \ln Y_1$，然后补充到新产生的 yx 序列中去。

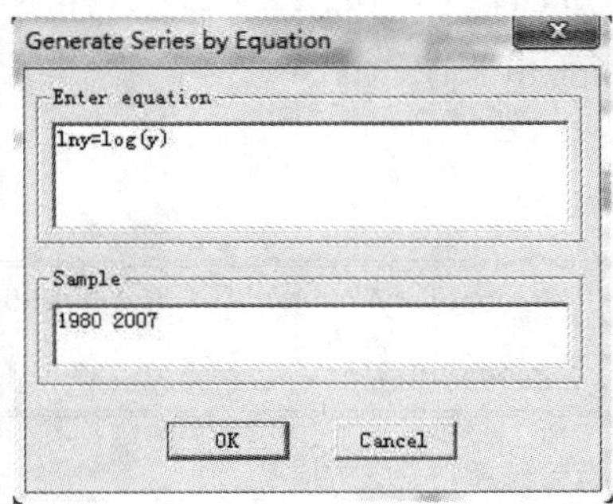

图 6－14

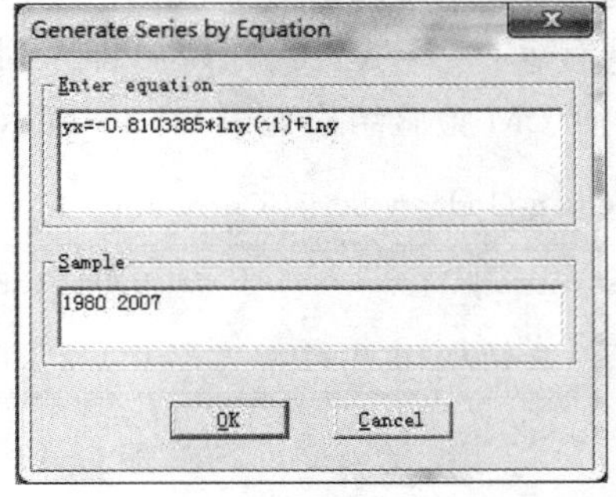

图 6－15

同样的操作也产生 X_*，即为 xx 序列，其第一项也是要人工计算，然后补充的。产生的新序列，如图 6－16 所示。

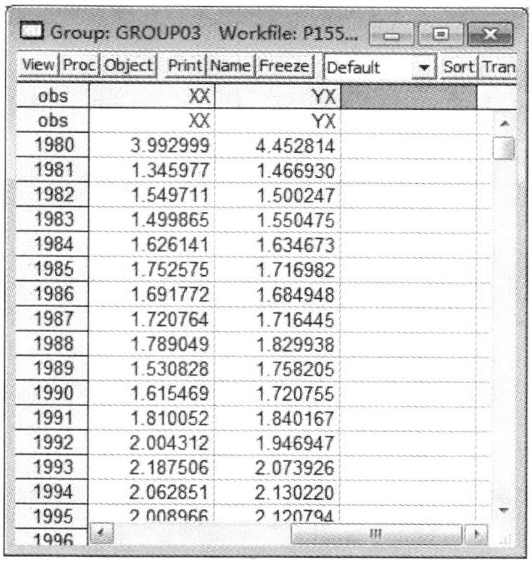

Group: GROUP03　Workfile: P155...

View | Proc | Object | Print | Name | Freeze | Default | Sort | Tran

obs	XX	YX
obs	XX	YX
1980	3.992999	4.452814
1981	1.345977	1.466930
1982	1.549711	1.500247
1983	1.499865	1.550475
1984	1.626141	1.634673
1985	1.752575	1.716982
1986	1.691772	1.684948
1987	1.720764	1.716445
1988	1.789049	1.829938
1989	1.530828	1.758205
1990	1.615469	1.720755
1991	1.810052	1.840167
1992	2.004312	1.946947
1993	2.187506	2.073926
1994	2.062851	2.130220
1995	2.008966	2.120794
1996		

图 6－16

于是，可以对新序列 Y_*（yx）跟 X_*（xx）进行最小二乘估计了。

点击主界面 Quick→Estimate Equation，在弹出的对话框中输入 yx C xx，点击确定即可得到回归结果，如图 6－17 所示。

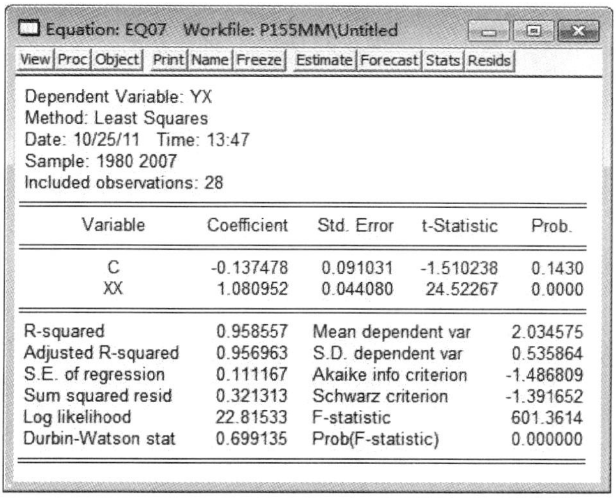

Equation: EQ07　Workfile: P155MM\Untitled

View | Proc | Object | Print | Name | Freeze | Estimate | Forecast | Stats | Resids

Dependent Variable: YX
Method: Least Squares
Date: 10/25/11　Time: 13:47
Sample: 1980 2007
Included observations: 28

Variable	Coefficient	Std. Error	t-Statistic	Prob.
C	-0.137478	0.091031	-1.510238	0.1430
XX	1.080952	0.044080	24.52267	0.0000

R-squared	0.958557	Mean dependent var	2.034575
Adjusted R-squared	0.956963	S.D. dependent var	0.535864
S.E. of regression	0.111167	Akaike info criterion	-1.486809
Sum squared resid	0.321313	Schwarz criterion	-1.391652
Log likelihood	22.81533	F-statistic	601.3614
Durbin-Watson stat	0.699135	Prob(F-statistic)	0.000000

图 6－17

根据图 6－17 中的数据，可得到广义最小二乘法估计的结果：

$$Y_* = -0.137\,478 + 1.080\,952 X_*$$
$$(-1.51) \qquad (24.52)$$

$R^2 = 0.958\,557$　　$\overline{R}^2 = 0.956\,963$　　$D.W. = 0.699\,135$

可见 $D.W.$ 值已经有所改善，但模型仍具有序列相关性。

§6.4 利用差分模型检验序列相关性

按实验内容第三题的要求，采用差分形式 $X_t^* = X_t - X_{t-1}$ 与 $Y_t^* = Y_t - Y_{t-1}$ 作为新数据，并估计模型 $Y_t^* = \alpha_0 + \alpha_1 X_t^* + \upsilon_t$。

首先，产生新序列 Y_t^* 跟 X_t^*。

点击工作文件窗口工具栏中的 Object→Generate Series ...，在弹出的对话框中输入命令：ytx = D(y)，在点击 OK，就产生了新的序列 Y_t^* (ytx)，如图 6 - 18 所示；同样的，使用命令：xtx = D(x)，产生新的序列 X_t^* (xtx)，如图 6 - 19 所示。

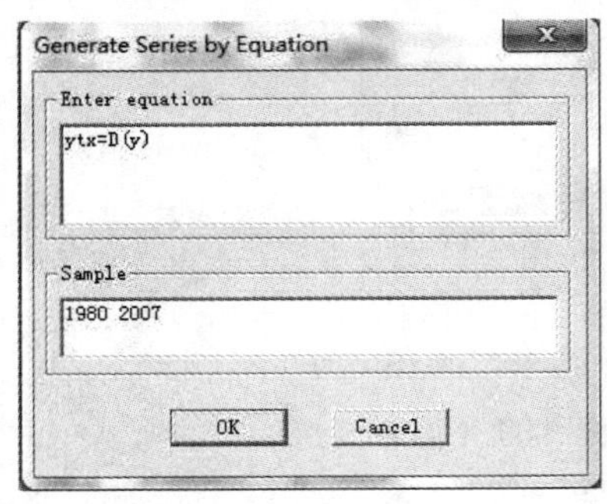

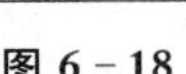

图 6 - 18

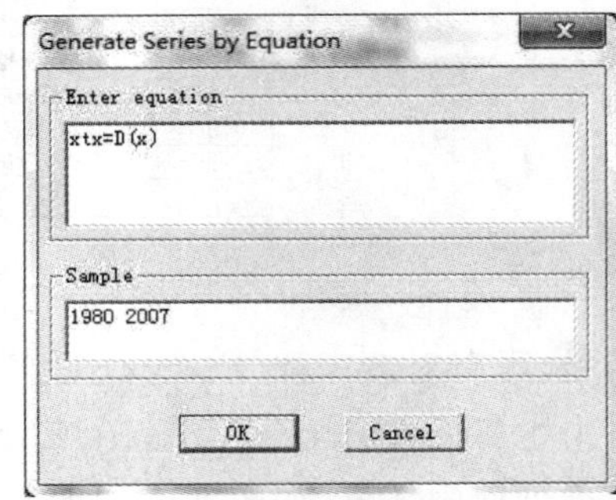

图 6 - 19

于是，就可以采用普通最小二乘估计对新序列进行估计。

点击主界面 Quick→Estimate Equation，在弹出的对话框中输入 ytx C xtx，点击确定，得到回归结果，如图 6 - 20 所示。

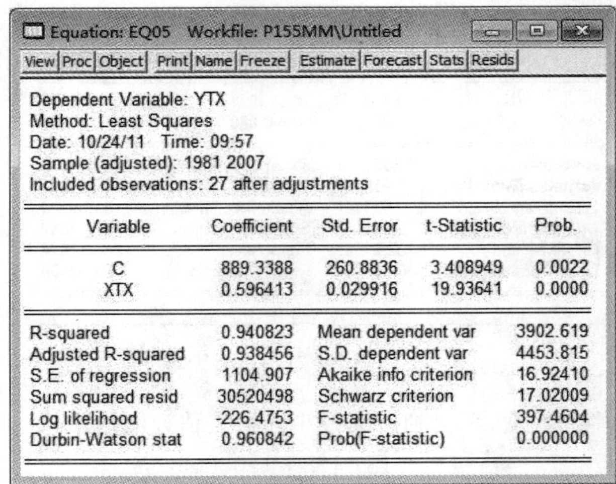

Equation: EQ05 Workfile: P155MM\Untitled

View | Proc | Object | Print | Name | Freeze | Estimate | Forecast | Stats | Resids

Dependent Variable: YTX
Method: Least Squares
Date: 10/24/11 Time: 09:57
Sample (adjusted): 1981 2007
Included observations: 27 after adjustments

Variable	Coefficient	Std. Error	t-Statistic	Prob.
C	889.3388	260.8836	3.408949	0.0022
XTX	0.596413	0.029916	19.93641	0.0000

R-squared	0.940823	Mean dependent var	3902.619
Adjusted R-squared	0.938456	S.D. dependent var	4453.815
S.E. of regression	1104.907	Akaike info criterion	16.92410
Sum squared resid	30520498	Schwarz criterion	17.02009
Log likelihood	-226.4753	F-statistic	397.4604
Durbin-Watson stat	0.960842	Prob(F-statistic)	0.000000

图 6 - 20

根据图 6 - 20 中的数据，得到模型估计结果为：

$$Y_t^* = 889.338\,8 + 0.596\,413 X_t^*$$
$$(3.408\,9) \quad (19.936)$$

$R^2 = 0.940\,823$　　$\overline{R}^2 = 0.938\,456$　　$D.W. = 0.960\,842$

$F = 397.460\,4$　　$ESS = 30\,520\,498$

在 5%的显著性水平下，$d_L = 1.32$，$d_U = 1.47$(样本容量为 27)，有 $D.W. < d_L$，即序列存在正自相关。

其 1 阶 LM 检验结果如图 6－21 所示。

Breusch-Godfrey Serial Correlation LM Test:

F-statistic	8.074 951	Probability	0.009 012
Obs * R-squared	6.797 319	Probability	0.009 129

图 6－21　1 阶 LM 检验结果

从图中数据也可以看到，模型是拒绝其序列无相关性的假设的，模型还是存在序列相关性。

接下来，考虑双对数模型对此新数据进行估计。设定模型为：

$$\ln Y_t^* = \gamma_0 + \gamma_1 \ln Y_t^* + \omega_t$$

采用最小二乘估计，点击主界面 Quick→Estimate Equation，在弹出的对话框中输入：log(ytx) C log(xtx)，点击 OK，得到如图 6－22 所示的结果。

Equation: EQ03　Workfile: P155MM\Untitled

View | Proc | Object | Print | Name | Freeze | Estimate | Forecast | Stats | Resids

Dependent Variable: LOG(YTX)
Method: Least Squares
Date: 10/23/11　Time: 21:16
Sample (adjusted): 1981 2007
Included observations: 26 after adjustments

Variable	Coefficient	Std. Error	t-Statistic	Prob.
C	0.853492	0.434674	1.963522	0.0613
LOG(XTX)	0.880058	0.056242	15.64780	0.0000

R-squared	0.910732	Mean dependent var	7.505782
Adjusted R-squared	0.907013	S.D. dependent var	1.515056
S.E. of regression	0.461999	Akaike info criterion	1.367294
Sum squared resid	5.122628	Schwarz criterion	1.464071
Log likelihood	-15.77483	F-statistic	244.8536
Durbin-Watson stat	1.449216	Prob(F-statistic)	0.000000

图 6－22

根据图 6－22 中的数据，得到模型的估计结果为：

$$\ln Y_t^* = 0.853\,492 + 0.880\,058 \ln X_t^*$$
$$(1.96) \quad (15.65)$$

$R^2 = 0.910\,732$　　$\overline{R}^2 = 0.907\,013$　　$D.W. = 1.449\,216$

$F = 244.853\,6$　　　　$RSS = 5.122\,628$

在5%的显著性水平下，$d_L = 1.32$，$d_U = 1.47$（样本容量为27），有 $d_L < D.W. < d_U$，序列相关性不能确定。

进行LM检验，在图6－22中，点击 View→Residual Tests→Serial Correlation LM Test ...，在弹出的对话框中输入：1，点击OK。得到1阶LM检验结果，如图6－23所示。

Breusch-Godfrey Serial Correlation LM Test:

F-statistic	0.954 650	Probability	0.338 704
Obs * R-squared	1.036 163	Probability	0.308 716

图6－23　1阶LM检验结果

从图中数据可以看到，模型是接受其序列无相关性的原假设的，即模型已经不存在序列相关性了。

可见采用双对数模型是比实验内容中第三题给定的模型更好的。

本章小结

1．当回归模型中随机误差项前后不同期取值相关，即 $\mathrm{Cov}(\mu_i\mu_j) \neq 0 (i \neq j)$ 时，称随机误差项序列相关，模型误差项的序列相关有多种形式，一阶线性自回归形式是其中最常见的一种。当回归模型 $Y_t = \beta_0 + \sum_{i=1}^{k}\beta_i X_{it} + \mu_t$ 的误差项 μ_t 具有如下形式：$\mu_t = \rho\mu_{t-1} + v_t$，其中 v_t 满足线性模型的全部经典假设，则称原模型误差项 μ_t 为一阶线性自回归形式。式中 ρ 为自相关系数，$|\rho| < 1$，$\rho_{\mu,\mu t-k} = \rho^k$，说明当期随机误差与前期各随机误差之间的时间间隔越大，其相关程度就越小。

2．一阶自回归形式下，OLS估计量的性质的基本结论是：当模型误差项一阶自回归形式相关时，OLS估计量仍然是无偏的，但是对估计量方差的估计将有偏误的。

3．检验线性模型误差项是否存在一阶线性自回归形式（即 $\mu_t = \rho\mu_{t-1} + v_t$）的序列相关，最常用的方法是杜宾-瓦特森检验法，即DW检验。DW检验的原理：因为 $-1 \leqslant \hat{\rho} < 1$，因此 $0 \leqslant DW < 4$。当 $\rho = -1$ 时，$DW = 4$，表示误差项存在完全一阶负自相关；当 $-1 < \rho < 1$ 时，$2 < DW < 4$，表示误差项存在不完全一阶负自相关；当 $\rho = 0$ 时，$DW = 2$，表示误差项不存在一阶自相关；当 $0 < \rho < 1$ 时，$D < DW < 2$，表示误差项存在不完全一阶正自相关；当 $\rho = 1$ 时，$DW = 0$，表示误差项存在完全一阶正自相关。因此，误差项是否存在一阶自相关，相当于 DW 是否等于2，DW 检验就是通过检验就是通过检验 DW 是否等于2来判断 ρ 是否等于零，以确认误差项是否一阶自相关。

4．当线性模型误差项一阶自相关时，普通最小二乘法是不适用的。实践中常用的方法有一阶差分法、广义差分法、杜宾两步法。

思考与练习

1. 表 1 给出了美国 1960—1995 年 36 年间个人实际可支配收入 X 和个人实际消费支出 Y 的数据。

表 1　美国个人实际可支配收入和个人实际消费支出　　单位:100 亿美元

年　份	个人实际可支配收入 X	个人实际消费支出 Y	年　份	个人实际可支配收入 X	个人实际消费支出 Y
1960	157	143	1978	325	295
1961	162	146	1979	335	302
1962	169	153	1980	337	301
1963	176	160	1981	345	305
1964	188	169	1982	348	308
1965	200	180	1983	358	324
1966	211	190	1984	384	341
1967	220	196	1985	396	367
1968	230	207	1986	409	471
1969	237	215	1987	415	382
1970	247	220	1988	432	397
1971	256	228	1989	440	406
1972	268	242	1990	448	413
1973	287	253	1991	449	411
1974	285	251	1992	461	422
1975	290	257	1993	467	434
1976	201	271	1994	478	447
1977	311	283	1995	493	458

数据来源:Economic Report of the President,数据为 1992 年价格。

要求:

(1) 用普通最小二乘法估计收入—消费模型。

$$Y_t = \beta_1 + \beta_2 X_2 + u_t$$

(2) 检验收入—消费模型的自相关状况(5%显著水平)。

2. 表 2 是某市连续 19 年城镇居民家庭人均收入与人均支出的数据。

表 2　某市 19 年来城镇居民家庭收入与支出数据表　　单位:元

年　份	人均收入(元)	人均生活消费支出(元)	商品零售物价指数(%)	人均实际收入(元)	人均实际支出(元)
1	450.18	359.86	100.00	450.18	359.86
2	491.54	408.66	101.50	484.28	402.62
3	599.40	490.44	108.60	551.93	451.60
4	619.57	511.43	110.20	562.22	464.09
5	668.06	534.82	112.30	594.89	476.24
6	716.60	574.06	113.00	634.16	508.02
7	837.65	666.75	115.40	725.87	577.77
8	1 158.84	923.32	136.80	847.11	674.94
9	1 317.33	1 067.38	145.90	902.90	731.58
10	1 413.24	1 147.60	158.60	891.07	723.58
11	1 767.67	1 455.55	193.30	914.47	753.00
12	1 899.57	1 520.41	229.10	829.14	663.64
13	2 067.33	1 646.05	238.50	866.81	690.17
14	2 359.88	1 860.17	258.80	911.85	718.77
15	2 813.10	2 134.65	280.30	1 003.60	761.56
16	3 935.39	2 939.60	327.70	1 200.91	897.04
17	5 585.88	4 134.12	386.40	1 445.62	1 069.91
18	6 748.68	5 019.76	435.10	1 551.06	1 153.70
19	7 945.78	5 729.45	466.90	1 701.82	1 227.13

要求:

(1) 建立居民收入—消费函数。

(2) 检验模型中存在的问题,并采取适当的补救措施予以处理。

(3) 对模型结果进行经济解释。

3. 表 3 给出了日本工薪家庭实际消费支出与可支配收入数据。

表 3　日本工薪家庭实际消费支出与实际可支配收入　　单位:1 000 日元

年　份	个人实际可支配收入 X	个人实际消费支出 Y	年　份	个人实际可支配收入 X	个人实际消费支出 Y
1970	239	300	1975	280	364
1971	248	311	1976	279	360
1972	258	329	1977	282	366
1973	272	351	1978	285	370
1974	268	354	1979	293	378

续　表

年　份	个人实际可支配收入 X	个人实际消费支出 Y	年　份	个人实际可支配收入 X	个人实际消费支出 Y
1980	291	374	1988	324	428
1981	294	371	1989	326	434
1982	302	381	1990	332	441
1983	304	384	1991	334	449
1984	308	392	1992	336	452
1985	310	400	1993	334	449
1986	312	403	1994	330	449
1987	314	411			

数据来源：日本银行《经济统计年报》数据为 1990 年价格

要求：

(1) 建立日本工薪家庭的收入—消费函数。

(2) 检验模型中存在的问题，并采取适当的补救措施预以处理。

(3) 对模型结果进行经济解释。

4. 表 4 给出了某地区 1980—2000 年的地区生产总值(Y)与固定资产投资额(X)的数据。

表 4　地区生产总值(Y)与固定资产投资额(X)　　单位：亿元

年　份	地区生产总值(Y)	固定资产投资额(X)	年　份	地区生产总值(Y)	固定资产投资额(X)
1980	1 402	216	1991	3 158	523
1981	1 624	254	1992	3 578	548
1982	1 382	187	1993	4 067	668
1983	1 285	151	1994	4 483	699
1984	1 665	246	1995	4 897	745
1985	2 080	368	1996	5 120	667
1986	2 375	417	1997	5 506	845
1987	2 517	412	1998	6 088	951
1988	2 741	438	1999	7 042	1 185
1989	2 730	436	2000	8 756	1 180
1990	3 124	544			

使用对数线性模型 $LnY_t = \beta_1 + \beta_2 LnX_t + u_t$ 进行回归，并检验回归模型的自相关性。

第 7 章 多重共线性的检验及修正

【实验目的】

1. 掌握多重共线性的类型和检验手法。
2. 掌握多重共线性模型的修正方法。

【实验内容】

表 7-1 列出了被解释变量 Y 及解释变量 X_1、X_2、X_3、X_4 的时间序列观测值。

表 7-1 被解释变量及解释变量的时间序列观测值

Y	6.0	6.0	6.5	7.1	7.2	7.6	8.0	9.0	9.0	9.3
X_1	40.1	40.3	47.5	49.2	52.3	58.0	61.3	62.5	64.7	66.8
X_2	5.5	4.7	5.2	6.8	7.3	8.7	10.2	14.1	17.1	21.3
X_3	108	94	108	100	99	99	101	97	93	102
X_4	63	72	86	100	107	111	114	116	119	121

(1) 用 OLS 估计线性回归模型，并采用适当的方法检验多重共线性；
(2) 用逐步回归法确定一个较好的回归模型。

【实验步骤】

§7.1 建立工作文件并录入全部数据

建立工作文件并录入全部数据，如图 7-1 所示。

Group: GROUP01　Workfile: P245\Untitled

View | Proc | Object | Print | Name | Freeze | Default | Sort | Transpose | Edit+/- | Smpl+/- | InsDel

obs	Y	X1	X2	X3	X4
obs	Y	X1	X2	X3	X4
2001	6.000000	40.10000	5.500000	108.0000	63.00000
2002	6.000000	40.30000	4.700000	94.00000	72.00000
2003	6.500000	47.50000	5.200000	108.0000	86.00000
2004	7.100000	49.20000	6.800000	100.0000	100.0000
2005	7.200000	52.30000	7.300000	99.00000	107.0000
2006	7.600000	58.00000	8.700000	99.00000	111.0000
2007	8.000000	61.30000	10.20000	101.0000	114.0000
2008	9.000000	62.50000	14.10000	97.00000	116.0000
2009	9.000000	64.70000	17.10000	93.00000	119.0000
2010	9.300000	66.80000	21.30000	102.0000	121.0000

图 7－1

§7.2　用 OLS 估计模型

设定多元线性回归模型为：

$$Y = \beta_0 + \beta_1 X_1 + \beta_2 X_2 + \beta_3 X_3 + \beta_4 X_4$$

用普通最小二乘法进行估计，点击主界面菜单 Quick→Estimate Equation，在弹出的对话框中输入：Y C X1 X2 X3 X4，点击确定即可得到回归结果，如图 7－2 所示。

Equation: EQ01　Workfile: P245\Untitled

View | Proc | Object | Print | Name | Freeze | Estimate | Forecast | Stats | Resids

Dependent Variable: Y
Method: Least Squares
Date: 10/31/11　Time: 13:33
Sample: 2001 2010
Included observations: 10

Variable	Coefficient	Std. Error	t-Statistic	Prob.
C	3.914451	1.952440	2.004902	0.1013
X1	0.060263	0.048378	1.245671	0.2681
X2	0.089090	0.037168	2.396978	0.0619
X3	-0.012598	0.018171	-0.693309	0.5190
X4	0.007406	0.017612	0.420498	0.6916

R-squared	0.979655	Mean dependent var	7.570000
Adjusted R-squared	0.963379	S.D. dependent var	1.233829
S.E. of regression	0.236114	Akaike info criterion	0.257851
Sum squared resid	0.278750	Schwarz criterion	0.409144
Log likelihood	3.710743	F-statistic	60.18950
Durbin-Watson stat	2.213879	Prob(F-statistic)	0.000204

图 7－2

根据图 7－2 中的数据，可得到模型的估计结果为：

$$\hat{Y}=3.914\,451+0.060\,263X_1+0.089\,090X_2-0.012\,598X_3+0.007\,406X_4$$
$$(2.005)\quad(1.246)\quad(2.397)\quad(-0.693)\quad(0.420)$$

$R^2=0.979\,655$　　$\overline{R}^2=0.963\,379$　　$D.W.=2.213\,879$

$F=60.189\,50$　　$RSS=0.278\,750$

其中，括号内的数为相应的 t 检验值。从以上回归结果可以看出，拟合优度很高，整体效果的 F 检验通过。但很明显，在5%的显著性水平下，模型中的各参数均不通过检验，在10%的显著性水平下，也只有X2的系数通过检验。故认为解析变量之间存在多重共线性。

§7.3　多重共线性模型的识别

一、综合判断法

由模型的估计结果可以看出，$R^2=0.979\,655$、$\overline{R}^2=0.963\,379$，可决系数很高，说明模型对样本的拟合很好；$F=60.189\,50$ 检验值比较大，相应的 $P=0.000\,204$，说明回归方程显著，即各自变量联合起来确实对因变量 Y 有显著影响；给定显著性水平 $\alpha=0.05$，但变量 X_1、X_2、X_3、X_4 系数的 t 统计量分别为1.246、2.397、-0.693、0.420，相应的 p 值分别为0.268 1、0.061 9、0.519 0、0.691 6，说明变量均对因变量影响不显著。综合上述分析，表明模型存在非常严重的多重共线性。

二、简单相关系数检验法

计算解析变量 X_1、X_2、X_3、X_4 的简单相关系数矩阵。

选中 X_1、X_2、X_3、X_4，产生一个组，然后点击 View→Correlation→Common Sample，即可得出相关系数矩阵，如图7-3所示。

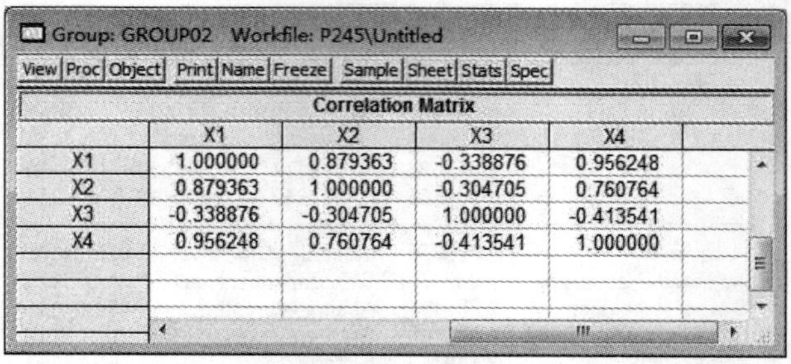

Group: GROUP02　Workfile: P245\Untitled

View | Proc | Object | Print | Name | Freeze | Sample | Sheet | Stats | Spec

Correlation Matrix

	X1	X2	X3	X4
X1	1.000000	0.879363	-0.338876	0.956248
X2	0.879363	1.000000	-0.304705	0.760764
X3	-0.338876	-0.304705	1.000000	-0.413541
X4	0.956248	0.760764	-0.413541	1.000000

图7-3

再点击顶部的Freeze按钮，可以得到一个Table类型独立的Object，如图7-4所示。

Table: TABLE01　Workfile: P245\Untitled

View | Proc | Object | Print | Name | Edit+/- | CellFmt | InsDel | Grid+/- | Title | Comments+/-

Correlation Matrix

	A	B	C	D	E
1		X1	X2	X3	X4
2					
3	X1	1.000000	0.879363	-0.338876	0.956248
4	X2	0.879363	1.000000	-0.304705	0.760764
5	X3	-0.338876	-0.304705	1.000000	-0.413541
6	X4	0.956248	0.760764	-0.413541	1.000000
7					
8					

图 7－4

由图 7－3 相关系数矩阵可以看出，各解析变量之间的相关系数较高，特别是 X_1 和 X_4 之间的高度相关，证实解析变量之间存在多重共线性。

根据综合判别法与简单相关系数法分析的结果可以知道，本实验的回归变量间确实存在多重共线性。注意，多重共线性是一个程度问题而不是存在与否的问题。下面采用逐步回归法来减少共线性的严重程度而不是彻底消除它。

§7.4　多重共线性模型的修正

多重共线性的修正方法一般有变量变换法、先验信息法、逐步回归法等，这里仅采用逐步回归法来减少共线性的严重程度。

(1) 运用 OLS 方法分别求 Y 对各解析变量 X_1、X_2、X_3、X_4 进行一元回归。四个方程的回归结果详见图 7－5～图 7－8，再结合统计检验选出拟合效果好的一元线性回归方程。

通过一元回归结果进行对比分析，依据调整可决系数 $\overline{R}^2$ 最大原则，选择 X_1 作为进入回归模型的第一个解析变量，形成一元回归模型。

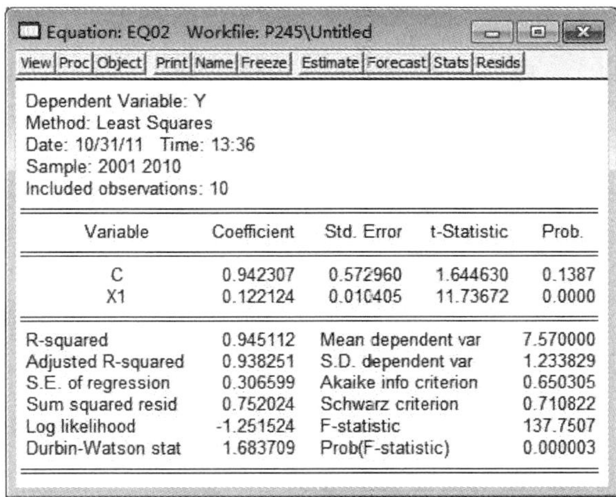

Equation: EQ02　Workfile: P245\Untitled

View | Proc | Object | Print | Name | Freeze | Estimate | Forecast | Stats | Resids

Dependent Variable: Y
Method: Least Squares
Date: 10/31/11　Time: 13:36
Sample: 2001 2010
Included observations: 10

Variable	Coefficient	Std. Error	t-Statistic	Prob.
C	0.942307	0.572960	1.644630	0.1387
X1	0.122124	0.010405	11.73672	0.0000

R-squared	0.945112	Mean dependent var	7.570000
Adjusted R-squared	0.938251	S.D. dependent var	1.233829
S.E. of regression	0.306599	Akaike info criterion	0.650305
Sum squared resid	0.752024	Schwarz criterion	0.710822
Log likelihood	-1.251524	F-statistic	137.7507
Durbin-Watson stat	1.683709	Prob(F-statistic)	0.000003

图 7－5

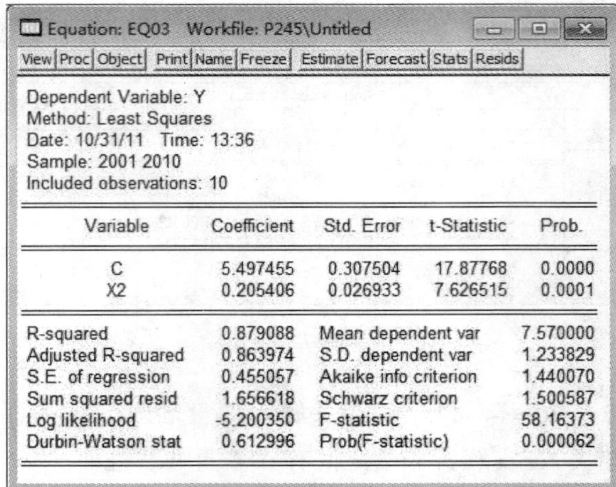

Equation: EQ03 Workfile: P245\Untitled

View | Proc | Object | Print | Name | Freeze | Estimate | Forecast | Stats | Resids

Dependent Variable: Y
Method: Least Squares
Date: 10/31/11 Time: 13:36
Sample: 2001 2010
Included observations: 10

Variable	Coefficient	Std. Error	t-Statistic	Prob.
C	5.497455	0.307504	17.87768	0.0000
X2	0.205406	0.026933	7.626515	0.0001

R-squared	0.879088	Mean dependent var	7.570000
Adjusted R-squared	0.863974	S.D. dependent var	1.233829
S.E. of regression	0.455057	Akaike info criterion	1.440070
Sum squared resid	1.656618	Schwarz criterion	1.500587
Log likelihood	-5.200350	F-statistic	58.16373
Durbin-Watson stat	0.612996	Prob(F-statistic)	0.000062

图 7 - 6

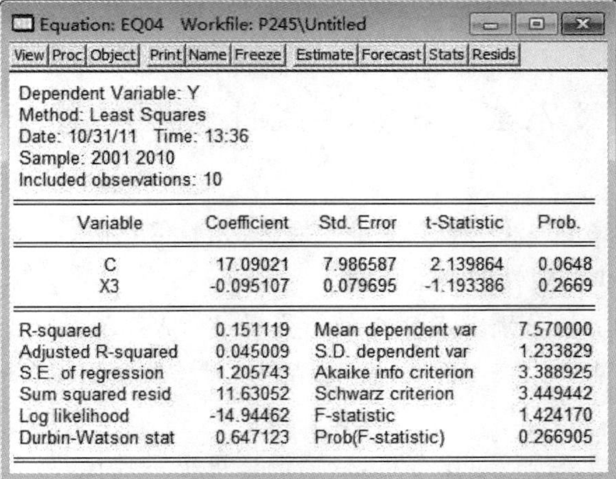

Equation: EQ04 Workfile: P245\Untitled

View | Proc | Object | Print | Name | Freeze | Estimate | Forecast | Stats | Resids

Dependent Variable: Y
Method: Least Squares
Date: 10/31/11 Time: 13:36
Sample: 2001 2010
Included observations: 10

Variable	Coefficient	Std. Error	t-Statistic	Prob.
C	17.09021	7.986587	2.139864	0.0648
X3	-0.095107	0.079695	-1.193386	0.2669

R-squared	0.151119	Mean dependent var	7.570000
Adjusted R-squared	0.045009	S.D. dependent var	1.233829
S.E. of regression	1.205743	Akaike info criterion	3.388925
Sum squared resid	11.63052	Schwarz criterion	3.449442
Log likelihood	-14.94462	F-statistic	1.424170
Durbin-Watson stat	0.647123	Prob(F-statistic)	0.266905

图 7 - 7

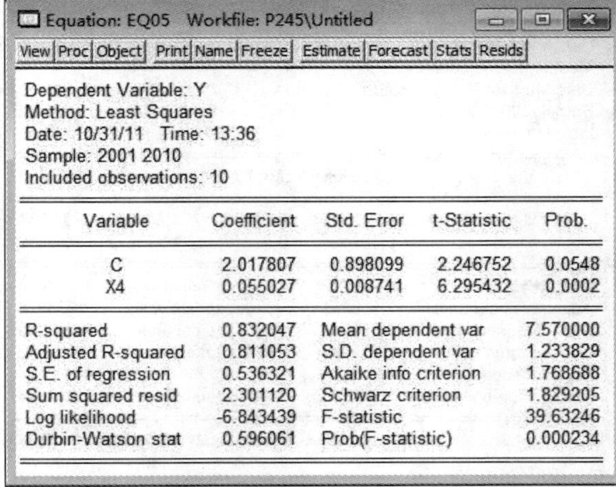

Equation: EQ05 Workfile: P245\Untitled

View | Proc | Object | Print | Name | Freeze | Estimate | Forecast | Stats | Resids

Dependent Variable: Y
Method: Least Squares
Date: 10/31/11 Time: 13:36
Sample: 2001 2010
Included observations: 10

Variable	Coefficient	Std. Error	t-Statistic	Prob.
C	2.017807	0.898099	2.246752	0.0548
X4	0.055027	0.008741	6.295432	0.0002

R-squared	0.832047	Mean dependent var	7.570000
Adjusted R-squared	0.811053	S.D. dependent var	1.233829
S.E. of regression	0.536321	Akaike info criterion	1.768688
Sum squared resid	2.301120	Schwarz criterion	1.829205
Log likelihood	-6.843439	F-statistic	39.63246
Durbin-Watson stat	0.596061	Prob(F-statistic)	0.000234

图 7 - 8

（2）逐步回归。将剩余解析变量分别加入模型，得到分别如图 7－9～图 7－11 所示的二元回归结果。

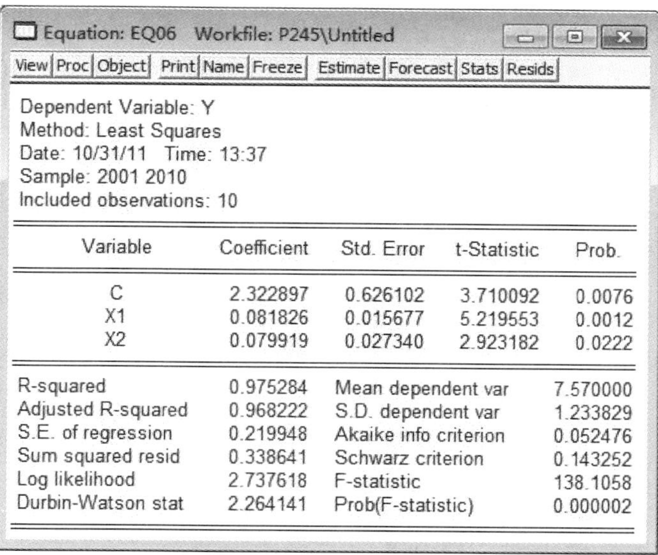

Equation: EQ06 Workfile: P245\Untitled

View | Proc | Object | Print | Name | Freeze | Estimate | Forecast | Stats | Resids

Dependent Variable: Y
Method: Least Squares
Date: 10/31/11 Time: 13:37
Sample: 2001 2010
Included observations: 10

Variable	Coefficient	Std. Error	t-Statistic	Prob.
C	2.322897	0.626102	3.710092	0.0076
X1	0.081826	0.015677	5.219553	0.0012
X2	0.079919	0.027340	2.923182	0.0222

R-squared	0.975284	Mean dependent var	7.570000
Adjusted R-squared	0.968222	S.D. dependent var	1.233829
S.E. of regression	0.219948	Akaike info criterion	0.052476
Sum squared resid	0.338641	Schwarz criterion	0.143252
Log likelihood	2.737618	F-statistic	138.1058
Durbin-Watson stat	2.264141	Prob(F-statistic)	0.000002

图 7－9

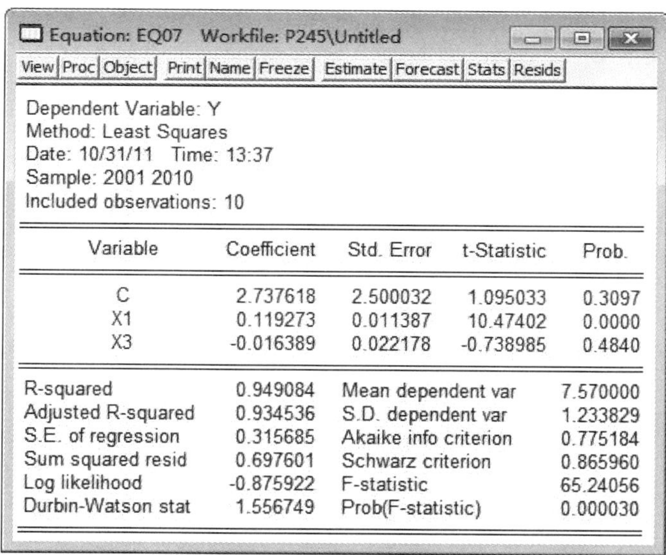

Equation: EQ07 Workfile: P245\Untitled

View | Proc | Object | Print | Name | Freeze | Estimate | Forecast | Stats | Resids

Dependent Variable: Y
Method: Least Squares
Date: 10/31/11 Time: 13:37
Sample: 2001 2010
Included observations: 10

Variable	Coefficient	Std. Error	t-Statistic	Prob.
C	2.737618	2.500032	1.095033	0.3097
X1	0.119273	0.011387	10.47402	0.0000
X3	-0.016389	0.022178	-0.738985	0.4840

R-squared	0.949084	Mean dependent var	7.570000
Adjusted R-squared	0.934536	S.D. dependent var	1.233829
S.E. of regression	0.315685	Akaike info criterion	0.775184
Sum squared resid	0.697601	Schwarz criterion	0.865960
Log likelihood	-0.875922	F-statistic	65.24056
Durbin-Watson stat	1.556749	Prob(F-statistic)	0.000030

图 7－10

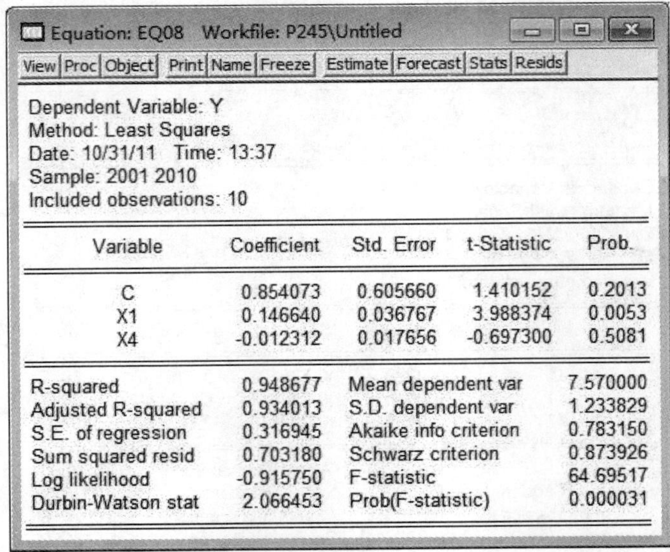

Equation: EQ08 Workfile: P245\Untitled

View | Proc | Object | Print | Name | Freeze | Estimate | Forecast | Stats | Resids

Dependent Variable: Y
Method: Least Squares
Date: 10/31/11 Time: 13:37
Sample: 2001 2010
Included observations: 10

Variable	Coefficient	Std. Error	t-Statistic	Prob.
C	0.854073	0.605660	1.410152	0.2013
X1	0.146640	0.036767	3.988374	0.0053
X4	-0.012312	0.017656	-0.697300	0.5081

R-squared	0.948677	Mean dependent var	7.570000
Adjusted R-squared	0.934013	S.D. dependent var	1.233829
S.E. of regression	0.316945	Akaike info criterion	0.783150
Sum squared resid	0.703180	Schwarz criterion	0.873926
Log likelihood	-0.915750	F-statistic	64.69517
Durbin-Watson stat	2.066453	Prob(F-statistic)	0.000031

图 7－11

通过观察比较图 7－9～图 7－11 所示的结果，并根据逐步回归的思想，可以得出，新加入变量 X_2 的二元回归方程 $\overline{R}^2 = 0.968\ 222$ 最大，并且各参数的检验显著，因此，保留变量 X_2。

（3）在保留变量 X_1、X_2 的基础上，继续进行逐步回归，分别得到图 7－12～图 7－13 所示的回归结果。

Equation: EQ09 Workfile: P245\Untitled

View | Proc | Object | Print | Name | Freeze | Estimate | Forecast | Stats | Resids

Dependent Variable: Y
Method: Least Squares
Date: 10/31/11 Time: 13:41
Sample: 2001 2010
Included observations: 10

Variable	Coefficient	Std. Error	t-Statistic	Prob.
C	4.037285	1.793154	2.251500	0.0653
X1	0.079302	0.015827	5.010578	0.0024
X2	0.079503	0.027265	2.915951	0.0268
X3	-0.015716	0.015410	-1.019885	0.3471

R-squared	0.978935	Mean dependent var	7.570000
Adjusted R-squared	0.968403	S.D. dependent var	1.233829
S.E. of regression	0.219320	Akaike info criterion	0.092604
Sum squared resid	0.288607	Schwarz criterion	0.213638
Log likelihood	3.536979	F-statistic	92.94557
Durbin-Watson stat	2.318923	Prob(F-statistic)	0.000020

图 7－12

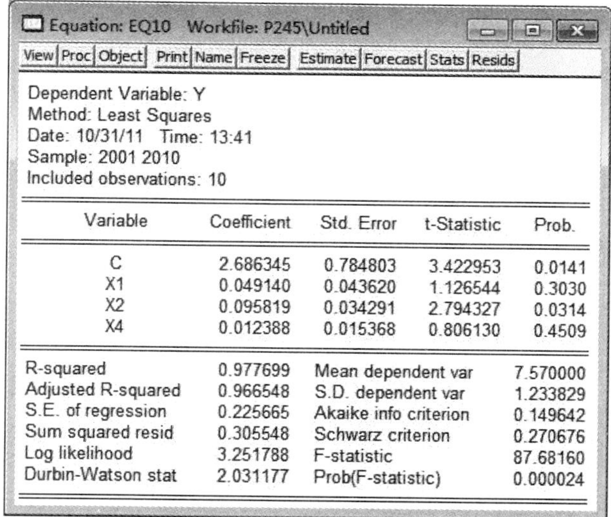

Equation: EQ10　Workfile: P245\Untitled

View | Proc | Object | Print | Name | Freeze | Estimate | Forecast | Stats | Resids

Dependent Variable: Y
Method: Least Squares
Date: 10/31/11　Time: 13:41
Sample: 2001 2010
Included observations: 10

Variable	Coefficient	Std. Error	t-Statistic	Prob.
C	2.686345	0.784803	3.422953	0.0141
X1	0.049140	0.043620	1.126544	0.3030
X2	0.095819	0.034291	2.794327	0.0314
X4	0.012388	0.015368	0.806130	0.4509

R-squared	0.977699	Mean dependent var	7.570000
Adjusted R-squared	0.966548	S.D. dependent var	1.233829
S.E. of regression	0.225665	Akaike info criterion	0.149642
Sum squared resid	0.305548	Schwarz criterion	0.270676
Log likelihood	3.251788	F-statistic	87.68160
Durbin-Watson stat	2.031177	Prob(F-statistic)	0.000024

图 7－13

从图 7－12 可以看到，在 X_1、X_2 的基础上加入 X_3 后$\overline{R}^2$ 略有改进，但是 X_3 的参数的 t 检验不显著。由图 7－13 可以看到，在 X_1、X_2 的基础上加入 X_4 后$\overline{R}^2$ 略有降低，而且 X_4 参数的 t 检验不显著。这说明 X_3、X_4 引起多重共线性，应当予以剔除。因此，本案例最后应保留的变量是 X_1、X_2，相应的回归结果为：

$$\hat{Y}=2.322\,897+0.081\,826X_1+0.079\,919X_2$$
$$(3.71)\qquad(5.22)\qquad(2.92)$$

$R^2=0.975\,284$　　$\overline{R}^2=0.968\,222$　　$D.W.=2.264\,141$

$F=138.105\,8$　　$RSS=0.338\,641$

由综合判断法知，上述回归结果基本上消除了多重共线性。

§7.5　综合案例分析

一、研究背景

随着经济的发展，人们生活水平的提高，旅游业已经成为中国社会新的经济增长点。旅游产业是一个关联性很强的综合产业，一次完整的旅游活动包括吃、住、行、游、购、娱六大要素，旅游产业的发展可以直接或者间接推动第三产业、第二产业和第一产业的发展。假日旅游更是有力刺激了居民消费，拉动内需。2012 年，我国全年国内旅游人数达到 30.0 亿人次，同比增长 13.6%，国内旅游收入 2.3 万亿元，同比增长 19.1%。旅游业的发展不仅对增加就业和扩大内需起到重要的推动作用，优化了产业结构，而且可以增加国家外汇收入，促进国际收支平衡，加强国家、地区间的文化交流。

为了研究影响旅游景区收入增长的主要原因，分析旅游收入增长规律，需要建立计量经济模型。

影响旅游业发展的因素很多，但据分析主要因素可能有国内和国际两个方面，因此在进行旅游景区收入分析模型设定时，引入城镇居民可支配收入和旅游外汇收入为解释变量。旅游业很大程度上受其产业本身的发展水平和从业人数影响，固定资产和从业人数体现了旅游产业发展规模的内在影响因素，因此引入旅游景区固定资产和旅游业从业人数作为解释变量。因此，选取我国31个省市地区的旅游业相关数据进行定量分析，分析我国旅游业发展的影响因素。

二、模型设定

建立模型：

$$Y=\beta_0+\beta_1 X_1+\beta_2 X_2+\beta_3 X_3+\beta_4 X_4+Ut$$

参数说明：

Y——旅游景区营业收入，万元；

X_1——旅游业从业人员，人；

X_2——旅游景区固定资产，万元；

X_3——旅游外汇收入，万美元；

X_4——城镇居民可支配收入，元。

收集到的数据，如表7－2所示。

表7－2　2011年全国旅游景区营业收入及相关数据(按地区分)　　单位：万元

地　区	营业收入	从业人数	固定资产	外汇收入	可支配收入
北京	145 249.01	145 466	694 252.30	541 600	32 903.03
天津	48 712.37	24 787	93 529.67	175 553	26 920.86
河北	182 226.87	79 643	420 342.74	44 765	18 292.23
山西	29 465.03	57 719	121 809.74	56 719	18 123.87
内蒙古	70 313.07	36 264	206 819.12	67 097	20 407.57
辽宁	25 665.30	64 816	46 573.27	271 314	20 466.84
吉林	20 389.30	29 066	87 827.16	38 528	17 796.57
黑龙江	38 367.81	30 341	137 426.27	91 762	15 696.18
上海	194 762.3	91 106	563 007.44	575 118	36 230.48
江苏	316 051.65	140 154	1 195 000.60	565 297	26 340.73
浙江	385 976.92	132 459	1 110 975.20	454 173	30 970.68
安徽	79 562.75	55 840	139 769.02	117 918	18 606.13
福建	155 378.95	80 303	151 897.69	363 444	24 907.40

续　表

地　区	营业收入	从业人数	固定资产	外汇收入	可支配收入
江西	54 961.66	41 791	85 528.05	41 500	17 494.87
山东	116 995.67	143 026	327 733.29	255 076	22 791.84
河南	222 108.33	70 164	482 005.32	54 903	18 194.80
湖北	104 565.58	62 767	243 794.62	94 018	18 373.87
湖南	118 180.87	80 615	257 226.7	101 434	18 844.05
广东	476 345.50	226 539	1 160 675.4	1 390 619	26 897.48
广西	66 195.55	49 876	143 982.03	105 188	18 854.06
海南	29 081.60	30 759	70 386.55	37 615	18 368.95
重庆	86 713.67	50 160	230 124.00	96 806	20 249.70
四川	218 624.03	70 756	464 763.52	59 383	17 899.12
贵州	42 214.14	27 683	62 415.21	13 507	16 495.01
云南	135 897.97	62 679	348 426.04	160 861	18 575.62
西藏	30 406.73	6 023	462 971.03	12 963	16 195.56
陕西	48 692.17	57 077	154 529.19	129 505	18 245.23
甘肃	30 949.00	31 280	56 684.68	1 740	14 988.68
青海	638.43	8 741	9 851.28	2 659	15 603.31
宁夏	49 509.86	12 196	23 149.90	620	17 578.92
新疆	28 993.11	40 451	52 280.36	46 519	15 513.62

数据来源:《中国统计年鉴-2012》、《中国旅游年鉴-2012》

三、参数估计

利用 Eviews 软件做多元线性回归分析的具体步骤如下。

1. 创建工作文件

双击 Eviews 图标,进入其主页。在主菜单中依次点击 File→New→Workfile,出现对话框 Workfile Range。本例中是截面数据,在 workfile structure type 中选择 Unstructured/Undated,在 Date range 中填入 observations 31,点击 OK 键,完成工作文件的创建。

2. 输入数据

在命令框中输入 data Y X1 X2 X3 X4,回车出现 Group 窗口数据编辑框,在对应的 Y X1 X2 X3 X4 下输入相应数据,关闭对话框将其命名为 group 01,点击 OK,保存。

对数据进行存盘,点击 File→Save As,出现 Save As 对话框,选择存入路径,并将文件命名,再点 OK。

3. 参数估计

在 Eviews 命令框中键入 LS Y C X1 X2 X3 X4,按回车键,即出现回归结果。

利用 Eviews 估计模型参数，最小二乘法的回归结果，如表 7-3 所示。

表 7-3　回归结果

Dependent Variable：Y

Method：Least Squares

Date：11/14/17　Time：21:14

Sample：1 31

Included observations：31

	Coefficient	Std. Error	t-Statistic	Prob.
C	32 390.83	39 569.49	0.818 581	0.420 5
X1	0.603 624	0.366 112	1.648 741	0.111 2
X2	0.234 265	0.041 218	5.683 583	0.000 0
X3	0.044 632	0.060 755	0.734 620	0.469 1
X4	-1.914 034	2.098 257	-0.912 202	0.370 0
R-squared	0.879 720	Mean dependent var		114 619.2
Adjusted R-squared	0.861 215	S.D. dependent var		112 728.1
S.E. of regression	41 995.55	Akaike info criterion		24.275 20
Sum squared resid	4.59E+10	Schwarz criterion		24.506 49
Log likelihood	-371.265 7	Hannan-Quinn criter		24.350 60
F-statistic	47.540 49	Durbin-Watson stat		2.007 191
Prob(F-statistic)	0.000 000			

根据表中的样本数据，模型估计结果为：

$$\hat{Y} = 32\,390.83 + 0.603\,624X_1 + 0.234\,265X_2 + 0.044\,632X_3 - 1.914\,034X_4$$

$$(39\,569.49)(0.366\,112)(0.041\,218)(0.060\,755)(2.098\,257)$$

$$t = (0.818\,581)\ (1.648\,741)\ (5.683\,583)\ (0.734\,620)\ (-0.912\,202)$$

$$R^2 = 0.879\,720 \quad \overline{R}^2 = 0.861\,215 \quad F = 47.540\,49 \quad DW = 2.007\,191$$

可以看出，可决系数 $R^2 = 0.879\,720$，修正的可决系数 $\overline{R}^2 = 0.861\,215$。说明模型的拟合程度还可以。但是当 $\alpha = 0.05$ 时，X_1、X_2、X_4 系数均不能通过检验，且 X_4 的系数为负，与经济意义不符，表明模型很可能存在严重的多重共线性。

四、模型修正

1. 检验

选中 X1 X2 X3 X4 数据，点击右键，选择 Open→as Group，在出现的对话框中选择 View→Covariance Analysis→correlation，点击 OK，得到相关系数矩阵。

计算各个解释变量的相关系数，得到相关系数矩阵，如表 7-4 所示。

表 7-4　相关系数矩阵

变　量	X1	X2	X3	X4
X1	1.000 000	0.809 777	0.872 093	0.659 239
X2	0.809 777	1.000 000	0.758 322	0.641 086
X3	0.872 093	0.758 322	1.000 000	0.716 374
X4	0.659 239	0.641 086	0.716 374	1.000 000

由相关系数矩阵可以看出，解释变量 X2、X3 之间存在较高的相关系数，证实确实存在严重的多重共线性。

2. 多重共线性修正

采用逐步回归的办法，检验和回归多重共线性问题。分别做 Y 对 X1、X2、X3、X4 的一元回归，在命令窗口分别输入 LS Y C X1，LS Y C X2，LS Y C X3，LS Y C X4，并保存，整理结果如表 7-5 所示。

表 7-5　一元回归结果

变　量	X1	X2	X3	X4
参数估计值	1.978 224	0.315 120	0.316 946	12.545 25
t 统计量	8.635 111	12.474 95	6.922 479	4.005 547
R^2	0.719 983	0.842 924	0.622 988	0.356 191
$\overline{R}^2$	0.710 327	0.837 508	0.609 988	0.333 991

其中，X2 的方程$\overline{R}^2$ 最大，以 X2 为基础，顺次加入其他变量逐步回归。在命令窗口中依次输入：LS Y C X2 X1，LS Y C X2 X3，LS Y C X2 X4，并保存结果，整理结果如表 7-6 所示：

表 7-6　加入新变量的回归结果(一)

变量 \ 变量	X1	X2	X3	X4	$\overline{R}^2$
X2，X1	0.711 446 (2.679 575)	0.230 304 (5.891 959)			0.866 053
X2，X3		0.258 113 (7.016 265)	0.087 950 (2.043 471)		0.853 546
X2，X4		0.312 045 (9.319 239)		0.293 708 (0.143 226)	0.831 828

经比较，新加入 X1 的方程$\overline{R}^2=0.866\ 053$，改进最大，而且各个参数的 t 检验显著，选择保留 X1，再加入其他新变量逐步回归，在命令框中依次输入：LS Y C X2 X1 X3，LS Y C X2 X1 X4，保存结果，整理结果如表 7-7 所示。

表 7－7　加入新变量的回归结果(二)

变量＼变量	X1	X2	X3	X4	$\overline{R}^2$
X2,X1,X3	0.603 269 (1.652 919)	0.227 087 (5.630 196)	0.024 860 (0.439 370)		0.862 078
X2,X1,X4	0.773 017 (2.741 794)	0.237 243 (5.833 838)		－1.364 110 (－0.701 920)	0.863 581

当加入 X3 或 X4 时,$\overline{R}^2$ 均没有所增加,且其参数是 t 检验不显著。从相关系数可以看出 X3、X4 与 X1、X2 之间相关系数较高,说明 X3、X4 引起了多重共线性,予以剔除。

当取 $\alpha = 0.05$ 时,$t_\alpha/2(n-k-1) = 2.048$,X1、X2 的系数 t 检验均显著,这是最后消除多重共线性的结果。

修正多重共线性影响后的模型为:

$$\hat{Y} = 0.711\,446X_1 + 0.230\,304X_2$$
$$(0.265\,507)(0.039\,088)$$
$$t = (2.679\,575)(5.891\,959)$$

$R^2 = 0.874\,983$　　$\overline{R}^2 = 0.866\,053$　　$F = 97.984\,60$　　$DW = 1.893\,654$

在确定模型以后,进行参数估计,如表 7－8 所示。

表 7－8　消除多重共线性后的回归结果

Dependent Variable: Y
Method: Least Squares
Date: 11/14/17　Time: 21:47
Sample: 1 31
Included observations: 31

	Coefficient	Std. Error	t-Statistic	Prob.
C	－4 316.824	12 795.42	－0.337 373	0.738 4
X1	0.711 446	0.265 507	2.679 575	0.012 2
X2	0.230 304	0.039 088	5.891 959	0.000 0
R-squared	0.874 983	Mean dependent var		114 619.2
Adjusted R-squared	0.866 053	S.D. dependent var		112 728.1
S.E. of regression	41 257.10	Akaike info criterion		24.184 80
Sum squared resid	4.77E＋10	Schwarz criterion		24.323 57
Log likelihood	－371.864 4	Hannan-Quinn criter.		24.230 04
F-statistic	97.984 60	Durbin-Watson stat		1.893 654
Prob(F-statistic)	0.000 000			

五、异方差检验

在实际的经济问题中经常会出现异方差这种现象，因此建立模型时，必须要注意异方差的检验，否则，在实际中会失去意义。

1. 检验异方差

由表 4.5 的结果，按路径 View→Residual Tests→Heteroskedasticity Tests，在出现的对话框中选择 Specification：White，点击 OK 得到 White 检验结果如表 7－9 所示。

表 7－9　White 检验结果

Heteroskedasticity Test：White

F-statistic	3.676 733	Prob. F(5,25)	0.012 5
Obs * R-squared	13.136 13	Prob. Chi-Square(5)	0.022 1
Scaled explained SS	15.978 91	Prob. Chi-Square(5)	0.006 9

Test Equation：

Dependent Variable：RESID^2

Method：Least Squares

Date：11/14/17　Time：21:48

Sample：1 31

Included observations：31

	Coefficient	Std. Error	t-Statistic	Prob.
C	－1.10E＋09	1.11E＋09	－0.992 779	0.330 3
X1	－12 789.36	30 151.30	－0.424 173	0.675 1
X1^2	0.420 716	0.294 332	1.429 393	0.165 3
X1 * X2	－0.101 814	0.083 576	－1.218 216	0.234 5
X2	14 604.52	5 047.701	2.893 301	0.007 8
X2^2	－0.002 489	0.008 030	－0.309 972	0.759 2
R-squared	0.423 746	Mean dependent var		1.54E＋09
Adjusted R-squared	0.308 495	S.D. dependent var		2.70E＋09
S.E. of regression	2.24E＋09	Akaike info criterion		46.073 13
Sum squared resid	1.26E＋20	Schwarz criterion		46.350 68
Log likelihood	－708.133 5	Hannan-Quinn criter.		46.163 60
F-statistic	3.676 733	Durbin-Watson stat		1.542 170
Prob(F-statistic)	0.012 464			

从上表可以看出，$nR^2=13.136\ 13$，由 White 检验可知，在 $\alpha=0.05$ 下，查 χ^2 分布表，得临界值 $\chi^2_{0.05}(5)=11.070\ 5$，比较计算的 χ^2 统计量与临界值，因为 $nR^2=13.136$

13＞$\chi^2_{0.05}(5)=11.0705$，所以拒绝原假设，表明模型存在异方差。

2. 异方差的修正

(1) 用 WLS 估计：选择权重 w = 1/e1^2，其中 e1 = resid。

在命令窗口中输入 genr e1 = resid，点回车键。

在消除多重共线性后的回归结果(表 7－8 的回归结果)对话框中点击 Estimate→Options→Weithted LS/TSLS，并在 Weight 中输入 1/e1^2，点确定，得到如表 7－10 所示回归结果。

表 7－10 用权数 1/e1^2 的回归结果

Dependent Variable：Y

Method：Least Squares

Date：11/14/17 Time：21:49

Sample：1 31

Included observations：31

Weighting series：1/E1^2

	Coefficient	Std. Error	t-Statistic	Prob.
C	－7 074.873	389.494 4	－18.164 25	0.000 0
X1	0.788 277	0.013 692	57.57 099	0.000 0
X2	0.235 806	0.000 968	243.678 6	0.000 0
Weighted Statistics				
R-squared	0.999 848	Mean dependent var	31 056.56	
Adjusted R-squared	0.999 837	S.D. dependent var	171 821.4	
S.E. of regression	4.259 384	Akaike info criterion	5.827 892	
Sum squared resid	507.985 7	Schwarz criterion	5.966 665	
Log likelihood	－87.332 32	Hannan-Quinn criter.	5.873 128	
F-statistic	92 014.78	Durbin-Watson stat	1.663 366	
Prob(F-statistic)	0.000 000			
Unweighted Statistics				
R-squared	0.871 469	Mean dependent var	114 619.2	
Adjusted R-squared	0.862 288	S.D. dependent var	112 728.1	
S.E. of regression	41 832.86	Sum squared resid	4.90E＋10	
Durbin-Watson stat	1.853 343			

(2) 修正后的 White 检验。

在表 7－10 的回归结果中，按路径 View→Residual Tests→Heteroskedasticity Tests，在出现的对话框中选择 Specification：White，点击 OK 得到 White 检验结果如表 7－11 所示。

表 7－11　修正后的 White 检验结果

Heteroskedasticity Test：White

F-statistic	0.210 748	Prob. F(2,28)	0.811 3
Obs * R-squared	0.459 736	Prob. Chi-Square(2)	0.794 6
Scaled explained SS	0.595 955	Prob. Chi-Square(2)	0.742 3

Test Equation：

Dependent Variable：WGT_RESID^2

Method：Least Squares

Date：11/15/17　Time：20:29

Sample：1 31

Included observations：31

Collinear test regressors dropped from specification

	Coefficient	Std. Error	t-Statistic	Prob.
C	17.639 91	5.922 594	2.978 410	0.005 9
WGT	－256.005 2	728.828 0	－0.351 256	0.728 0
WGT^2	8.261 926	23.571 55	0.350 504	0.728 6
R-squared	0.014 830	Mean dependent var		16.386 64
Adjusted R-squared	－0.055 539	S.D. dependent var		29.694 85
S.E. of regression	30.508 32	Akaike info criterion		9.765 641
Sum squared resid	26 061.21	Schwarz criterion		9.904 414
Log likelihood	－148.367 4	Hannan-Quinn criter.		9.810 878
F-statistic	0.210 748	Durbin-Watson stat		2.081 320
Prob(F-statistic)	0.811 251			

从上表可知 $nR^2=0.459\ 736<\chi^2_{0.05}(5)=11.070\ 5$，证明模型中的异方差已经被消除了。

异方差修正后的模型为：

$$\hat{Y}=-7\ 074.873+0.788\ 277X_1*+0.235\ 806\ X_2^*$$

$$389.494\ 4\quad 0.013\ 692\quad 0.000\ 968$$

$$t=(-18.164\ 25)\ (57.570\ 99)\quad (243.678\ 6)$$

$R^2=0.999\ 848\quad \overline{R}^2=0.999\ 837\quad F=92\ 014.78\quad DW=1.663\ 366$

其中，$X_1^*=1/e1\hat{}2*X_1$，$X_2^*=1/e1\hat{}2*X_2$，$e1=resid$。

六、自相关检验与修正

1. DW 检验

在显著性水平 $\alpha=0.05$，查 DW 表，当 $n=31$，$k=2$ 时，得上临界值 $d_u=1.27$，下临界值 $d_l=1.15$，DW = 1.663 365。因为 $d_u<\text{DW}<4-d_u$，所以模型不存在序列自相关。

由图示法可以看出随机误差项 μ_i 不存在自相关。图 7－14 是残差及一阶滞后残差相关图。

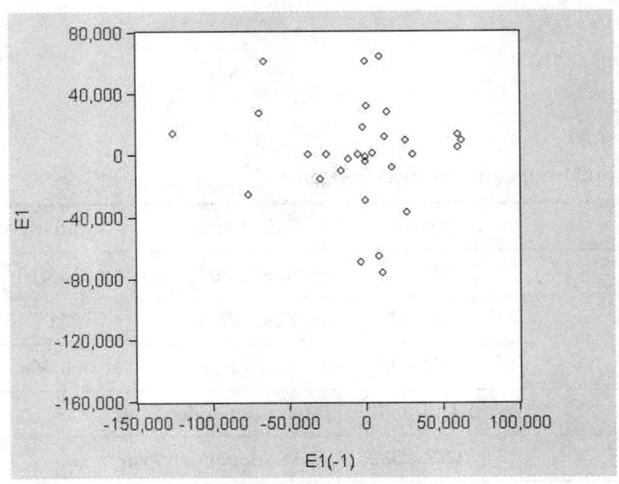

图 7－14　残差与其滞后一阶残差图

2. LM 检验

在表 7－10 的回归结果中，按路径 View→Residual Tests→Serial Correlation LM Tests"，在出现的对话框中选择 Lags to include：1，点击 OK 得到 LM 检验结果如表 7－12 所示。

表 7－12　LM 检验结果

Breusch-Godfrey Serial Correlation LM Test：

F-statistic	0.809 839	Prob. F(1,27)	0.376 1
Obs * R-squared	0.902 738	Prob. Chi-Square(1)	0.342 0

Test Equation：

Dependent Variable：RESID

Method：Least Squares

Date：11/14/17　Time：21:50

Sample：1 31

Included observations：31

Presample missing value lagged residuals set to zero.

Weight series：1/E1^2

	Coefficient	Std. Error	t-Statistic	Prob.
C	−766.396 5	937.031 4	−0.817 898	0.420 6
X1	0.020 990	0.027 070	0.775 390	0.444 8
X2	−0.001 273	0.001 716	−0.742 002	0.464 5
RESID(−1)	−0.007 092	0.007 881	−0.899 910	0.376 1
Weighted Statistics				
R-squared	0.029 121	Mean dependent var		−0.564 513
Adjusted R-squared	−0.078 755	S.D. dependent var		4.074 747
S.E. of regression	4.273 921	Akaike info criterion		5.862 855
Sum squared resid	493.192 9	Schwarz criterion		6.047 885
Log likelihood	−86.874 25	Hannan-Quinn criter.		5.923 170
F-statistic	0.269 946	Durbin-Watson stat		1.683 210
Prob(F-statistic)	0.846 488			
Unweighted Statistics				
R-squared	−0.014 569	Mean dependent var		−4 021.722
Adjusted R-squared	−0.127 299	S.D. dependent var		40 207.07
S.E. of regression	42 689.59	Sum squared resid		4.92E+10
Durbin-Watson stat	1.69E−08			

从上表可以看出，$nR^2=0.902\ 738$，由 LM 检验可知，在 $\alpha=0.05$ 下，查 χ^2 分布表，得临界值 $\chi^2_{0.05}(5)=11.070\ 5$，比较计算的 χ^2 统计量与临界值，因为 $nR^2=0.902\ 738<\chi^2_{0.05}(5)=11.070\ 5$，所以接受原假设，表明模型不存在自相关。

七、模型检验

1. 经济意义检验

模型估计结果表明，在假定其他变量不变的情况下，当景区固定资产每增长 1 元时，旅游收入增加 0.788 277 元；在假定其他变量不变的情况下，当景区从业人员每增加 1 人时，旅游收入增加 0.235 806 万元。这与理论分析判断相一致。

2. 统计检验

(1) 拟合优度：由表中数据可得：$R^2=0.999\ 848$，修正的可决系数为 $\overline{R}^2=0.999\ 837$，这说明模型对样本的拟合很好。

(2) F 检验：针对 $H_0:\beta_1=\beta_2=0$，给定显著性水平 $\alpha=0.05$，在 F 分布表中查出自由度为 $k=2$ 和 $n-k-1=28$ 的临界值 $F_\alpha(2,28)=3.34$。由表中得到 $F=92\ 014.78$，由于 $F=92\ 014.78>F_\alpha(2,28)=3.34$，应拒绝原假设，说明回归方程显著，即"旅游景区固定资产""旅游从业人员"等变量联合起来确实对"旅游景区营业收入"有显著影响。

(3) t 检验:分别对 $H_0:\beta_j=0$(j=1,2),给定显著性水平 $\alpha=0.05$,查 t 分布表得自由度为 $n-k-1=28$ 临界值 $t_{\alpha/2}(n-k-1)=2.048$。由表中数据可得,$\beta_1$、$\beta_2$ 对应的 t 统计量分别为 57.570 99、243.678 6,其绝对值均大于 $t_{\alpha/2}(n-k-1)=2.048$,这说明应该分别拒绝 $H_0:\beta j=0(j=1,2)$,也就是说,当在其他解释变量不变的情况下,解释变量"旅游景区固定资产"(X1)、"旅游从业人数"(X2)分别对被解释变量"旅游景区营业收入"(Y)影响显著。

八、附录

附表 1~9 是多重共线性参数估计。

附表 1　对 X_1 回归分析

Dependent Variable: Y
Method: Least Squares
Date: 11/14/17　Time: 21:15
Sample: 1 31
Included observations: 31

	Coefficient	Std. Error	t-Statistic	Prob.
C	−15 595.61	18 604.86	−0.838 255	0.408 7
X1	1.978 224	0.229 091	8.635 111	0.000 0
R-squared	0.719 983	Mean dependent var		114 619.2
Adjusted R-squared	0.710 327	S.D. dependent var		112 728.1
S.E. of regression	60 671.69	Akaike info criterion		24.926 68
Sum squared resid	1.07E+11	Schwarz criterion		25.019 20
Log likelihood	−384.363 6	Hannan-Quinn criter.		24.956 84
F-statistic	74.565 15	Durbin-Watson stat		2.090 544
Prob(F-statistic)	0.000 000			

附表 2　对 X_2 回归分析

Dependent Variable: Y
Method: Least Squares
Date: 11/14/17　Time: 21:15
Sample: 1 31
Included observations: 31

	Coefficient	Std. Error	t-Statistic	Prob.
C	15 958.73	11 364.71	1.404 236	0.170 9
X2	0.315 120	0.025 260	12.474 95	0.000 0
R-squared	0.842 924	Mean dependent var		114 619.2

续　表

Adjusted R-squared	0.837 508	S.D. dependent var	112 728.1
S.E. of regression	45 441.05	Akaike info criterion	24.348 56
Sum squared resid	5.99E+10	Schwarz criterion	24.441 08
Log likelihood	−375.402 7	Hannan-Quinn criter.	24.378 72
F-statistic	155.624 3	Durbin-Watson stat	1.665 119
Prob(F-statistic)	0.000 000		

附表 3　对 X_3 回归分析

Dependent Variable：Y

Method：Least Squares

Date：11/14/17　Time：21:15

Sample：1 31

Included observations：31

	Coefficient	Std. Error	t-Statistic	Prob.
C	53 599.95	15 413.41	3.477 488	0.001 6
X3	0.316 946	0.045 785	6.922 479	0.000 0
R-squared	0.622 988	Mean dependent var		114 619.2
Adjusted R-squared	0.609 988	S.D. dependent var		112 728.1
S.E. of regression	70 399.77	Akaike info criterion		25.224 11
Sum squared resid	1.44E+11	Schwarz criterion		25.316 62
Log likelihood	−388.973 7	Hannan-Quinn criter.		25.254 27
F-statistic	47.920 72	Durbin-Watson stat		1.724 195
Prob(F-statistic)	0.000 000			

附表 4　对 X_4 回归分析

Dependent Variable：Y

Method：Least Squares

Date：11/14/17　Time：21:15

Sample：1 31

Included observations：31

	Coefficient	Std. Error	t-Statistic	Prob.
C	−143 904.9	66 622.99	−2.159 989	0.039 2
X4	12.545 25	3.131 970	4.005 547	0.000 4
R-squared	0.356 191	Mean dependent var		114 619.2
Adjusted R-squared	0.333 991	S.D. dependent var		112 728.1

续　表

S.E. of regression	91 996.75	Akaike info criterion	25.759 23
Sum squared resid	2.45E+11	Schwarz criterion	25.851 75
Log likelihood	−397.268 1	Hannan-Quinn criter.	25.789 39
F-statistic	16.044 40	Durbin-Watson stat	1.829 839
Prob(F-statistic)	0.000 394		

附表 5　对 X_2、X_1 回归分析

Dependent Variable：Y

Method：Least Squares

Date：11/14/17　Time：21:15

Sample：1 31

Included observations：31

	Coefficient	Std. Error	t-Statistic	Prob.
C	−4 316.824	12 795.42	−0.337 373	0.738 4
X2	0.230 304	0.039 088	5.891 959	0.000 0
X1	0.711 446	0.265 507	2.679 575	0.012 2
R-squared	0.874 983	Mean dependent var		114 619.2
Adjusted R-squared	0.866 053	S.D. dependent var		112 728.1
S.E. of regression	41 257.10	Akaike info criterion		24.184 80
Sum squared resid	4.77E+10	Schwarz criterion		24.323 57
Log likelihood	−371.864 4	Hannan-Quinn criter.		24.230 04
F-statistic	97.984 60	Durbin-Watson stat		1.893 654
Prob(F-statistic)	0.000 000			

附表 6　对 X_2、X_1 回归分析

Dependent Variable：Y

Method：Least Squares

Date：11/14/17　Time：21:15

Sample：1 31

Included observations：31

	Coefficient	Std. Error	t-Statistic	Prob.
C	16 874.53	10 798.59	1.562 660	0.129 4
X2	0.258 113	0.036 788	7.016 265	0.000 0
X3	0.087 950	0.043 040	2.043 471	0.050 5
R-squared	0.863 310	Mean dependent var		114 619.2

续　表

Adjusted R-squared	0.853 546	S.D. dependent var	112 728.1
S.E. of regression	43 140.27	Akaike info criterion	24.274 07
Sum squared resid	5.21E+10	Schwarz criterion	24.412 84
Log likelihood	−373.248 0	Hannan-Quinn criter.	24.319 30
F-statistic	88.421 23	Durbin-Watson stat	1.600 090
Prob(F-statistic)	0.000 000		

附表 7　对 X_2、X_4 回归分析

Dependent Variable：Y

Method：Least Squares

Date：11/14/17　Time：21:15

Sample：1 31

Included observations：31

	Coefficient	Std. Error	t-Statistic	Prob.
C	10 868.79	37 371.23	0.290 833	0.773 3
X2	0.312 045	0.033 484	9.319 239	0.000 0
X4	0.293 708	2.050 660	0.143 226	0.887 1
R-squared	0.843 039	Mean dependent var		114 619.2
Adjusted R-squared	0.831 828	S.D. dependent var		112 728.1
S.E. of regression	46 228.45	Akaike info criterion		24.412 34
Sum squared resid	5.98E+10	Schwarz criterion		24.551 12
Log likelihood	−375.391 3	Hannan-Quinn criter.		24.457 58
F-statistic	75.194 29	Durbin-Watson stat		1.642 818
Prob(F-statistic)	0.000 000			

附表 8　对 X_2、X_1、X_3 回归分析

Dependent Variable：Y

Method：Least Squares

Date：11/14/17　Time：21:15

Sample：1 31

Included observations：31

	Coefficient	Std. Error	t-Statistic	Prob.
C	−975.030 4	15 047.61	−0.064 796	0.948 8
X2	0.227 087	0.040 334	5.630 196	0.000 0
X1	0.603 269	0.364 972	1.652 919	0.109 9

续 表

X3	0.024 860	0.056 581	0.439 370	0.663 9
R-squared	0.875 870	Mean dependent var		114 619.2
Adjusted R-squared	0.862 078	S.D. dependent var		112 728.1
S.E. of regression	41 864.78	Akaike info criterion		24.242 19
Sum squared resid	4.73E+10	Schwarz criterion		24.427 22
Log likelihood	−371.754 0	Hannan-Quinn criter.		24.302 51
F-statistic	63.504 82	Durbin-Watson stat		1.842 559
Prob(F-statistic)	0.000 000			

附表 9　对 X_2、X_1、X_4 回归分析

Dependent Variable：Y

Method：Least Squares

Date：11/14/17　Time：21:16

Sample：1 31

Included observations：31

	Coefficient	Std. Error	t-Statistic	Prob.
C	17 568.38	33 747.27	0.520 587	0.606 9
X2	0.237 243	0.040 667	5.833 838	0.000 0
X1	0.773 017	0.281 939	2.741 794	0.010 7
X4	−1.364 110	1.943 398	−0.701 920	0.488 7
R-squared	0.877 223	Mean dependent var		114 619.2
Adjusted R-squared	0.863 581	S.D. dependent var		112 728.1
S.E. of regression	41 636.01	Akaike info criterion		24.231 23
Sum squared resid	4.68E+10	Schwarz criterion		24.416 26
Log likelihood	−371.584 1	Hannan-Quinn criter.		24.291 55
F-statistic	64.303 77	Durbin-Watson stat		2.042 712
Prob(F-statistic)	0.000 000			

本章小结

1. 多元线性回归模型中的若干解释变量或全部解释变量的样本观测值之间具有的某种线性关系或近似的线性关系，称为多重共线性。实际经济关系中，解释变量之间完全线性无关是极少见的，解释变量之间完全线性相关也只是一种理论的抽象，极大部分情况均表现为解释变量之间的不完全线性相关；

2. 实际经济关系中，导致解释变量之间线性相关或近似线性相关的原因很多，主要表现为：许多经济变量之间本身具有内在联系；一些经济变量在时间上有同方向变动的趋势；将某些解释变量的滞后值引入模型，与解释变量的现期值同时作为模型的解释变量，这也是导致多重共线性的重要原因；

3. 当解释变量存在多重共线性时，可以导致如下严重后果：各个解释变量对被解释变量的影响难以精确鉴别；估计精度将大大降低，并可能导致在假设检验中舍去重要的解释变量；估计结果可能非常敏感；

4. 当解释变量间存在高度共线性时，模型参数估计的方差会很大。但是，参数估计方差很大并不一定说明解释变量之间必然存在高度共线性，也有可能估计量方差本来就很大。因此，当发现参数估计量的方差较大时，应当检验是否是由于解释变量之间的多重共线性引起的。常见的检验方法有：简单相关系数检验法；方差膨胀因子检验法；判定系数增量贡献法等。

思考与练习

1. 表 1 给出了中国商品进口额 Y、国内生产总值 GDP、消费者价格指数 CPI。

表 1　Y、GDP、CPI 统计表

年份	商品进口额(亿元)	国内生产总值(亿元)	居民消费价格指数(1985＝100)
1985	1 257.8	8 964.4	100
1986	1 498.3	10 202.2	106.5
1987	1 614.2	11 962.5	114.3
1988	2 055.1	14 928.3	135.8
1989	2 199.9	16 909.2	160.2
1990	2 574.3	18 547.9	165.2
1991	3 398.7	21 617.8	170.8
1992	4 443.3	26 638.1	181.7
1993	5 986.2	34 634.4	208.4
1994	9 960.1	46 759.4	258.6
1995	11 048.1	58 478.1	302.8
1996	11 557.4	67 884.6	327.9
1997	11 806.5	74 462.6	337.1
1998	11 626.1	78 345.2	334.4
1999	13 736.4	82 067.5	329.7
2000	18 638.8	89 468.1	331.0

续 表

年份	商品进口额(亿元)	国内生产总值(亿元)	居民消费价格指数(1985=100)
2001	20 159.2	97 314.8	333.3
2002	24 430.3	105 172.3	330.6
2003	34 195.6	117 251.9	334.6

数据来源:《中国统计年鉴-2000》《中国统计年鉴-2004》

请考虑下列模型:$\ln Y_t = \beta_1 + \beta_2 \ln GDP_t + \beta_3 \ln CPI_t + u_i$

(1) 利用表中数据估计此模型的参数。

(2) 你认为数据中有多重共线性吗?

(3) 进行以下回归:

$$\ln Y_t = A_1 + A_2 \ln GDP_t + v_{1i}$$
$$\ln Y_t = B_1 + B_2 \ln GDP_t + v_{2i}$$
$$\ln GDP_t = C_1 + C_2 \ln CPI_t + v_{3i}$$

根据这些回归你能对数据中多重共线性的性质说些什么?

(4) 假设数据有多重共线性,但$\hat{\beta}_2$和$\hat{\beta}_3$在5%水平上个别地显著,并且总的F检验也是显著的。对这样的情形,我们是否应考虑共线性的问题?

2. 理论上认为影响能源消费需求总量的因素主要有经济发展水平、收入水平、产业发展、人民生活水平提高、能源转换技术等因素。为此,收集了中国能源消费总量Y(万吨标准煤)、国内生产总值(亿元)X1(代表经济发展水平)、国民总收入(亿元)X2(代表收入水平)、工业增加值(亿元)X3、建筑业增加值(亿元)X4、交通运输邮电业增加值(亿元)X5(代表产业发展水平及产业结构)、人均生活电力消费(千瓦小时)X6(代表人民生活水平提高)、能源加工转换效率(%)X7(代表能源转换技术)等在1985—2002年期间的统计数据,具体如表2所示。

表 2

年份	能源消费	国民总收入	GDP	工 业	建筑业	交通运输邮电	人均生活电力消费	能源加工转换效率
	y	X1	X2	X3	X4	X5	X6	X7
1985	76 682	8 989.1	8 964.4	3 448.7	417.9	406.9	21.3	68.29
1986	80 850	10 201.4	10 202.2	3 967.0	525.7	475.6	23.2	68.32
1987	86 632	11 954.5	11 962.5	4 585.8	665.8	544.9	26.4	67.48
1988	92 997	14 922.3	14 928.3	5 777.2	810.0	661.0	31.2	66.54
1989	96 934	16 917.8	16 909.2	6 484.0	794.0	786.0	35.3	66.51
1990	98 703	18 598.4	18 547.9	6 858.0	859.4	1 147.5	42.4	67.2
1991	103 783	21 662.5	21 617.8	8 087.1	1 015.1	1 409.7	46.9	65.9

续　表

年份	能源消费	国民总收入	GDP	工　业	建筑业	交通运输邮电	人均生活电力消费	能源加工转换效率
	y	X1	X2	X3	X4	X5	X6	X7
1992	109 170	26 651.9	26 638.1	10 284.5	1 415.0	1 681.8	54.6	66
1993	115 993	34 560.5	34 634.4	14 143.8	2 284.7	2 123.2	61.2	67.32
1994	122 737	46 670.0	46 759.4	19 359.6	3 012.6	2 685.9	72.7	65.2
1995	131 176	57 494.9	58 478.1	24 718.3	3 819.6	3 054.7	83.5	71.05
1996	138 948	66 850.5	67 884.6	29 082.6	4 530.5	3 494.0	93.1	71.5
1997	137 798	73 142.7	74 462.6	32 412.1	4 810.6	3 797.2	101.8	69.23
1998	132 214	76 967.2	78 345.2	33 387.9	5 231.4	4 121.3	106.6	69.44
1999	130 119	80 579.4	82 067.5	35 087.2	5 470.6	4 460.3	118.1	70.45
2000	130 297	88 254.0	89 468.1	39 047.3	5 888.0	5 408.6	132.4	70.96
2001	134 914	95 727.9	97 314.8	42 374.6	6 375.4	5 968.3	144.6	70.41
2002	148 222	103 935.3	105 172.3	45 975.2	7 005.0	6 420.3	156.3	69.78

数据来源:《中国统计年鉴-2000》《中国统计年鉴-2004》

要求:

(1) 建立对数线性多元回归模型。

(2) 若决定用表中全部变量作为解释变量,你预料会遇到多重共线性的问题吗?为什么?

(3) 如果有多重共线性,你准备怎样解决这个问题?用逐步回归的思想,说明全部计算。

第 8 章　虚拟变量模型和滞后变量模型

§8.1　虚拟变量模型

【实验目的】

1. 掌握虚拟变量的常见引入方式。
2. 掌握虚拟变量模型的常用估计方法。

【实验内容】

本部分案例为城镇中等收入家庭年人均杂项商品和服务消费性支出与城镇中等收入家庭年人均实际收入关系的研究，数据如表 8－1 所示。

表 8－1

年　份	中等收入户城镇家庭平均每人全年实际收入	中等收入城镇家庭平均每人全年杂项商品和服务消费性支出	城镇居民消费价格指数
	（元）	（元）	1992 为定基
	y	cc	pu
1992	1977	75.31	100.0
1993	2 453.88	86.45	116.1
1994	3 303.66	117.58	145.1
1995	4 073.88	143.28	169.5
1996	4 579.98	150.72	184.5
1997	4 922.32	163.88	190.2
1998	5 148.8	169.18	189.0
1999	5 543.2	200.15	186.6
2000	5 930.8	230.82	188.1
2001	6 406.2	245.41	189.4

续　表

年　份	中等收入户城镇家庭平均每人全年实际收入	中等收入城镇家庭平均每人全年杂项商品和服务消费性支出	城镇居民消费价格指数
	（元）	（元）	1992 为定基
	y	cc	pu
2002	7 638.5	160.43	187.5
2003	7 753.86	179.54	189.2
2004	8 746.65	198.42	195.42
2005	9 886.96	229.81	198.54
2006	11 052.05	259.6	201.50
2007	12 978.61	309.95	210.58

【实验步骤】

一、建立不含有虚假变量的模型

(1) 建立 Workfile。

Create　middle_con　a　1992　2007

(2) 输入和编辑数据。

data cc　y　pu(创建组对象,用于输入数据)

出现 Group 窗口后,点击 Name,为该组命名为 middle,然后输入数据。输完数据后,输入以下两条命令,产生以 1992 年为基年的不变价数据:

genr　ccp = cc/pu * 100

genr　yp = y/pu * 100

(3) 建立 ccp 与 yp 的回归方程。命令如下:

Ls　ccp　c　yp

回归结果如图 8 - 1 所示。

由图 8 - 1 可写出标准格式回归结果:

$$\hat{CCP} = 53.53 + 0.014 * YP \qquad R^2 = 0.605$$

$$t: \quad (4.98) \qquad (4.63) \qquad DW = 1.20$$

从结果可知,模型拟合并不理想,我们可以查看散点图

(4) 建立 ccp 与 yp 的散点图(结果见图 8 - 2)。命令如下:

Scat　yp　ccp

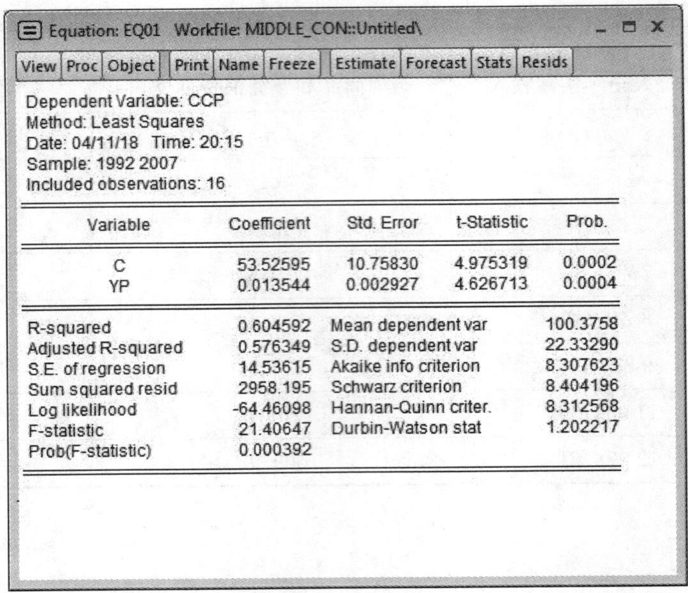

Equation: EQ01 Workfile: MIDDLE_CON::Untitled\

View | Proc | Object | Print | Name | Freeze | Estimate | Forecast | Stats | Resids

Dependent Variable: CCP
Method: Least Squares
Date: 04/11/18 Time: 20:15
Sample: 1992 2007
Included observations: 16

Variable	Coefficient	Std. Error	t-Statistic	Prob.
C	53.52595	10.75830	4.975319	0.0002
YP	0.013544	0.002927	4.626713	0.0004

R-squared	0.604592	Mean dependent var	100.3758
Adjusted R-squared	0.576349	S.D. dependent var	22.33290
S.E. of regression	14.53615	Akaike info criterion	8.307623
Sum squared resid	2958.195	Schwarz criterion	8.404196
Log likelihood	-64.46098	Hannan-Quinn criter.	8.312568
F-statistic	21.40647	Durbin-Watson stat	1.202217
Prob(F-statistic)	0.000392		

图 8-1

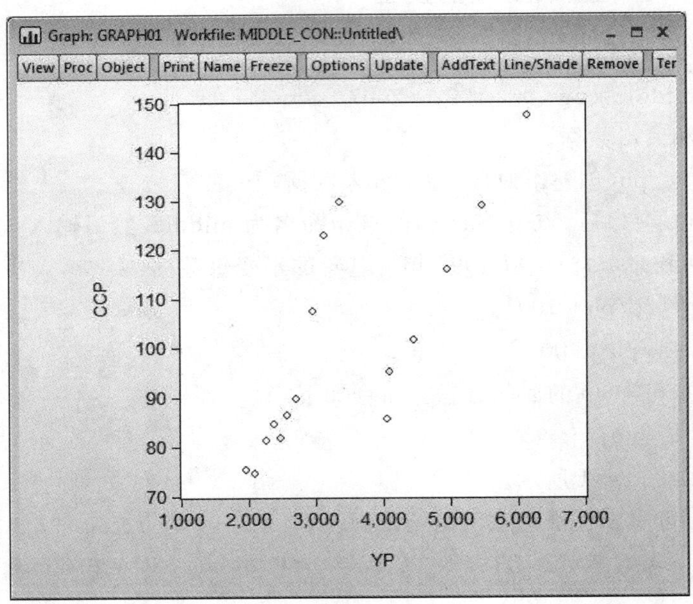

图 8-2

从上图可知，在 2001 年时，城镇中等收入家庭的人均年实际收入对杂项和服务消费支出的影响发生了改变，为了更好地拟合模型，我们需引入虚拟变量。

二、引入虚拟变量，重新回归

虚拟变量设定如下：

$$D1=\begin{cases}1, & t>2001 \\ 0, & \text{其他}\end{cases}, dyp = D1 * yp。$$

加入虚拟变量的模型设定为：

$$ccp = b0 + b1 * D1 + b2 * yp + b3 * dyp + u$$

如果 b1 = 0，则表示两个时期截距没有发生变化；如果 b3 = 0，则表示两个时期斜率没有发生变化；如果 b1 = b3 = 0，则表明两时期结构并没有发生变化。

具体操作如下。

(1) 在 workfile 中双击 Group：middle，在 obs 行空白处输入新序列名称 D1，然后输入数据(见图 8 - 3)。

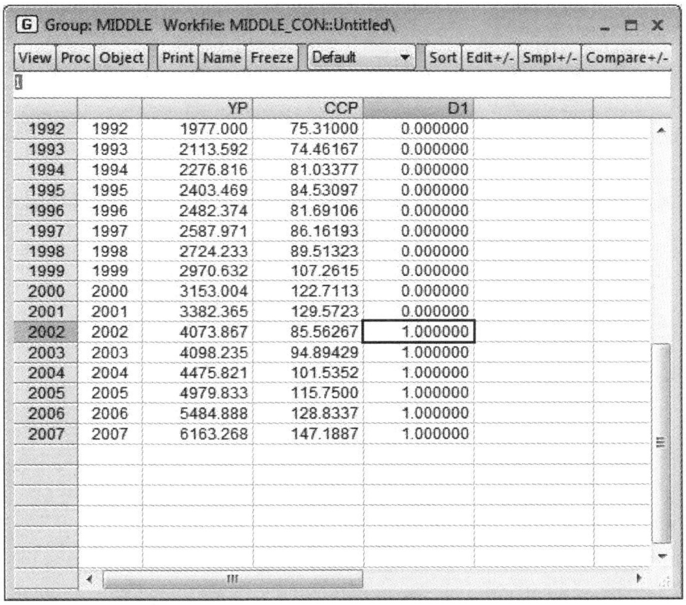

Group: MIDDLE　Workfile: MIDDLE_CON::Untitled\

View | Proc | Object | Print | Name | Freeze | Default | Sort | Edit+/- | Smpl+/- | Compare+/-

		YP	CCP	D1
1992	1992	1977.000	75.31000	0.000000
1993	1993	2113.592	74.46167	0.000000
1994	1994	2276.816	81.03377	0.000000
1995	1995	2403.469	84.53097	0.000000
1996	1996	2482.374	81.69106	0.000000
1997	1997	2587.971	86.16193	0.000000
1998	1998	2724.233	89.51323	0.000000
1999	1999	2970.632	107.2615	0.000000
2000	2000	3153.004	122.7113	0.000000
2001	2001	3382.365	129.5723	0.000000
2002	2002	4073.867	85.56267	1.000000
2003	2003	4098.235	94.89429	1.000000
2004	2004	4475.821	101.5352	1.000000
2005	2005	4979.833	115.7500	1.000000
2006	2006	5484.888	128.8337	1.000000
2007	2007	6163.268	147.1887	1.000000

图 8 - 3

(2) 产生新序列 dyp。

genr　dyp = D1 * yp

(3) 回归。

键入命令：Ls ccp c d1 yp dyp

则弹出模型估计结果，如图 8 - 4 所示。

模型的标准格式回归结果为：

$$C\hat{C}P = -14.98 \quad - \quad 6.68 * \mathrm{D1} + 0.042 * \mathrm{YP} - 0.014 * \mathrm{DYP} \qquad \mathrm{R}^2 = 0.956$$

$$t: \quad (-1.47) \quad (-0.387) \quad (10.77) \quad (-2.94) \qquad \mathrm{DW} = 1.16$$

从模型结果可知，加入虚拟变量后，模型的拟合程度得到很大提高，斜率虚拟变量的 t 值显著，说明存在结构性变化，应加入虚拟变量。截距虚拟变量 D1 的 t 值不显著，可考虑去掉 D1 重新回归，此处由用户自行完成。

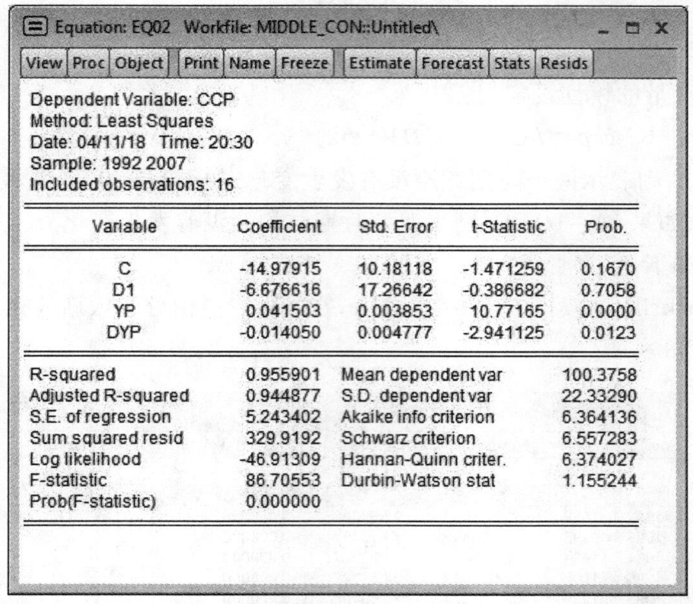
Equation: EQ02 Workfile: MIDDLE_CON::Untitled\

View | Proc | Object | Print | Name | Freeze | Estimate | Forecast | Stats | Resids

Dependent Variable: CCP
Method: Least Squares
Date: 04/11/18 Time: 20:30
Sample: 1992 2007
Included observations: 16

Variable	Coefficient	Std. Error	t-Statistic	Prob.
C	-14.97915	10.18118	-1.471259	0.1670
D1	-6.676616	17.26642	-0.386682	0.7058
YP	0.041503	0.003853	10.77165	0.0000
DYP	-0.014050	0.004777	-2.941125	0.0123

R-squared	0.955901	Mean dependent var	100.3758
Adjusted R-squared	0.944877	S.D. dependent var	22.33290
S.E. of regression	5.243402	Akaike info criterion	6.364136
Sum squared resid	329.9192	Schwarz criterion	6.557283
Log likelihood	-46.91309	Hannan-Quinn criter.	6.374027
F-statistic	86.70553	Durbin-Watson stat	1.155244
Prob(F-statistic)	0.000000		

图 8－4

§8.2 滞后变量模型

【实验目的】

1．掌握滞后变量模型的常见类型。
2．掌握滞后变量模型的常用估计方法。

【实验内容】

某学者对 1981—2009 年中国农村固定资产投资与 GDP 的关系进行研究，发现农村固定资产投资除了现期对 GDP 有影响，其滞后期对 GDP 也产生影响，故建立模型如下：

gdp = b0 + b1 * invrural + b2 * invrural (－1) + b3 * invrural (－2) + b4 * invrural (－3) + b5 * invrural (－4)

其中，gdp：国内生产总值（亿元）；invrural：农村固定资产投资（亿元）。

表 8－2　中国 GDP 与农村固定资产投资

年份	生产法 GDP	农村固定资产投资额	GDP 平减指数（1978＝100）	年份	生产法 GDP	农村固定资产投资额	GDP 平减指数（1978＝100）
1981	4 891.56	249.90	1.09	1996	71 176.59	5 346.30	3.54
1982	5 323.35	329.90	1.09	1997	78 973.03	5 746.90	3.59
1983	5 962.65	415.70	1.10	1998	84 402.28	5 914.80	3.56
1984	7 208.05	553.90	1.16	1999	89 677.05	6 122.70	3.52
1985	9 016.04	677.70	1.28	2000	99 214.55	6 695.90	3.59
1986	10 275.18	820.20	1.34	2001	109 655.17	7 212.30	3.66
1987	12 058.62	1 061.10	1.41	2002	120 332.69	8011.10	3.68
1988	15 042.82	1 321.90	1.58	2003	135 822.76	9 754.90	3.78
1989	16 992.32	1 276.40	1.71	2004	159 878.34	11 449.30	4.04
1990	18 667.82	1 242.60	1.81	2005	184 937.37	13 678.50	4.20
1991	21 781.50	1 536.60	1.95	2006	216 314.43	16 629.50	4.36
1992	26 923.48	2 000.40	2.11	2007	265 810.31	19 859.50	4.69
1993	35 333.92	2 768.90	2.42	2008	314 045.43	24 090.10	5.05
1994	48 197.86	3 507.80	2.92	2009	340 902.80	30 678.38	5.05
1995	60 793.73	4 375.60	3.33				

来源:《中国统计年鉴－2010》

一、建立工作文件

create　gdp_inv　a　1981　2009

二、输入数据

data　gdp　invrural　gdpD

在弹出的 Group 窗口中从相应 Excel 文件中拷贝数据，并为 Group 命名为 GDPINV，如图 8－5 所示。

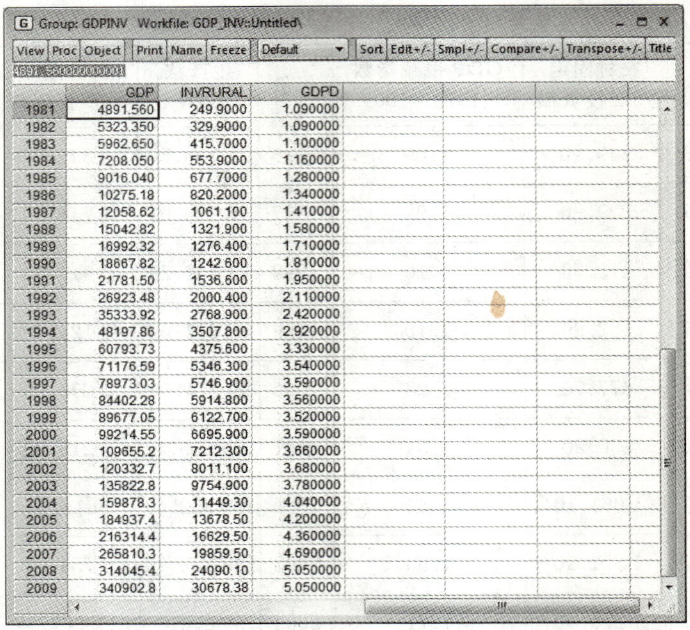

Group: GDPINV Workfile: GDP_INV::Untitled\

	GDP	INVRURAL	GDPD
1981	4891.560	249.9000	1.090000
1982	5323.350	329.9000	1.090000
1983	5962.650	415.7000	1.100000
1984	7208.050	553.9000	1.160000
1985	9016.040	677.7000	1.280000
1986	10275.18	820.2000	1.340000
1987	12058.62	1061.100	1.410000
1988	15042.82	1321.900	1.580000
1989	16992.32	1276.400	1.710000
1990	18667.82	1242.600	1.810000
1991	21781.50	1536.600	1.950000
1992	26923.48	2000.400	2.110000
1993	35333.92	2768.900	2.420000
1994	48197.86	3507.800	2.920000
1995	60793.73	4375.600	3.330000
1996	71176.59	5346.300	3.540000
1997	78973.03	5746.900	3.590000
1998	84402.28	5914.800	3.560000
1999	89677.05	6122.700	3.520000
2000	99214.55	6695.900	3.590000
2001	109655.2	7212.300	3.660000
2002	120332.7	8011.100	3.680000
2003	135822.8	9754.900	3.780000
2004	159878.3	11449.30	4.040000
2005	184937.4	13678.50	4.200000
2006	216314.4	16629.50	4.360000
2007	265810.3	19859.50	4.690000
2008	314045.4	24090.10	5.050000
2009	340902.8	30678.38	5.050000

图 8-5

在此基础上，生成新的序列 gdpR 和 invR，输入命令：

Genr gdpR = gdp/gdpD　和　Genr invR = invrural/gdpD

结果如图 8-6、图 8-7 所示。

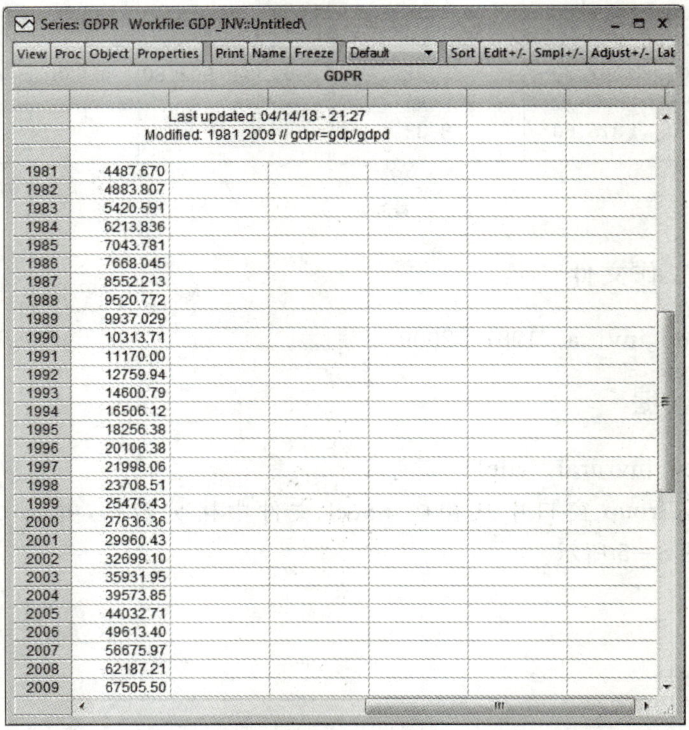

Series: GDPR Workfile: GDP_INV::Untitled\

GDPR

Last updated: 04/14/18 - 21:27
Modified: 1981 2009 // gdpr=gdp/gdpd

	GDPR
1981	4487.670
1982	4883.807
1983	5420.591
1984	6213.836
1985	7043.781
1986	7668.045
1987	8552.213
1988	9520.772
1989	9937.029
1990	10313.71
1991	11170.00
1992	12759.94
1993	14600.79
1994	16506.12
1995	18256.38
1996	20106.38
1997	21998.06
1998	23708.51
1999	25476.43
2000	27636.36
2001	29960.43
2002	32699.10
2003	35931.95
2004	39573.85
2005	44032.71
2006	49613.40
2007	56675.97
2008	62187.21
2009	67505.50

图 8-6

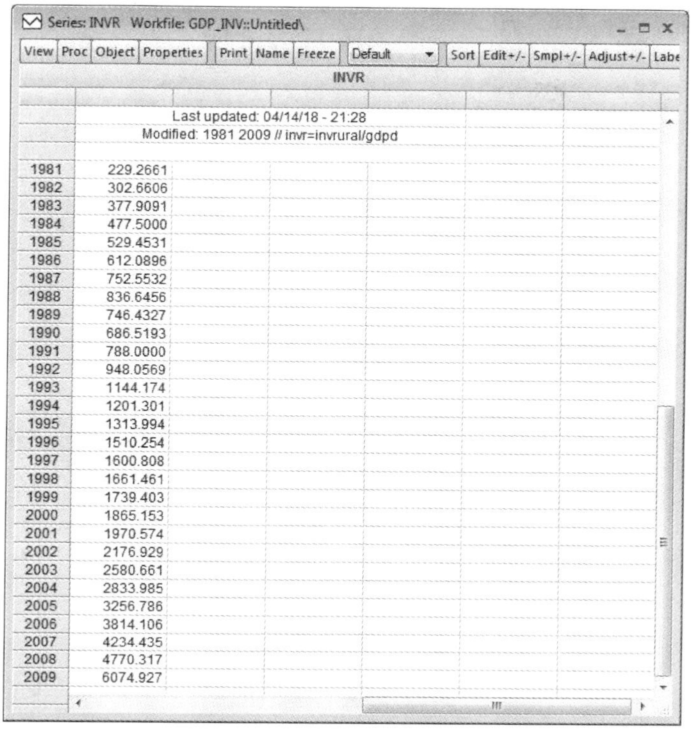

Series: INVR　Workfile: GDP_INV::Untitled\

View | Proc | Object | Properties | Print | Name | Freeze | Default | Sort | Edit+/- | Smpl+/- | Adjust+/- | Labe

INVR

Last updated: 04/14/18 - 21:28
Modified: 1981 2009 // invr=invrural/gdpd

	INVR
1981	229.2661
1982	302.6606
1983	377.9091
1984	477.5000
1985	529.4531
1986	612.0896
1987	752.5532
1988	836.6456
1989	746.4327
1990	686.5193
1991	788.0000
1992	948.0569
1993	1144.174
1994	1201.301
1995	1313.994
1996	1510.254
1997	1600.808
1998	1661.461
1999	1739.403
2000	1865.153
2001	1970.574
2002	2176.929
2003	2580.661
2004	2833.985
2005	3256.786
2006	3814.106
2007	4234.435
2008	4770.317
2009	6074.927

图 8－7

三、回归方程

1. 阿尔蒙滞后分布

假设模型中滞后变量的系数是呈多项式分布，则可利用阿尔蒙多项式分布滞后(Almon)来回归模型。在 EViews 中函数为：

pdl(x,s,k,m)

其中，x：滞后变量；s：滞后期期数；k：多项式阶数；

m：选择项。＝1：限制在分布的开头接近于零，即 xt 对 yt 的即时作用为 0；＝2：限制在分布的末端接近于零，即 βs＝0；＝3：限制在分布的开头和末端都接近于零；省略：表示不施加端点约束。

我们对模型设定：s＝4，k＝2。

回归命令为：ls　gdpR　c　pdl(invR,4,2)，结果如图 8－8 所示。

若分布滞后模型为：

$$Y_t = \alpha + \beta_0 X_t + \beta_1 X_{t-1} + \cdots + \beta_m X_{t-m} + u_t \tag{1}$$

其中：

$$\beta_1 = a_0 + a_1 i + a_2 i^2 + \cdots + a_p i^p \tag{2}$$

图 8－8 中，①中系数是指(2)式中的系数；②中系数是指(1)式的 β 系数。

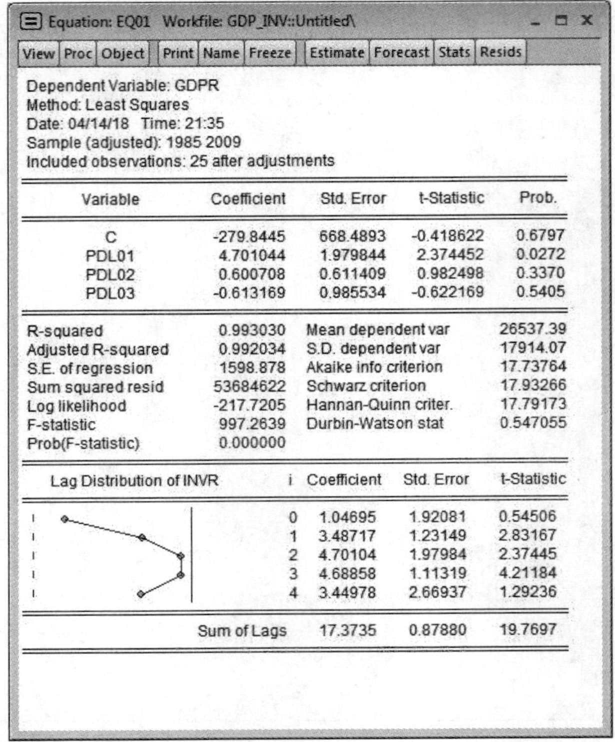

Equation: EQ01 Workfile: GDP_INV::Untitled\

View | Proc | Object | Print | Name | Freeze | Estimate | Forecast | Stats | Resids

Dependent Variable: GDPR
Method: Least Squares
Date: 04/14/18 Time: 21:35
Sample (adjusted): 1985 2009
Included observations: 25 after adjustments

Variable	Coefficient	Std. Error	t-Statistic	Prob.
C	-279.8445	668.4893	-0.418622	0.6797
PDL01	4.701044	1.979844	2.374452	0.0272
PDL02	0.600708	0.611409	0.982498	0.3370
PDL03	-0.613169	0.985534	-0.622169	0.5405

R-squared	0.993030	Mean dependent var	26537.39
Adjusted R-squared	0.992034	S.D. dependent var	17914.07
S.E. of regression	1598.878	Akaike info criterion	17.73764
Sum squared resid	53684622	Schwarz criterion	17.93266
Log likelihood	-217.7205	Hannan-Quinn criter.	17.79173
F-statistic	997.2639	Durbin-Watson stat	0.547055
Prob(F-statistic)	0.000000		

Lag Distribution of INVR	i	Coefficient	Std. Error	t-Statistic
	0	1.04695	1.92081	0.54506
	1	3.48717	1.23149	2.83167
	2	4.70104	1.97984	2.37445
	3	4.68858	1.11319	4.21184
	4	3.44978	2.66937	1.29236
Sum of Lags		17.3735	0.87880	19.7697

图 8-8

可写出回归方程如下：

$G\hat{D}PR$ = 0273.11 + 1.073 * INVR + 3.491 * INVR(−1) + 4.690 * INVR(−2) + 4.670 * INVR(−3) + 3.432 * INVR(−4)

用户可以对模型的不同滞后期及多项式形式进行尝试。

2. 几何滞后分布(科克模型)

假设滞后变量系数呈几何分布，1，1/2，1/4，1/8，1/16，则模型可转换为：

y = b0 + b1 * x + 1/2 * b1 * x(−1) + 1/4 * b1 * x(−2) + 1/8 * b1 * x(−3) + u

即 y = b0 + b1(x + 1/2 * x(−1) + 1/4 * x(−2) + 1/8 * x(−3)) + u

令 xx = x + 1/2 * x(−1) + 1/4 * x(−2) + 1/8 * x(−3)，则模型为：

y = b0 + b1 * xx + u

我们需要输入的命令为：

```
genr  invR1 = invR + 1/2 * invR(-1) + 1/4 * invR(-2) + 1/8 * invR(-3) + 1/16 * invR(-4)
ls  gdpR  c  invR1
```

回归结果略。经整理，回归方程为：

$G\hat{D}PR$ = 1 262.74 + 7.175 * INVR + 3.588INVR(−1) + 1.794INVR(−2) + 0.897INVR(−3) + 0.449 INVR(−4)

本章小结

1. 用成对数据(如 1 和 0)分别代表具备某种属性和不具备该种属性的变量,称为虚拟变量,也称二进制变量、哑变量。

2. 虚拟变量主要是用来代表质的因素,虚拟变量本身也正是出于质的因素的量化需要而设立的。但是,在有些情况下,我们也可以用一个虚拟变量来简要地表示一个量的因素,如在建立储蓄函数时,"年龄"是一个重要的影响因素。对于只有两种特征的因素,一般用一个虚拟变量来描述,对于有三种或三种以上特征的因素,要用多个虚拟变量来描述。

3. 由于质的因素的影响,模型参数的变动有三种类型:截距变动;斜率变动;截距和斜率同时变动。

4. 如果被解释变量 Y_t 不仅受同期解释变量 X_t 的影响,而且还明显地依赖于 X 的滞后 $X_{t-1}, X_{t-2}, \cdots$ 则反映被解释变量 Y_t 同解释变量 $X_t, X_{t-1}, X_{t-2}, \cdots$ 之间的数量依存关系的模型就是分布滞后模型。根据滞后长度确定与否,分布滞后模型分为两类:一类是有限分布滞后模型,即模型中最大滞后长度 k 是一个确定的数值;另一类是无限分布滞后模型,即模型中最大滞后长度是不确定的,也就是无限延伸的。

思考与练习

1. 个人所得税起征点调整对居民消费支出会产生重要的影响。为研究个人所得税起征点调整对城镇居民个人消费支出行为的效应,收集相关的数据如表 1 和表 2 所示。

表 1　个人所得税起征点调整情况

年　份	1987 年	1994 年	2006 年	2008 年
最低的起征点	400 元	800 元	1 600 元	2 000 元

表 2　城镇居民收入与消费的有关数据

年　份	城镇家庭人均可支配收入(元)	城镇家庭人均全年消费性支出(元)	平均每户城镇家庭就业人数(人)	城镇家庭平均每一就业者负担人数(人)
1985	739.1	673.2	2.15	1.81
1986	900.9	799	2.12	1.8
1987	1 002.1	884.4	2.09	1.79
1988	1 180.2	1 104	2.03	1.79
1989	1 373.9	1 211	2	1.78

续 表

年 份	城镇家庭人均可支配收入（元）	城镇家庭人均全年消费性支出（元）	平均每户城镇家庭就业人数（人）	城镇家庭平均每一就业者负担人数（人）
1990	1 510.16	1 278.89	1.98	1.77
1991	1 700.6	1 453.8	1.96	1.75
1992	2 026.6	1671.7	1.95	1.73
1993	2 577.4	2 110.8	1.92	1.72
1994	3 496.2	2 851.3	1.88	1.74
1995	4 282.95	3 537.57	1.87	1.73
1996	4 838.9	3 919.5	1.86	1.72
1997	5 160.3	4 185.6	1.83	1.74
1998	5 425.1	4 331.6	1.8	1.75
1999	5 854	4 615.9	1.77	1.77
2000	6 279.98	4 998	1.68	1.86
2001	6 859.6	5 309.01	1.65	1.88
2002	7 702.8	6 029.92	1.58	1.92
2003	8 472.2	6 510.94	1.58	1.91
2004	9 421.6	7 182.1	1.56	1.91
2005	10 493	7 942.88	1.51	1.96
2006	11 759.45	8 696.55	1.53	1.93
2007	13 785.81	9 997.47	1.54	1.89
2008	15 780.8	11 242.9	1.48	1.97

若模型设定为：

$$Consume_t = C_t + \alpha_1 Income_t + \alpha_2 Consume_{t-1} + \alpha_3 Employment_t + \alpha_4 Burden_t + \alpha_5 d_{1t} + \alpha_6 d_{2t} + \alpha_7 d_{3t} + \alpha_8 d_{4t} + \varepsilon_t$$

其中 $Consume_t$ 表示 t 期城镇居民家庭人均消费支出，$Income_t$ 表示 t 期城镇居民家庭人均可支配收入，$Employment_t$ 表示 t 期城镇居民家庭平均每户就业人口，$Burden_t$ 表示 t 期城镇居民家庭平均每一就业者负担人数，$d_{it}(i=1,2,3,4)$相应的虚拟变量。

（1）构造用于描述个人所得税调整的虚拟变量，并简要说明其理由；

（2）用散点图描述两两变量之间的关系，并给出你对模型设定的结论；

（3）依据测算，选择你认为更能描述客观实际的模型，并简要说明其理由；

（4）根据分析结果，你对提高个人所得税起征点影响居民消费的有效性能得出什么结论？

2．表 3 给出了某地区制造行业与统计资料（单位：亿元），要求：

（1）检验库存和销售额之间的因果关系；

(2) 利用互相关分析命令,初步设定分布滞后模型滞后期长度;

(3) 试阿尔蒙方法估计分布滞后模型建立库存函数。

表 3　某地区制造行业与统计资料　　单位:亿元

年　份	库存 y	销售额 x	年　份	库存 y	销售额 x
1996	45 069	26 480	2006	68 221	41 003
1997	50 642	27 740	2007	77 965	44 869
1998	51 871	28 736	2008	84 655	46 449
1999	50 070	27 280	2009	90 875	50 282
2000	52 707	30 219	2010	97 074	53 555
2001	53 814	30 796	2011	101 645	52 859
2002	54 939	30 896	2012	102 445	55 917
2003	58 213	33 113	2013	107 719	62 017
2004	60 043	35 032	2014	120 870	71 398
2005	63 383	37 335	2015	147 135	82 078

3. 已知 1970—1991 年美国制造业固定厂房设备投资 Y 和销售量 X 的相关数据如表 4 所示。

(1) 假定销售量对厂房设备支出有一个分部滞后效应,使用 4 期滞后和 2 次多项式去估计此分布滞后模型。

(2) 检验销售量与厂房设备支出的 Granger 因果关系,使用直至 6 期为止的滞后并评述结果。

表 4　美国制造业相关统计资料　　单位:10 亿美元

年　份	厂房开支 Y	销售额 X	年　份	厂房开支 Y	销售额 X
1970	36.99	52.805	1981	128.68	168.129
1971	33.6	55.906	1982	123.97	163.351
1972	35.42	63.027	1983	117.35	172.547
1973	42.35	72.931	1984	139.61	190.682
1974	52.48	84.79	1985	152.88	194.538
1975	53.66	86.589	1986	137.95	194.657
1976	68.53	98.797	1987	141.06	206.326
1977	67.48	113.201	1988	163.45	223.547
1978	78.13	126.905	1989	183.8	232.724
1979	95.13	143.936	1990	192.61	239.459
1980	112.6	154.391	1991	182.81	235.142

第 9 章　二元离散选择模型

【实验目的】

1. 掌握 Probit 模型和 Logit 模型的联系和区别。
2. 掌握 Probit 模型和 Logit 模型的估计方法。

【实验内容】

让我们来看一个竞选的例子。假设候选人甲和乙二人竞选某市市长，我们可以用一个二元选择模型来研究影响选民决策的因素，模型为：

$$CAND1_i = \beta_0 + \beta_1 INCOME_i + \beta_2 AGE_i + \beta_3 MALE_i + u_i$$

其中：

$$CAND1i = \begin{cases} 1 & \text{如果第 } i \text{ 个选民投候选人甲的票} \\ 0 & \text{如果第 } i \text{ 个选民不投候选人甲的票（或第 } i \text{ 选民投候选人乙的票）} \end{cases}$$

$INCOME_i$ = 第 i 个选民的家庭收入（单位：千美元）

AGE_i = 第 i 个选民的年龄

$$MALE_i = \begin{cases} 1 & \text{男性} \\ 0 & \text{女性} \end{cases}$$

表 9－1 给出了取自选民的一个随机样本。

表 9－1　甲乙两候选人选举模型数据

观测序号	CAND1	INCOME	AGE	MALE
1	0	10	18	0
2	1	58	48	1
3	1	64	51	0
4	0	14	19	0
5	0	11	22	1
6	0	16	23	0
7	1	60	44	1
8	0	19	26	0

续　表

观测序号	CAND1	INCOME	AGE	MALE
9	1	110	37	0
10	1	44	68	1
11	0	21	28	0
12	0	29	25	1
13	0	28	27	0
14	1	40	45	0
15	0	26	32	0
16	0	33	32	1
17	1	46	28	1
18	0	12	42	0
19	0	30	41	0
20	1	40	38	1
21	0	35	40	1
22	1	18	48	0
23	0	14	19	1
24	1	50	40	0
25	1	72	31	0
26	0	38	18	0
27	1	55	43	1
28	0	50	50	1
29	1	22	62	0
30	1	85	62	0

【实验步骤】

§9.1　建立工作文件并录入全部数据

输入命令：wfcreate cand1　u　1　30

输入命令：data　cand1　income　age　male(Group：命名为 cand)

§9.2 建立回归方程

一、Probit 模型

在 Workfile 中，点击菜单 Quick→Estimate Equation …，在弹出对话框输入 cand1 c income age male，在 Method 中选择 BINARY-Binary Choice，接着点击 Probit，点击确定，则弹出 Probit 模型的估计结果，如图 9-1 所示。

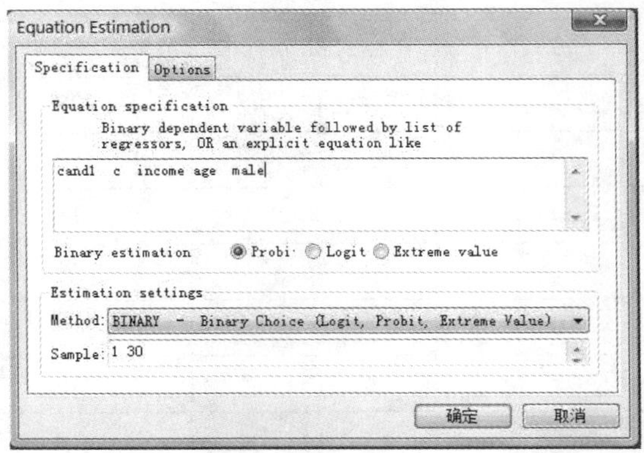

图 9-1

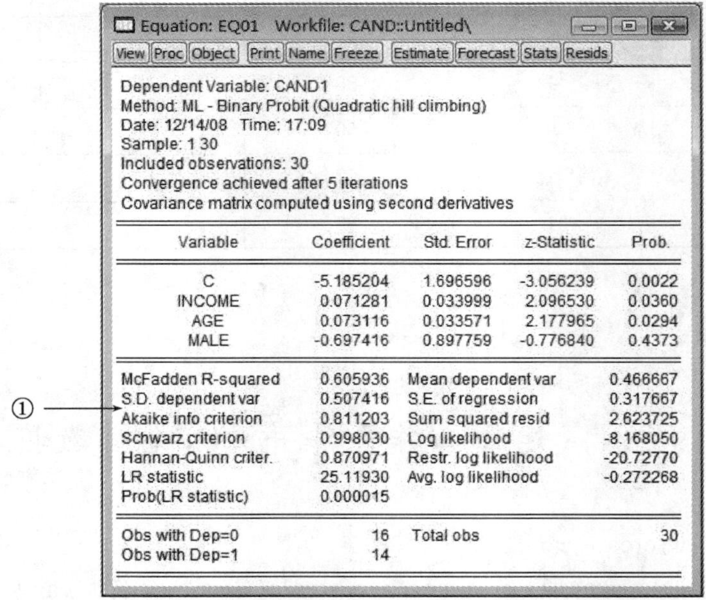

Equation: EQ01 Workfile: CAND::Untitled\

View | Proc | Object | Print | Name | Freeze | Estimate | Forecast | Stats | Resids

Dependent Variable: CAND1
Method: ML - Binary Probit (Quadratic hill climbing)
Date: 12/14/08 Time: 17:09
Sample: 1 30
Included observations: 30
Convergence achieved after 5 iterations
Covariance matrix computed using second derivatives

Variable	Coefficient	Std. Error	z-Statistic	Prob.
C	-5.185204	1.696596	-3.056239	0.0022
INCOME	0.071281	0.033999	2.096530	0.0360
AGE	0.073116	0.033571	2.177965	0.0294
MALE	-0.697416	0.897759	-0.776840	0.4373

McFadden R-squared	0.605936	Mean dependent var	0.466667
① S.D. dependent var	0.507416	S.E. of regression	0.317667
Akaike info criterion	0.811203	Sum squared resid	2.623725
Schwarz criterion	0.998030	Log likelihood	-8.168050
Hannan-Quinn criter.	0.870971	Restr. log likelihood	-20.72770
LR statistic	25.11930	Avg. log likelihood	-0.272268
Prob(LR statistic)	0.000015		

Obs with Dep=0	16	Total obs	30
Obs with Dep=1	14		

图 9-2

图 9－2 所示内容与一般回归结果类似，在上部给出估计方法、样本容量、及迭代收敛等信息；在中部给出系数估计值、标准误差、z 统计量及对应的概率；在下部给出了一些统计量；在最下部给出了观测值的分类整理结果，共 30 个观测值，cand1＝0（选民投乙候选人）的有 16 人；cand1＝1 的有 14 人，即有 14 人投候选人甲。

在①所示部分出现一些新的统计量。

McFadden R-squared：拟合优度的测度指标。

LR statistic：检验模型斜率系数的整体显著性。

Restr. log likelihood：仅含常数项的模型的对数似然函数的最大值。

Avg. log likelihood：对数似然值除以观测值个数。

二、Logit 模型

在 workfile 中，点击菜单 Quick→Estimate Equation ...，在弹出对话框中输入 cand1　c　income　age　male，在 Method 中选择 BINARY—Binary Choice，接着点击 Logit，点击确定，则弹出 Logit 模型的估计结果（结果略，请读者自行按步骤练习）。

§9.3　散点图分析

在图 9－2 窗口中，点击 View→Actual，Fitted，Residual→Actual，Fitted，Residual Table，在弹出的窗口中，复制 Fitted（使用 Probit 模型模拟得到的拟合值）序列到 Group 中，并命名为 candf。

画出 cand1、candf 与 income 的散点图。

① 点击 Quick →Graph ...；

② 在弹出如图 20 的窗口中输入 incomet、cand1、candf，点击 OK；

③ 在随后弹出的窗口中输入如下内容：

$$\left.\left\{\begin{array}{l}\text{Type}\rightarrow\text{Graph Type}\rightarrow\left\{\begin{array}{l}\textit{Basic Graph}\\ \textit{Scatter}\end{array}\right.\\ \textit{Line/Symbol}\rightarrow\left.\left\{\begin{array}{l}\textit{Color}\rightarrow\text{红色}\\ 1\rightarrow\textit{Line/Symbol}\rightarrow\textit{Symbol only}\\ 2\rightarrow\textit{Line/Symbol}\rightarrow\textit{Symbol only}\end{array}\right.\right\}\rightarrow\textit{OK}\end{array}\right.\right\}\rightarrow\textit{OK}$$

结果如图 9－3 所示。

图 9－3 中，实点表示因变量的拟合值。可以看出，随着收入的增加，拟合值的概率也在变大，表示富人倾向于投候选人甲的票。

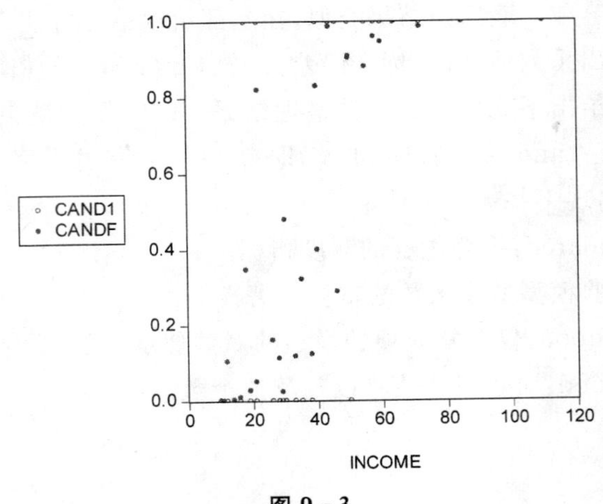

图 9－3

本章小结

1. 如果回归模型的解释变量中含有定性变量，则可以用虚拟变量处理之。在实际经济问题中，被解释变量也可能是定性变量。例如，通过一系列解释变量的观测值观察人们对某项动议的态度，某件事情的成功和失败等。当被解释变量为定性变量时建立的模型，就是二元选择模型或多元选择模型，统称离散选择模型。

2. 离散选择模型还有其他几种形式：删改模型或删截模型：把小于或大于某一点的数值用该点数值替代的模型。Tobit 模型：一种删截模型；截尾模型或截断模型：应用于某个截断点之上或之下的观测值数据得不到或故意舍弃的一种回归模型；计数模型：当被解释变量表示次数时，离散模型就变成了计数模型，如每年华北地区发生沙尘暴次数的模型，公司申请专利数模型，因变量服从泊松分布；有序响应模型：当相互排斥的定性分类有一个正常的顺序时，可用有序响应模型描述。

3. 二元离散选择模型的常用参数估计方法是极大似然法。

思考与练习

1. 在一次选举中，由于候选人对高收入者有利，所以收入成为每个投票者表示同意或者反对的最主要影响因素。以投票者的态度(y)作为被解释变量，以投票者的月收入(x)作为解释变量建立模型，同意者其观测值为 1，反对者其观测值为 0，样本数据如表 1 所示。原始模型为：$y_i = \alpha + \beta x_i + \mu_i$。利用 Probit 二元离散选择模型估计参数。

表 1　样本观测值

序　号	X	Y	序　号	X	Y	序　号	X	Y
1	100	0	11	1 100	0	21	2 100	1
2	200	0	12	1 200	0	22	2 200	1
3	300	0	13	1 300	1	23	2 300	1
4	400	0	14	1 400	0	24	2 400	1
5	500	0	15	1 500	1	25	2 500	1
6	600	0	16	1 600	0	26	2 600	1
7	700	0	17	1 700	1	27	2 700	1
8	800	0	18	1 800	0	28	2 800	1
9	900	0	19	1 900	1	29	2 900	1
10	1 000	0	20	2 000	1	30	3 000	1

2. 某商业银行从历史贷款客户中随机抽取 78 个样本，根据涉及的指标体系分别计算它们的“商业信用支持度”(XY)和“市场竞争地位等级”(SC)，对它们贷款的结果(JG)采用二元离散变量，1 表示贷款成功，0 表示贷款失败。样本观测值如表 2 所示，目的是研究 JG 与 XY、SC 之间的关系，并为正确贷款决策提供支持。

表 2　样本观测值

JG	XY	SC	JGF	JG	XY	SC	JGF	JG	XY	SC	JGF
0	125	−2	0	0	1 500	−2	0	0	54	−1	0
0	599	−2	0	0	96	0	0	1	42	2	1
0	100	−2	0	1	−8	0	1	0	42	0	0.020 9
0	160	−2	0	0	375	−2	0	1	18	2	1
0	46	−2	0	0	42	−1	6.50E−13	0	80	1	6.40E−12
0	80	−2	0	1	5	2	1	1	−5	0	1
0	133	−2	0	0	172	−2	0	0	326	2	0
0	350	−1	0	1	−8	0	1	0	261	1	0
1	23	0	0.997 9	0	89	−2	0	1	−2	−1	0.999 9
0	60	−2	0	0	128	−2	0	0	14	−2	3.90E−07
0	70	−1	0	1	6	0	1	1	22	0	0.999 1
1	−8	0	1	0	150	−1	0	0	113	1	0
0	400	−2	0	1	54	2	1	1	42	1	0.998 7
0	72	0	0	0	28	−2	0	1	57	2	0.999 9
0	120	−1	0	1	25	0	0.990 6	0	146	0	0

续 表

JG	XY	SC	JGF	JG	XY	SC	JGF	JG	XY	SC	JGF
1	40	1	0.999 8	1	23	0	0.997 9	1	15	0	1
1	35	1	0.999 9	1	14	0	1	0	26	−2	4.40E−16
1	26	1	1	0	49	−1	0	0	89	−2	0
1	15	−1	0.447 2	0	14	−1	0.549 8	1	5	1	1
0	69	−1	0	0	61	0	2.10E−12	1	−9	−1	1
0	107	1	0	1	40	2	1	1	4	1	1
1	29	1	1	0	30	−2	0	0	54	−2	0
1	2	1	1	0	112	−1	0	1	32	1	1
1	37	1	0.999 9	0	78	−2	0	0	54	0	1.40E−07
0	53	−1	0	1	0	0	1	0	131	−2	0
0	194	0	0	0	131	−2	0	1	15	0	1

3. 某研究所 1999 年 50 名硕士考生的入学考试总分数(SCORE)及录取情况如表 3 所示。考生考试总分数用 SCORE 表示，Y 为录取状态，D1 为表示应届生与往届生的虚拟变量。

表 3　50 名硕士考生的入学考试总分数(SCORE)及录取状况数据表

序　数	Y	SCORE	D1	序　数	Y	SCORE	D1
1	1	401	1	26	0	347	1
2	1	401	0	27	0	347	1
3	1	392	1	28	0	344	1
4	1	387	0	29	0	339	1
5	1	384	1	30	0	338	0
6	1	379	0	31	0	338	1
7	1	378	0	32	0	336	1
8	1	378	0	33	0	334	0
9	1	376	1	34	0	332	1
10	1	371	0	35	0	332	1
11	1	362	0	36	0	332	1
12	1	362	1	37	0	331	1
13	1	361	1	38	0	330	1
14	0	359	1	39	0	328	1
15	0	358	1	40	0	328	1

续　表

序　数	Y	SCORE	D1	序　数	Y	SCORE	D1
16	1	356	1	41	0	328	1
17	0	356	1	42	0	321	1
18	0	355	1	43	0	321	1
19	0	354	1	44	0	318	1
20	0	354	0	45	0	318	0
21	0	353	1	46	0	316	1
22	0	350	0	47	0	308	0
23	0	349	0	48	0	308	1
24	0	349	0	49	0	304	0
25	0	348	1	50	0	303	1

定义如下：

$$Y=\begin{cases}1,\text{录取}\\0,\text{未录取}\end{cases},D1=\begin{cases}1,\text{应届生}\\0,\text{非应届生}\end{cases}$$

试问：加入 D1 变量的目的是想考察考生为应届生或往届生是否也对录取产生影响？

第 10 章　联立方程模型

【实验目的】

1. 掌握联立方程模型，熟悉 Eviews 的基本操作；
2. 理解掌握恰好识别方程与可识别方程的估计方法。

【实验内容一】

下列为一个完备的联立方程计量经济学模型：

$$Y_t = \beta_0 + \beta_1 M_t + \gamma_1 C_t + \gamma_2 I_t + \mu_{t1}$$
$$M_t = \alpha_0 + \alpha_1 Y_t + \gamma_3 P_t + \mu_{t2}$$

其中，M 为货币供给量，Y 为国内生产总值，P 为价格总指数。C，I 分别为居民消费与投资。以表 10－1 中的中国的实际数据为资料，估计上述联立模型。要求恰好识别的方程按工具变量法与二阶段最小二乘法估计。

表 10－1

年　份	货币与准货币 M_2（亿元）	国内生产总值 GDP（亿元）	居民消费价格指数 P（1978＝100）	居民消费 CONS(亿元)	固定资产投资 I(亿元)
1990	15 293.4	19 347.8	165.2	9 450.9	4 517
1991	19 349.9	22 577.4	170.8	10 730.6	5 594.5
1992	25 402.2	27 565.2	181.7	13 000.1	8 080.1
1993	34 879.8	36 938.1	208.5	16 412.1	13 072.3
1994	46 923.5	50 217.4	258.7	21 844.2	17 042.1
1995	60 750.5	63 216.9	302.9	28 369.7	20 019.3
1996	76 094.9	74 163.6	328.1	33 955.9	22 913.5
1997	90 995.3	81 658.5	337.3	36 921.5	24 941.1
1998	104 498.5	86 531.6	334.6	39 229.3	28 406.2
1999	119 897.9	91 125	329.9	41 920.4	29 854.7

续　表

年　份	货币与准货币 M_2（亿元）	国内生产总值 GDP（亿元）	居民消费价格指数 P（1978 = 100）	居民消费 CONS（亿元）	固定资产投资 I（亿元）
2000	134 610.4	98 749	331.2	45 854.6	32 917.7
2001	158 301.9	108 972.4	333.5	49 213.2	37 213.5
2002	185 007	120 350.3	330.9	52 571.3	43 499.9
2003	221 222.8	136 398.8	334.8	56 834.4	55 566.6
2004	254 107	160 280.4	347.9	63 833.5	70 477.4
2005	298 755.7	188 692.1	354.2	71 217.5	88 773.6
2006	345 603.6	221 651.3	359.5	80 476.9	109 998.2
2007	403 442.2	263 242.5	376.7	93 317.2	137 323.9

【实验步骤】

§10.1　分析联立方程模型

题设模型为：

$$\begin{cases} Y_t = \beta_0 + \beta_1 M_t + \gamma_1 C_t + \gamma_2 I_t + \mu_{t1} \\ M_t = \alpha_0 + \alpha_1 Y_t + \gamma_3 P_t + \mu_{t2} \end{cases} t = 1,2,\cdots,n$$

其结构参数矩阵为：

$$\begin{matrix} & Y_t & M_t & 1 & C_t & I_t & P_t \end{matrix}$$

$$B\Gamma = \begin{bmatrix} 1 & -\beta_1 & -\beta_0 & -\gamma_1 & -\gamma_2 & 0 \\ -\alpha_1 & 1 & -\alpha_1 & 0 & 0 & -\gamma_3 \end{bmatrix}$$

易知，该结构式模型中内生变量个数为 $g = 2$，先决变量个数为 $k = 4$。

对于第 1 个方程，有 $B_0\Gamma_0 = (-\gamma_3)$，$R(B_0\Gamma_0) = 1 = g - 1$，且 $k - k_1 = 1 = g_1 - 1$，所以第 1 个结构方程为恰好识别的结构方程。

对于第 2 个方程，有 $B_0\Gamma_0 = (-\gamma_1 \quad -\gamma_2)$，有 $R(B_0\Gamma_0) = 1 = g - 1$，且有 $k - k_2 = 2 > 1 = g_2 - 1$，所以第 2 个结果方程为过度识别方程。

模型的简化式模型为：

$$\begin{cases} Y_t = \pi_{10} + \pi_{11} C_t + \pi_{12} I_t + \pi_{13} P_t + \varepsilon_{t1}, \\ M_t = \pi_{20} + \pi_{21} C_t + \pi_{22} I_t + \pi_{23} P_t + \varepsilon_{t2}, \end{cases} t = 1,2,\cdots,n$$

§10.2 建立工作文件并录入数据

建立工作文件及录入数据的工作如图 10－1 所示。

Group: GROUP01 Workfile: P228\Untitled

View | Proc | Object | Print | Name | Freeze | Default | Sort | Transpose | Edit+/- | Smpl+/- | InsDel | Title | Sampl

obs	M	Y	P	CT	I
1990	15293.40	19347.80	165.2000	9450.900	4517.000
1991	19349.90	22577.40	170.8000	10730.60	5594.500
1992	25402.20	27565.20	181.7000	13000.10	8080.100
1993	34879.80	36938.10	208.5000	16412.10	13072.30
1994	46923.50	50217.40	258.7000	21844.20	17042.10
1995	60750.50	63216.90	302.9000	28369.70	20019.30
1996	76094.90	74163.60	328.1000	33955.90	22913.50
1997	90995.30	81658.50	337.3000	36921.50	24941.10
1998	104498.5	86531.60	334.6000	39229.30	28406.20
1999	119897.9	91125.00	329.9000	41920.40	29854.70
2000	134610.4	98749.00	331.2000	45854.60	32917.70
2001	158301.9	108972.4	333.5000	49213.20	37213.50
2002	185007.0	120350.3	330.9000	52571.30	43499.90
2003	221222.8	136398.8	334.8000	56834.40	55566.60
2004	254107.0	160280.4	347.9000	63833.50	70477.40
2005	298755.7	188692.1	354.2000	71217.50	88773.60
2006	345603.6	221651.3	359.5000	80476.90	109998.2
2007	403442.2	263242.5	376.7000	93317.20	137323.9

图 10－1

§10.3 估计国内生产总值方程

$$Y_t = \beta_0 + \beta_1 M_t + \gamma_1 C_t + \gamma_2 I_t + \mu_{t1}$$

一、使用狭义的工具变量法估计国内生产总值方程

选取国内生产总值方程中未包含的先决变量 X_0^* 作为内生解析变量的工具变量，得到结果参数的工具变量法估计量，利用公式进行估计：

$$\begin{pmatrix} \hat{B}_0 \\ \hat{\Gamma}_0 \end{pmatrix} = ((X_0^* \quad X_0)'(Y_0 \quad X_0))^{-1}(X_0^* \quad X_0)'Y_1$$

其中，$Y_1 = Y_t$，$Y_0 = M_t$，$X_0^* = P_t$，$X_0 = [1 \quad C_t \quad I_t]$（注意，这里估计的 B_0，Γ_0 的含义已不同于上述结构式识别条件中的 B_0，Γ_0）。

利用 Matlab 进行矩阵的计算，其部分过程及结果如图 10－2 所示。

```
>> format long g
>> Y1 = Yt;
>> Y0 = M;
>> Xx = P;
>> X0 = [ones(18,1) Ct I];
>> Br = pinv([Xx X0]' * [Y0 X0]) * [Xx X0]' * Y1

Br =
       -0.0493982508956062
         -173.585667975844
           1.6692974660079
         0.94070736997386
```

图 10 - 2

根据 Matlab 计算出来的结果得到：$Br(1) = \beta_1$，$Br(2) = \beta_0$，$Br(3) = \gamma_1$，$Br(4) = \gamma_2$，其中 $Br(i)$，$i = 1,2,3,4$ 为 Matlab 计算中 Br 矩阵中的第 i 个元素。于是得到参数的估计为：

$$\beta_0 = -173.5857 \quad \beta_1 = -0.049398 \quad \gamma_1 = 1.669297 \quad \gamma_2 = 0.940707$$

二、使用间接最小二乘法估计国内生产总值方程

有上述的分析有国内生产总值方程中包含的内生变量的简化式方程为：

$$\begin{cases} Y_t = \pi_{10} + \pi_{11} C_t + \pi_{12} I_t + \pi_{13} P_t + \varepsilon_{t1}, \\ M_t = \pi_{20} + \pi_{21} C_t + \pi_{22} I_t + \pi_{23} P_t + \varepsilon_{t2}, \end{cases}$$

其参数关系体系为：

$$\begin{cases} \pi_{10} - \beta_1 \pi_{20} = \beta_0 \\ \pi_{11} - \beta_1 \pi_{21} = \gamma_1 \\ \pi_{12} - \beta_1 \pi_{22} = \gamma_2 \\ \pi_{13} - \beta_1 \pi_{23} = 0 \end{cases}$$

使用普通最小二乘法估计简化式方程，在 Eviews 中点击主界面菜单 Quick→Estimate Equation，在弹出的对话框中输入 Y CT I P，点击确定，即可得到第一个简化方程回归结果，如图 10 - 3 所示；同样的，点击主界面菜单 Quick→Estimate Equation，在弹出的对话框中输入 M CT I P，点击确定，可得到第二个简化方程回归结果，如图 10 - 4 所示。

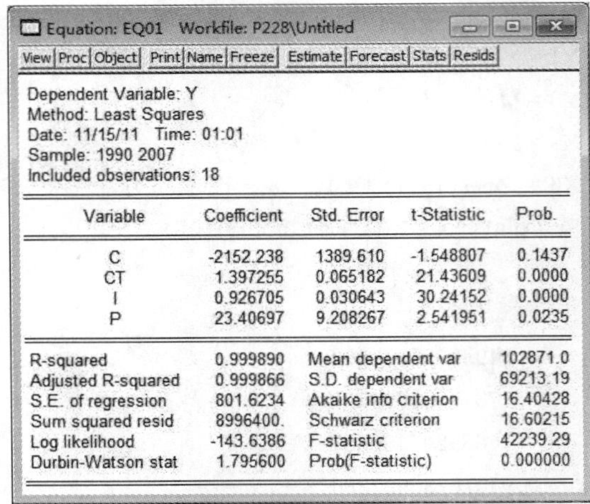

Equation: EQ01 Workfile: P228\Untitled

Dependent Variable: Y
Method: Least Squares
Date: 11/15/11 Time: 01:01
Sample: 1990 2007
Included observations: 18

Variable	Coefficient	Std. Error	t-Statistic	Prob.
C	-2152.238	1389.610	-1.548807	0.1437
CT	1.397255	0.065182	21.43609	0.0000
I	0.926705	0.030643	30.24152	0.0000
P	23.40697	9.208267	2.541951	0.0235

R-squared	0.999890	Mean dependent var	102871.0
Adjusted R-squared	0.999866	S.D. dependent var	69213.19
S.E. of regression	801.6234	Akaike info criterion	16.40428
Sum squared resid	8996400.	Schwarz criterion	16.60215
Log likelihood	-143.6386	F-statistic	42239.29
Durbin-Watson stat	1.795600	Prob(F-statistic)	0.000000

图 10－3

Equation: EQ02 Workfile: P228\Untitled

Dependent Variable: M
Method: Least Squares
Date: 11/15/11 Time: 01:01
Sample: 1990 2007
Included observations: 18

Variable	Coefficient	Std. Error	t-Statistic	Prob.
C	40055.10	11007.87	3.638771	0.0027
CT	5.507125	0.516345	10.66558	0.0000
I	0.283457	0.242744	1.167719	0.2624
P	-473.8420	72.94376	-6.495991	0.0000

R-squared	0.997607	Mean dependent var	144174.3
Adjusted R-squared	0.997095	S.D. dependent var	117812.4
S.E. of regression	6350.100	Akaike info criterion	20.54346
Sum squared resid	5.65E+08	Schwarz criterion	20.74132
Log likelihood	-180.8911	F-statistic	1945.846
Durbin-Watson stat	0.931173	Prob(F-statistic)	0.000000

图 10－4

根据图 10－3 中的数据，可以得到：

$\hat{\pi}_{10} = -2152.238 \quad \pi_{11} = 1.397\,255 \quad \pi_{12} = 0.926\,705 \quad \hat{\pi}_{13} = 23.406\,97$

根据图 10－4 中的数据，可以得到：

$\pi_{20} = 40\,055.10 \quad \pi_{21} = 5.507\,125 \quad \hat{\pi}_{22} = 0.283\,457 \quad \hat{\pi}_{23} = -473.842\,0$

于是，由参数关系体系计算得到结构参数间接最小二乘估计值为：

$$\beta_1 = \hat{\pi}_{13}/\hat{\pi}_{23} = -0.049\,398$$

$$\beta_0 = \hat{\pi}_{10} - \beta_1\hat{\pi}_{20} = -173.585\,7$$

$$\gamma_1 = \hat{\pi}_{11} - \beta_1\hat{\pi}_{21} = 1.669\,297$$

$$\gamma_2 = \hat{\pi}_{12} - \beta_1\hat{\pi}_{22} = 0.094\,070\,7$$

三、使用二阶段最小二乘法估计国内生产总值方程

（1）用普通最小二乘法估计内生变量的简化式方程，如图 10－4 所示，由图中的数据得到：

$$\hat{M}_t = 40\,055.10 + 5.507\,125C_t + 0.283\,457I_t - 473.842\,0P_t$$

（2）据此方程计算 $\hat{M}_t$，替换结果方程中的 M_t，再用普通最小二乘法估计变换了的结构式方程。

点击主菜单中 Object→Generate Series …，在弹出的对话框中输入：*MMt* = 40 055.10＋5.507 125 ＊ *CT*＋0.283 457 ＊ *I*－473.842 0*P*，产生序列 *MMt*。

点击主界面菜单 Quick → Estimate Equation，在弹出的对话框中输入 Y C MMt CT I，点击确定即可得到回归结果，如图 10－5 所示。

Equation: EQ03　Workfile: P228\Untitled

View | Proc | Object | Print | Name | Freeze | Estimate | Forecast | Stats | Resids

Dependent Variable: Y
Method: Least Squares
Date: 11/15/11　Time: 01:51
Sample: 1990 2007
Included observations: 18

Variable	Coefficient	Std. Error	t-Statistic	Prob.
C	-173.5858	736.9562	-0.235544	0.8172
MMT	-0.049398	0.019433	-2.541951	0.0235
CT	1.669297	0.055267	30.20425	0.0000
I	0.940707	0.035263	26.67681	0.0000

R-squared	0.999890	Mean dependent var	102871.0
Adjusted R-squared	0.999866	S.D. dependent var	69213.19
S.E. of regression	801.6234	Akaike info criterion	16.40428
Sum squared resid	8996400.	Schwarz criterion	16.60215
Log likelihood	-143.6386	F-statistic	42239.29
Durbin-Watson stat	1.795600	Prob(F-statistic)	0.000000

图 10－5

由图 10－5 中数据，得到国内生产总值方程的二阶段最小二乘估计量为：

$$\beta_0 = -173.585\,7 \quad \beta_1 = -0.0493\,98 \quad \gamma_1 = 1.669\,297 \quad \gamma_2 = 0.940\,707$$

比较上述国内生产总值方程的 3 种估计结果，说明这 3 种方法对于恰好识别的结构方程是等价的。

§10.4　估计货币供给量方程

$$M_t = \alpha_0 + \alpha_1 Y_t + \gamma_3 P_t + \mu_{t2}$$

由上述分析知，货币供给量方程为过度识别的结构方程，最能用二阶段最小二乘法进行参数的估计。

（1）用普通最小二乘法估计内生变量的简化式方程，如图 10－3 所示，由图中的数据得到：

$$\hat{Y}_t = -2\,152.238 + 1.397\,255C_t + 0.926\,705I_t + 23.406\,97P_t$$

(2) 据此方程计算 $\hat{Y}_t$，替换结果方程中的 Y_t，再用普通最小二乘法估计变换了的结构式方程。

点击主菜单中 Object→Generate Series，在弹出的对话框中输入：$YYt = -2\,152.238 + 1.397\,255 * CT + 0.926\,705 * I + 23.406\,97 * P$，产生序列 YYt。

点击主界面菜单 Quick→Estimate Equation，在弹出的对话框中输入 M C YYt P，点击确定即可得到回归结果，如图 10－6 所示。

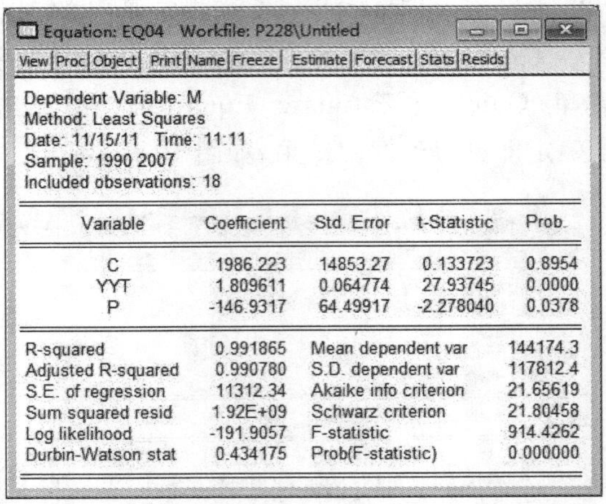

Equation: EQ04 Workfile: P228\Untitled

View | Proc | Object | Print | Name | Freeze | Estimate | Forecast | Stats | Resids

Dependent Variable: M
Method: Least Squares
Date: 11/15/11 Time: 11:11
Sample: 1990 2007
Included observations: 18

Variable	Coefficient	Std. Error	t-Statistic	Prob.
C	1986.223	14853.27	0.133723	0.8954
YYT	1.809611	0.064774	27.93745	0.0000
P	-146.9317	64.49917	-2.278040	0.0378

R-squared	0.991865	Mean dependent var	144174.3
Adjusted R-squared	0.990780	S.D. dependent var	117812.4
S.E. of regression	11312.34	Akaike info criterion	21.65619
Sum squared resid	1.92E+09	Schwarz criterion	21.80458
Log likelihood	-191.9057	F-statistic	914.4262
Durbin-Watson stat	0.434175	Prob(F-statistic)	0.000000

图 10－6

由图 10－6 中的数据得到货币供给量方程的二阶段最小二乘估计量为：

$$\alpha_0 = 1\,986.223 \quad \alpha_1 = 1.809\,611 \quad \gamma_3 = -146.931\,7$$

至此，我们已经完成了该模型系统的估计，并完成了题目的要求。

§10.5 模型的直接计算机估计

EViews 软件拥有强大的功能，在 Eviews 软件中有直接应用的二阶段最小二乘估计的函数，即用户可以不用自己一步步进行二阶段最小二乘估计而直接输入结构方程要估计的参数跟结构式模型中的可决变量，Eviews 软件可以帮用户实现二阶段最小二乘法的估计。

在 Eviews 8.0 主菜单中点击 Quick→Estimate Equation，会打开方程定义对话框，在对话框项的下拉列表框中选择选项 TSLS，屏幕会出现如图 10－7 所示的二阶段最小二乘估计对话框。

TSLS 估计对话框的设置。首先，在对话框上方 Equation Specification 项编辑框中设定待估计方程的形式，对于第 1 个结构方程（国内生成总值方程）使用列表法输入：Y C M CT I。然后再对对话框 Instrument list 项编辑框中输入结构式模型中的可决变量名，本例中输入：C CT I P。设定对话框后，点击确定，屏幕将输出如图 10－8 所示的方程 2SLS 的估计结果。

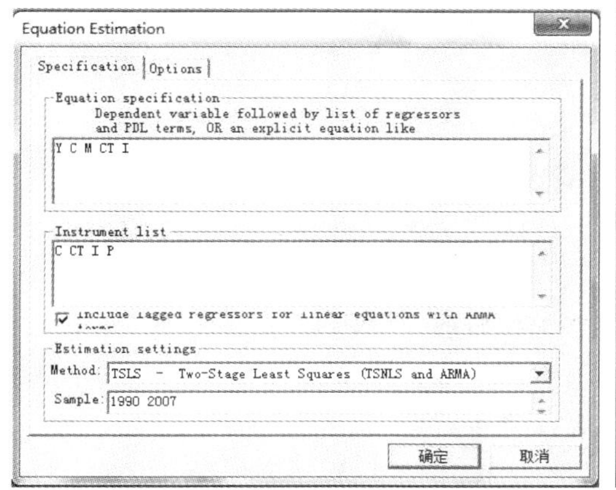

图 10－7

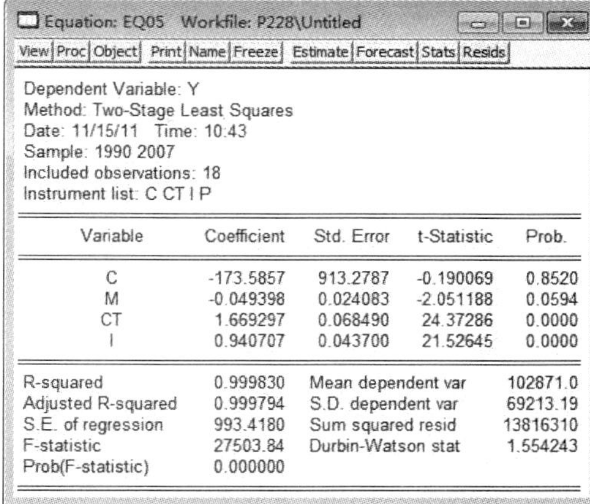

Equation: EQ05 Workfile: P228\Untitled

Dependent Variable: Y
Method: Two-Stage Least Squares
Date: 11/15/11 Time: 10:43
Sample: 1990 2007
Included observations: 18
Instrument list: C CT I P

Variable	Coefficient	Std. Error	t-Statistic	Prob.
C	-173.5857	913.2787	-0.190069	0.8520
M	-0.049398	0.024083	-2.051188	0.0594
CT	1.669297	0.068490	24.37286	0.0000
I	0.940707	0.043700	21.52645	0.0000

R-squared	0.999830	Mean dependent var	102871.0
Adjusted R-squared	0.999794	S.D. dependent var	69213.19
S.E. of regression	993.4180	Sum squared resid	13816310
F-statistic	27503.84	Durbin-Watson stat	1.554243
Prob(F-statistic)	0.000000		

图 10－8

根据图 10－8 中的数据，得到国内生成总值方程的 2SLS 估计为：

$$\hat{Y}_t = -173.5857 - 0.049398M_t + 1.669297C_t + 0.940707I_t$$
$$(-0.190)\qquad(-2.051)\qquad(24.373)\qquad(21.526)$$
$$R^2 = 0.999830\qquad \overline{R}^2 = 0.999794\qquad D.W. = 1.554243$$

同样的，对于货币供给量方程有同样的操作，在 TSLS 估计对话框上方的 Equation Specification 项编辑框中输入：M C Y P，在 Instrument list 项编辑框中输入：C CT I P，如图 10－9 所示。点击确定即可得到如图 10－10 所示的方程 2SLS 的估计结果。

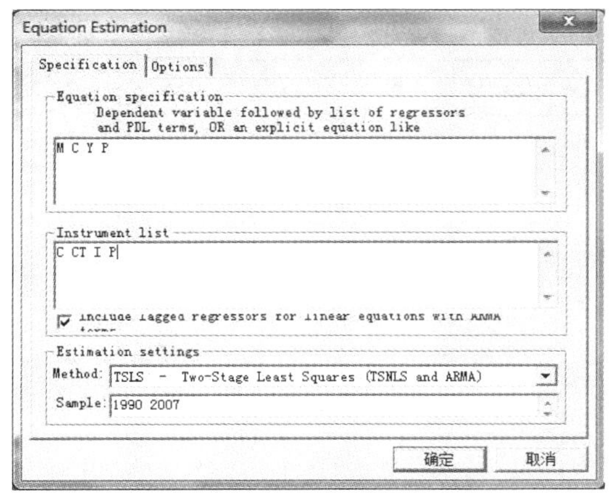

图 10－9

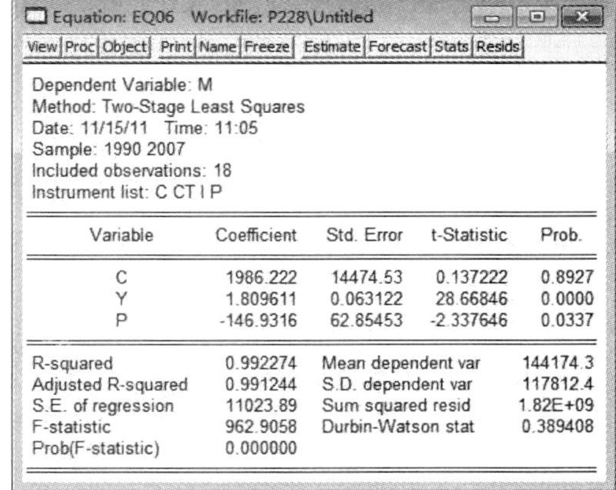

Equation: EQ06 Workfile: P228\Untitled

Dependent Variable: M
Method: Two-Stage Least Squares
Date: 11/15/11 Time: 11:05
Sample: 1990 2007
Included observations: 18
Instrument list: C CT I P

Variable	Coefficient	Std. Error	t-Statistic	Prob.
C	1986.222	14474.53	0.137222	0.8927
Y	1.809611	0.063122	28.66846	0.0000
P	-146.9316	62.85453	-2.337646	0.0337

R-squared	0.992274	Mean dependent var	144174.3
Adjusted R-squared	0.991244	S.D. dependent var	117812.4
S.E. of regression	11023.89	Sum squared resid	1.82E+09
F-statistic	962.9058	Durbin-Watson stat	0.389408
Prob(F-statistic)	0.000000		

图 10－10

根据图 10－10 中数据，得到货币供给量方程的 2SLS 估计为：

$$\hat{M}_t = 1986.222 + 1.809611Y_t - 146.9316P_t$$
$$(0.137)\qquad(28.668)\qquad(-2.338)$$

$R^2 = 0.992\,274 \qquad \overline{R}^2 = 0.991\,244 \qquad D.W. = 0.389\,408$

可以看到模型的直接计算机估计，跟自己分两步做的估计结果是一致的，估计量的差别只是很小的计算误差。

【实验内容二】

下面是克莱因模型 I(Klein Model I)，本部分将以此为例介绍联立方程模型的估计，主要运用三阶段最小二乘法(3SLS)来估计模型。

Klein 模型采用 1921—1941 年美国国民经济数据(见表 10－2)，包括三个行为方程和三个恒等式，为了提高模拟效果，对恒等式稍作修改，模型如下：

消费方程：$C_t = \alpha_0 + \alpha_1 P_t + \alpha_2 P_{t-1} + \alpha_3 WSUM + u_1$

投资方程：$I_t = b_0 + b_1 P_t + b_2 P_{t-1} + b_3 K_{t-1} + u_2$

工资方程：$W_t = c_0 + c_1 X_t + c_2 X_{t-1} + c_3 yr + u_3$

$$X_t = C_t + {}_t + G_t$$

$$Y_t = C_t + I_t + G_t - T_t$$

$$P_t = Y_t - W_t$$

$$K_t = K_{t-1} + I_t$$

$$WSUM_t = W_t + WP_t$$

其中：C_t = 私人消费；G_t = 政府支出 + 净出口；I_t = 净投资；K_t = 资本存量；P_t = 利润；T_t = 间接税；W_t = 私营部门工资；X_t = 国民生产总值；WP_t = 公共部门工资；$WSUM$ = 总工资；Y_t = 按要素成本计算的图民生产净值；yr = 时间，通常代表技术进步、劳动生产率提高等因素。

表 10－2

Year	Ct	Pt	Wt	WPt	It	Kt	WSUM	Yt	Tt	Gt	yr	Xt
1921	41.9	12.4	25.5	2.7	－0.2	182.6	28.2	37.9	7.7	3.9	－10	45.6
1922	45.0	16.9	29.3	2.9	1.9	184.5	32.2	46.2	3.9	3.2	－9	50.1
1923	49.2	18.4	34.1	2.9	5.2	189.7	37.0	52.5	4.7	2.8	－8	57.2
1924	50.6	19.4	33.9	3.1	3.0	192.7	37.0	53.3	3.8	3.5	－7	57.1
1925	52.6	20.1	35.4	3.2	5.1	197.8	38.6	55.5	5.5	3.3	－6	61.0
1926	55.1	19.6	37.4	3.3	5.6	203.4	40.7	57.0	7.0	3.3	－5	64.0
1927	56.2	19.8	37.9	3.6	4.2	207.6	41.5	57.7	6.7	4.0	－4	64.4
1928	57.3	21.1	39.2	3.7	3.0	210.6	42.9	60.3	4.2	4.2	－3	64.5
1929	57.8	21.7	41.3	4.0	5.1	215.7	45.3	63.0	4.0	4.1	－2	67.0
1930	55.0	15.6	37.9	4.2	1.0	216.7	42.1	53.5	7.7	5.2	－1	61.2
1931	50.9	11.4	34.5	4.8	－3.4	213.3	39.3	45.9	7.5	5.9	0	53.4

续　表

Year	Ct	Pt	Wt	WPt	It	Kt	WSUM	Yt	Tt	Gt	yr	Xt
1932	45.6	7.0	29.0	5.3	−6.2	207.1	34.3	36.0	8.3	4.9	1	44.3
1933	46.5	11.2	28.5	5.6	−5.1	202.0	34.1	39.7	5.4	3.7	2	45.1
1934	48.7	12.3	30.6	6.0	−3.0	199.0	36.6	42.9	6.8	4.0	3	49.7
1935	51.3	14.0	33.2	6.1	−1.3	197.7	39.3	47.2	7.2	4.4	4	54.4
1936	57.7	17.6	36.8	7.4	2.1	199.8	44.2	54.4	8.3	2.9	5	62.7
1937	58.7	17.3	41.0	6.7	2.0	201.8	47.7	58.3	6.7	4.3	6	65.0
1938	57.5	15.3	38.2	7.7	−1.9	199.9	45.9	53.5	7.4	5.3	7	60.9
1939	61.6	19.0	41.6	7.8	1.3	201.2	49.4	60.6	8.9	6.6	8	69.5
1940	65.0	21.1	45.0	8.0	3.3	204.5	53.0	66.1	9.6	7.4	9	75.7
1941	69.7	23.5	53.3	8.5	4.9	209.4	61.8	76.8	11.6	13.8	10	88.4

工作文件的建立及数据的输入由用户根据前面所学的知识自行完成，下面直接介绍联立方程模型的求解及运行。

【实验步骤】

§10.6　系统方程的创立

在主菜单选 Object→New Object，在弹出的对话框中，选择 System，并给系统方程命名：sys1，点击 OK，这时打开系统对象窗口（见图 10－11），然后将方程直接键入窗口。

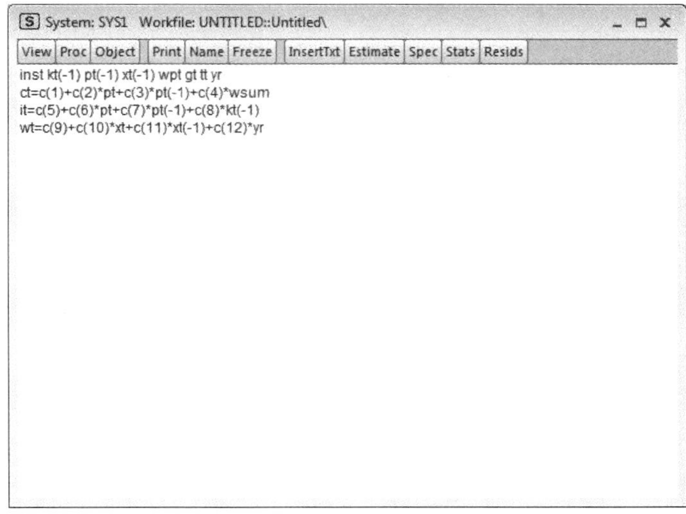

图 10－11

系统中的方程必须是行为方程，恒等式不应包括在系统中。如果使用二阶段最小二乘法或三阶段最小二乘法或广义矩法 GMM 估计，则必须设定估计中所用的工具变量。有两种方法设定工具变量：一是如果想让所有的方程使用相同的工具变量，则应以 inst 语句开头，并包括被用作工具变量的所有前定变量的列表；二是如果对个别方程想指定特殊的工具变量，但要紧跟方程输入"@"，然后输入工具变量列表。

注意，常数总被视为工具变量，不论它是否被明确地设定。

§10.7　系统方程的估计

利用三阶段最小二乘法 3SLS，联立方程组创立好之后，按下系统窗口工具栏中 Estimate 功能键或 Proc→Estimate ... 执行估计，弹出的对话框显示了估计方法（见图 10－12），在 Options 中还可用来改变迭代控制选项、估计区间、迭代和收敛标准的最大值等。

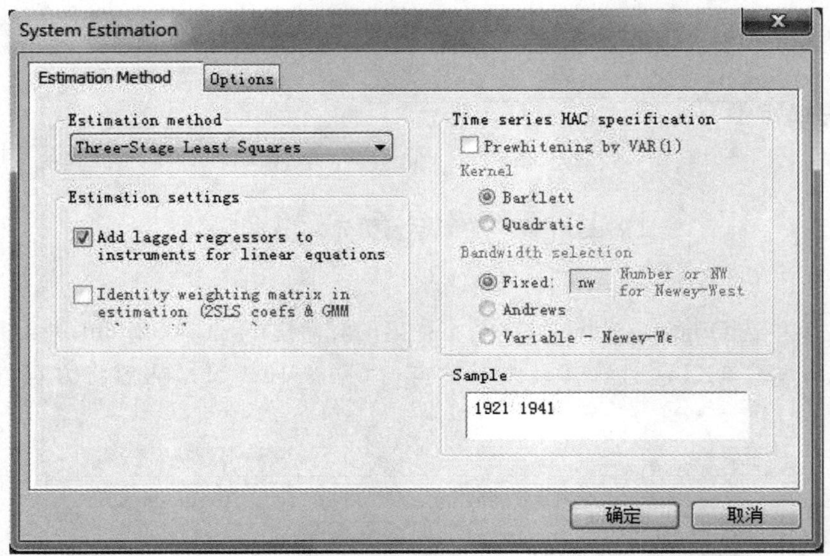

图 10－12

选择 Three－Stage Least Squares，其余按默认选项点击 OK，即开始，结果如图 10－13 所示。

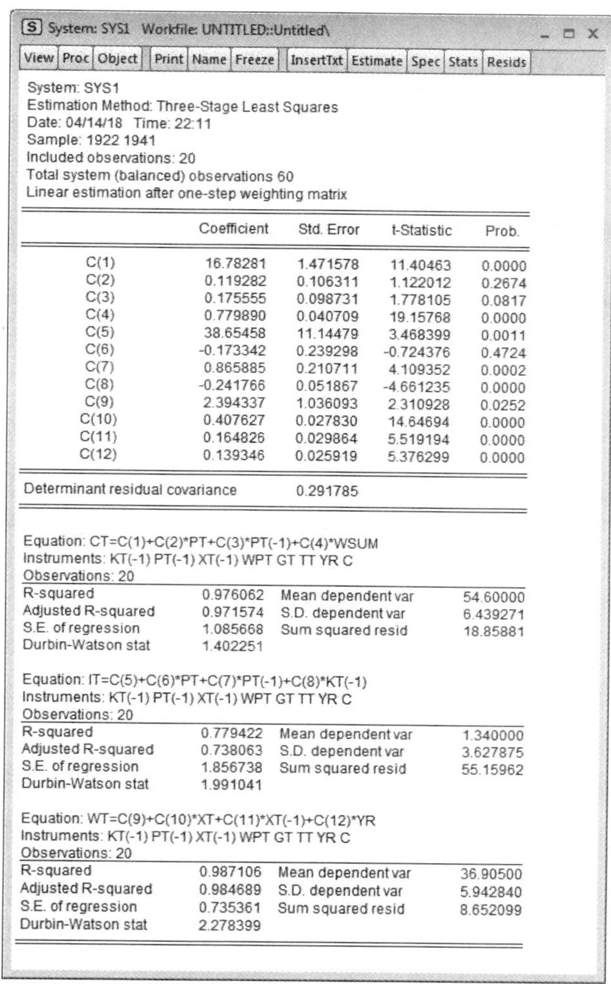
System: SYS1　Workfile: UNTITLED::Untitled\

View | Proc | Object | Print | Name | Freeze | InsertTxt | Estimate | Spec | Stats | Resids

System: SYS1
Estimation Method: Three-Stage Least Squares
Date: 04/14/18　Time: 22:11
Sample: 1922 1941
Included observations: 20
Total system (balanced) observations 60
Linear estimation after one-step weighting matrix

	Coefficient	Std. Error	t-Statistic	Prob.
C(1)	16.78281	1.471578	11.40463	0.0000
C(2)	0.119282	0.106311	1.122012	0.2674
C(3)	0.175555	0.098731	1.778105	0.0817
C(4)	0.779890	0.040709	19.15768	0.0000
C(5)	38.65458	11.14479	3.468399	0.0011
C(6)	-0.173342	0.239298	-0.724376	0.4724
C(7)	0.865885	0.210711	4.109352	0.0002
C(8)	-0.241766	0.051867	-4.661235	0.0000
C(9)	2.394337	1.036093	2.310928	0.0252
C(10)	0.407627	0.027830	14.64694	0.0000
C(11)	0.164826	0.029864	5.519194	0.0000
C(12)	0.139346	0.025919	5.376299	0.0000

Determinant residual covariance　0.291785

Equation: CT=C(1)+C(2)*PT+C(3)*PT(-1)+C(4)*WSUM
Instruments: KT(-1) PT(-1) XT(-1) WPT GT TT YR C
Observations: 20

R-squared	0.976062	Mean dependent var	54.60000
Adjusted R-squared	0.971574	S.D. dependent var	6.439271
S.E. of regression	1.085668	Sum squared resid	18.85881
Durbin-Watson stat	1.402251		

Equation: IT=C(5)+C(6)*PT+C(7)*PT(-1)+C(8)*KT(-1)
Instruments: KT(-1) PT(-1) XT(-1) WPT GT TT YR C
Observations: 20

R-squared	0.779422	Mean dependent var	1.340000
Adjusted R-squared	0.738063	S.D. dependent var	3.627875
S.E. of regression	1.856738	Sum squared resid	55.15962
Durbin-Watson stat	1.991041		

Equation: WT=C(9)+C(10)*XT+C(11)*XT(-1)+C(12)*YR
Instruments: KT(-1) PT(-1) XT(-1) WPT GT TT YR C
Observations: 20

R-squared	0.987106	Mean dependent var	36.90500
Adjusted R-squared	0.984689	S.D. dependent var	5.942840
S.E. of regression	0.735361	Sum squared resid	8.652099
Durbin-Watson stat	2.278399		

图 10－13

§10.8　系统方程的求解

方程估计出来后，就可求解模型得到内生变量的历史模拟值和预测值，称为联立方程模型的模拟和预测。模拟所用的模型中，既包括估计好参数的行为方程，也包括恒等式。EViews 中，用对象 Model 来表示联立方程模型。

在 EViews 窗口的主菜单选 Object→New Object，在弹出的对话框中，选择 Model，并给模型命名，如 mod1，点击 OK，这时打开模型对象窗口，然后将方程直接键入窗口。或者可以在估计方程的系统窗口（如图 62）中，点击功能键 Proc→Make Model，也直接弹出模型对话框。

一、设定模型

下面以 3SLS 方法估计出来的方程为例，继续往下求解模型。按上段两种方法的后一种，即在用 3SLS 估计方程后，在该系统窗口中点击功能键 Proc→Make Model，弹出 Model 对话框如图 10－14 所示。

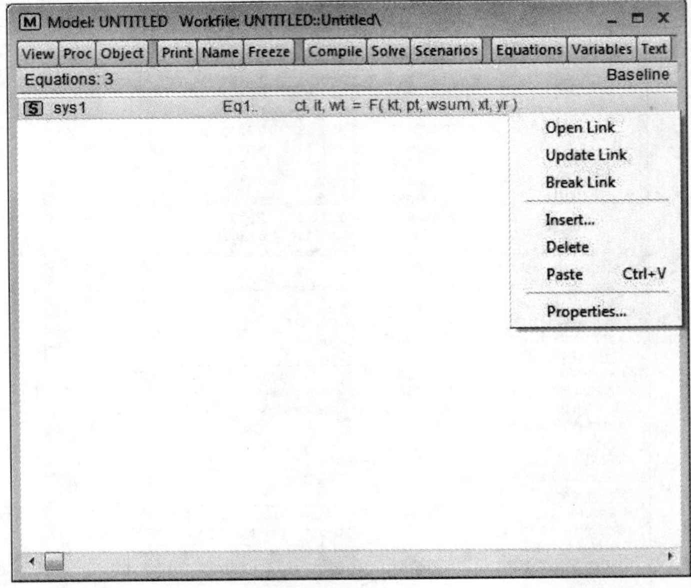

图 10－14

在图中点击任何一处按右键，选择 Insert ...，则弹出另一处窗口，输入恒等式，如图 10－15 所示。

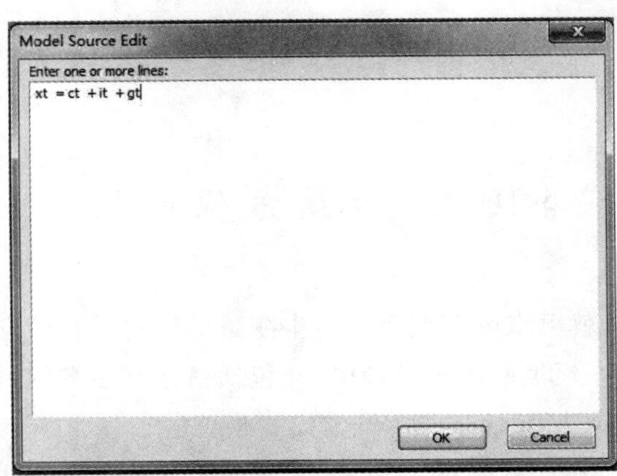

图 10－15

点击 OK 后，弹出窗口如图 10－16 所示。

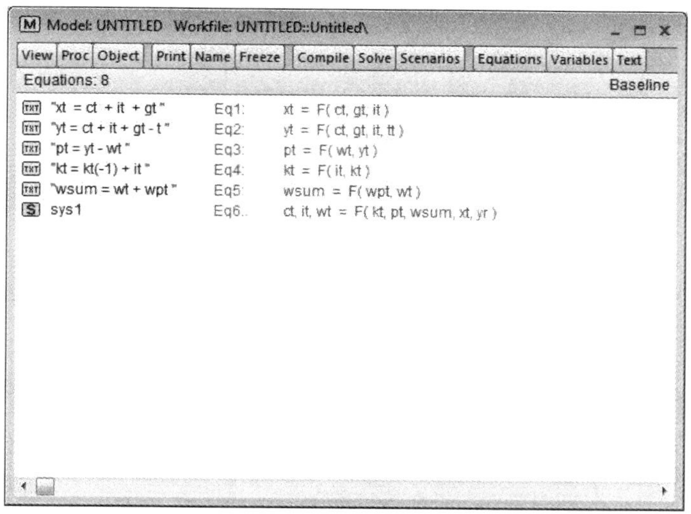

图 10－16

二、求解模型

点击 Model 窗口中 Proc→Make Solve，则弹出如图 10－17 所示的窗口，输入模型求解的区间，其余按默认选项，点击 OK 即可。这时模型所有内生变量的估计值都会自动地放在名为 * _0 的序列中，如 ct 的估计值的序列名为 ct_0，yt 的估计值序列名为 yt_0。此时 Model 窗口中会给出一些模型求解的信息，如区间、迭代的次数等。

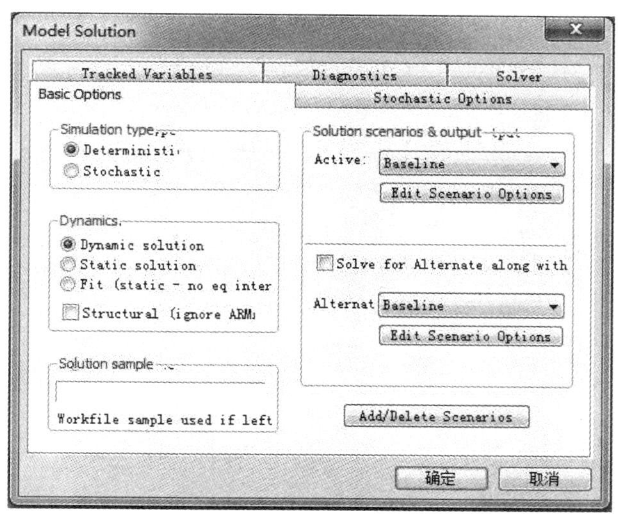

图 10－17

经整理，各内生变量的模拟值如表 10－3 所示。

表 10－3　各内生变量的模拟值(预测值)

Year	CT_0	IT_0	KT_0	PT_0	WSUM_0	WT_0	XT_0	YT_0
1922	46.66	2.09	184.69	18.22	32.73	29.83	51.95	48.05
1923	51.73	6.07	190.76	21.36	37.45	34.55	60.61	55.91
1924	55.72	6.88	197.64	23.94	41.45	38.35	66.09	62.29
1925	57.75	7.66	205.30	22.75	43.66	40.46	68.71	63.21
1926	56.48	5.49	210.79	18.64	42.93	39.63	65.27	58.27
1927	53.00	1.20	211.99	15.18	39.92	36.32	58.20	51.50
1928	49.58	－2.03	209.96	14.89	36.36	32.66	51.75	47.55
1929	48.93	－1.93	208.03	15.63	35.48	31.48	51.10	47.10
1930	50.27	－0.56	207.47	14.15	37.26	33.06	54.91	47.21
1931	51.23	－1.66	205.81	13.91	38.85	34.05	55.46	47.96
1932	51.51	－1.26	204.55	12.70	39.46	34.16	55.15	46.85
1933	50.84	－2.20	202.34	13.84	38.70	33.10	52.34	46.94
1934	52.14	－0.80	201.54	14.54	40.00	34.00	55.34	48.54
1935	53.77	－0.10	201.44	15.13	41.84	35.74	58.07	50.87
1936	55.53	0.62	202.06	14.02	44.13	36.73	59.05	50.75
1937	55.02	－0.67	201.39	15.08	43.57	36.87	58.65	51.95
1938	57.67	0.09	201.48	16.92	46.44	38.74	63.06	55.66
1939	60.68	1.48	202.96	17.93	49.73	41.93	68.76	59.86
1940	63.05	1.94	204.90	18.30	52.49	44.49	72.38	62.78
1941	67.79	1.19	206.09	21.72	57.96	49.46	82.79	71.19

在 Model 窗口中点击 Proc→Make Graph ...，则弹出如图 10－18 所示窗口。

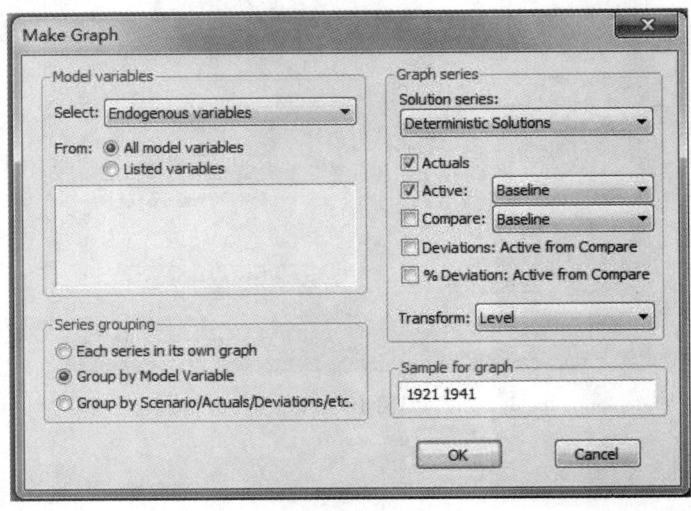

图 10－18

在图 10－18 中，在 Model Variables 选择 Endogenous Variables，在 Graph Series 中选择 Actuals 和 Active，点击 OK，则会出现各内生变量历史值与模拟值的比较图，如图 10－19 所示。

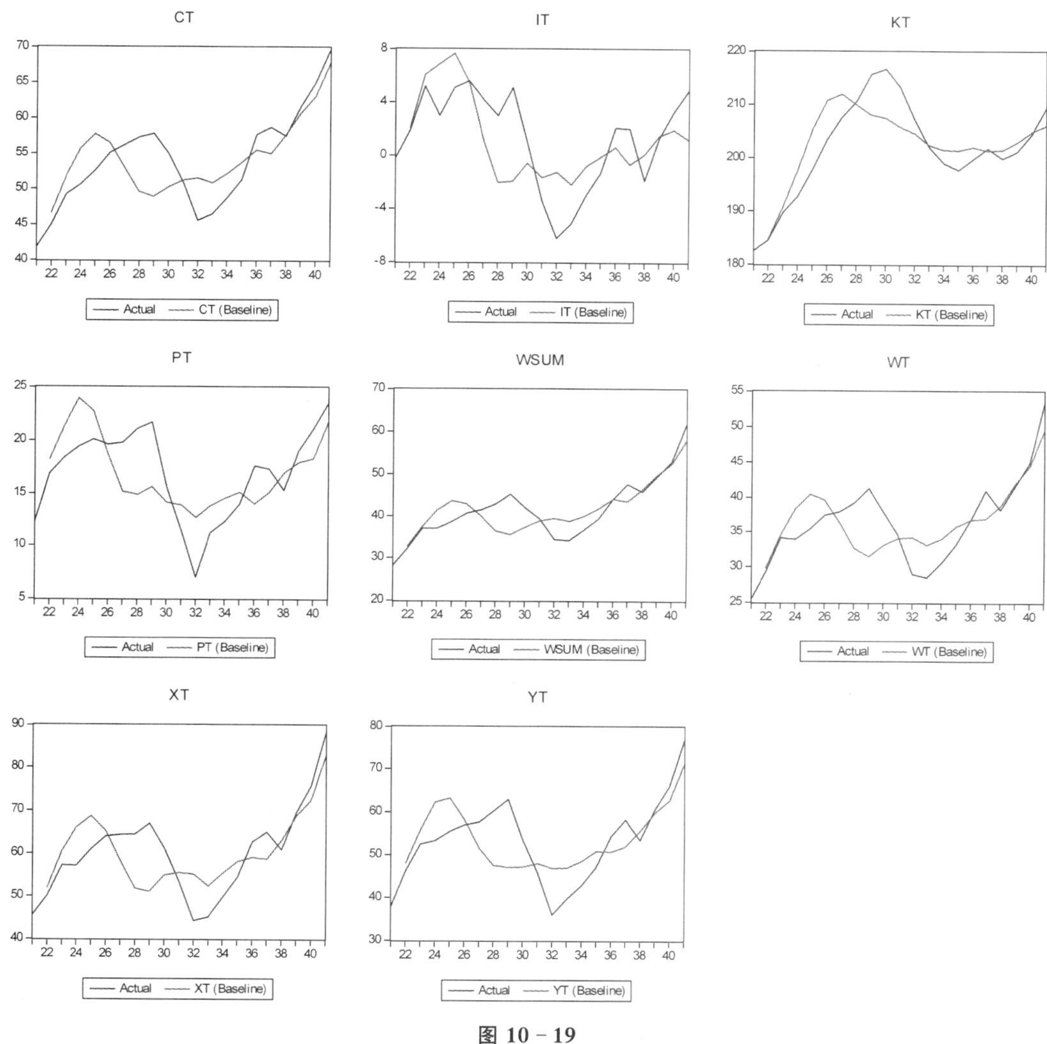

图 10－19

本章小结

1. 结构式模型中的每一个方程都是一个结构方程。其基本形式是：将一个内生产变量表示为其他内生变量、前定变量和随机误差项的函数形式；一个结构式模型中，假定有 g 个内生变量、k 个前定变量、g 个结构方程，则称这样的模型为完备的结构模型。在完备的结构式模型中，独立的结构议程的个数等于模型包含的内生变量的个数。

2. 简化式模型就是把结构式模型中的内生变量表示为前定变量和随机误差项的

函数的模型。简化式模型是从结构式模型直接导出的。简化式模型中的系数称为简化式参数。它反映相应的前定变量(解释变量)对内生变量(被解释变量)的直接与间接影响的总和。

3. 简化式参数与结构参数的联系与区别:① 简化式参数表现为结构参数的非线性函数;② 简化式参数反映方程中的解释变量对被解释变量的直接和间接影响之和,结构参数仅仅反映直接影响;③ 通常情况下,简化式参数可以用最小二乘法来估计,结构参数则不可以。

思考与练习

1. 表1是1978—2003年我国宏观经济历史数据,表中给出了国民生产总值GDP,消费 C,投资 I,政府支出 G。

表1 1978—2003年我国宏观经济历史数据 单位:亿元

年 份	Y	C	I	G
1978	3 605.6	2 239.1	1 377.9	480
1979	4 074	2 619.4	1 474.2	614
1980	4 551.3	2 976.1	1 590	659
1981	4 901.4	3 309.1	1581	705
1 982	5 489.2	3 637.9	1 760.2	770
1 983	6 076.3	4 020.5	2005	838
1984	7 164.4	4 694.5	2 468.6	1 020
1985	8 792.1	5 773	3 386	1 184
1986	10 132.8	6 542	3 846	1 367
1987	11 784.7	7 451.2	4 322	1 490
1988	14 704	9 360.1	5 495	1 727
1989	16 466	10 556.5	6 095	2 033
1990	18 319.5	11 365.2	6 444	2 252
1991	21 280.4	13 145.9	7 517	2 830
1992	25 863.7	15 952.1	9 636	3 492.3
1993	34 500.7	20 182	14 998	4 499.7
1994	46 690.7	26 796	19 260.6	5 986.2
1995	58 510.5	33 635	23 877	6 690.5
1996	68 330.4	40 003.9	26 867.2	7 851.6
1997	74 894.2	43 579.4	28 457.6	8 724.8

续　表

年　份	Y	C	I	G
1998	79 003.3	46 405.9	29 545.9	9 484.8
1999	82 673.1	49 722.7	30 701.6	10 388.3
2000	89 340.9	54 600.9	32 499.8	11 705.3
2001	98 592.9	58 927.4	37 460.8	13 029.3
2002	107 897.6	62 798.5	42 304.9	13 916.9
2003	121 511.4	67 422.5	51 382.7	14 764

设定模型为：

消费方程：$C_t = \alpha_0 + \alpha_1 Y_t + \alpha_2 C_{t-1} + u_{1t}$

投资方程：$I_t = \beta_0 + \beta_1 Y_t + \beta_2 I_{t-1} + u_{2t}$

收入方程：$Y_t = C_t + I_t + G_t$

试判断消费方程、投资方程均为过度识别，用两阶段最小二乘法进行估计未知参数。

2．以表 2 所示的中国的实际数据为资料，估计下面的联立模型。

$$Y_t = \beta_0 + \beta_1 M_t + \gamma_1 C_t + \gamma_2 I_t + u_{1t}$$

$$M_t = \alpha_0 + \alpha_1 Y_t + \gamma_3 P_t + u_{2t}$$

表 2

年　份	货币于准货币 M2/亿元	国内生产总值 GDP/亿元	居民消费价格指数 P(1978 为 100)	居民消费 CONS/亿元	固定投资 I/亿元
1990	15 293.4	18 319.5	165.2	9 113.2	4 517
1991	19 349.9	21 280.4	170.8	10 315.9	5 594.5
1992	25 402.2	25 863.7	181.7	12 459.8	8 080.1
1993	34 879.8	34 500.7	208.4	15 682.4	13 072.3
1994	46 923.5	46 690.7	258.6	20 809.8	17 042.1
1995	60 750.5	58 510.5	302.8	26 944.5	20 019.3
1996	76 094.9	68 330.4	327.9	32 152.3	22 913.5
1997	90 995.3	74 894.2	337.1	34 854.6	24 941.1
1998	104 498.5	79 003.3	334.4	36 921.1	28 406.2
1999	119 897.9	82 673.1	329.7	39 334.4	29 854.7
2000	134 610.3	89 112.5	331	42 911.9	32 917.7

第11章 时间序列模型

【实验目的】

1. 掌握时间序列数据的平稳性检验。
2. 掌握协整检验的过程。
3. 掌握误差修正模型的构建。

【实验内容一】

表11-1给出了1978—2006年中国居民消费价格指数CPI（1990年=100）。

表11-1 1978—2006年中国居民消费价格指数

年　份	CPI	年　份	CPI	年　份	CPI
1978	46.21	1988	82.3	1998	202.59
1979	47.07	1989	97	1999	199.72
1980	50.62	1990	100	2000	200.55
1981	51.9	1991	103.42	2001	201.94
1982	52.95	1992	110.03	2002	200.32
1983	54	1993	126.2	2003	202.73
1984	55.47	1994	156.65	2004	210.63
1985	60.65	1995	183.41	2005	214.42
1986	64.57	1996	198.66	2006	217.65
1987	69.3	1997	204.21		

（1）做出时间序列CPI的样本相关图，并通过图形判断该序列时间序列的平稳性。

（2）对CPI序列进行单位根检验，以进一步明确它们的平稳性。

（3）检验CPI的单整性。

（4）尝试建立CPI的ARIMA模型。

【实验步骤】

§11.1　建立工作文件并录入全部数据

建立文件和录入数据的过程如图 11－1 所示。

Series: CPI　Workfile: P305\Untitled

View | Proc | Object | Properties | Print | Name | Freeze | Default | Sort

	CPI
	Last updated: 11/20/11 - 21:07
1978	46.21000
1979	47.07000
1980	50.62000
1981	51.90000
1982	52.95000
1983	54.00000
1984	55.47000
1985	60.65000
1986	64.57000
1987	69.30000
1988	82.30000
1989	

图 11－1

§11.2　平稳性检验

一、平稳性的图示判断

给出一个随机时间序列，首先可以通过该序列的事件路径图来粗略地判断它是否是平稳的。使用语句 $T = @TREND + 1978$ 产生时间点的序列 T，画出 CPI 跟时间 T 的关系图，即时序图，如图 11－2 所示。

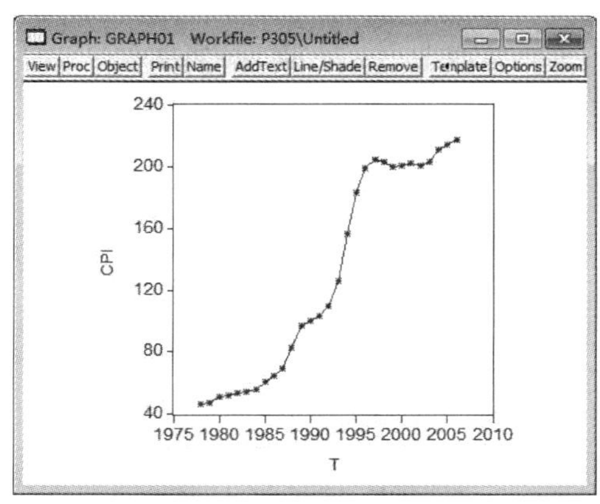

图 11－2

由图 11－2，我们可以直观地看到 CPI 关于时间 T 有明显递增的趋势，不同时间段的均值不同，有持续上升，即 CPI 序列不平稳。

当然，这种直观的图示也常引发误导，因此需要进行进一步的判断。

二、样本自相关图判断

点击主界面 Quick→Series Statistics→Correlogram ...，在弹出的对话框中输入 CPI，点击 OK 就会弹出 Correlogram Specification 对话框，选择 Level，并输入要输出的阶数（一般为 12），点击 OK，即可得到 CPI 的样本相关函数图，如图 11－3 所示。

Series: CPI Workfile: P305\Untitled

View | Proc | Object | Properties | Print | Name | Freeze | Sample | Genr | Sheet | Stats | Ident | Line | Bar

Correlogram of CPI

Date: 11/21/11 Time: 15:49
Sample: 1978 2006
Included observations: 29

	AC	PAC	Q-Stat	Prob
1	0.873	0.873	24.464	0.000
2	0.743	-0.081	42.829	0.000
3	0.612	-0.075	55.795	0.000
4	0.481	-0.086	64.105	0.000
5	0.342	-0.120	68.479	0.000
6	0.210	-0.073	70.196	0.000
7	0.126	0.104	70.848	0.000
8	0.078	0.070	71.109	0.000
9	0.037	-0.032	71.169	0.000
10	0.021	0.047	71.191	0.000
11	0.024	0.018	71.221	0.000
12	0.035	-0.008	71.286	0.000

图 11－3

一个时间序列的样本自相关函数定义为：

$$r_k = \frac{\sum_{t=1}^{n-k}(X_t - \overline{X})(X_{t+k} - \overline{X})}{\sum_{t=1}^{n}(X_t - \overline{X})^2}, k = 1,2,3,\cdots$$

易知，随着 k 的增加，样本自相关函数下降且趋于零。但从下降速度来看，平稳序列要比非平稳序列快得多。从上述样本相关函数图，可以看到 CPI 的样本相关函数是缓慢的递减趋于零的，并没有像偏自相关函数那样的迅速减为零。所以，通过 CPI 的样本相关图，可初步判定该 CPI 时间序列非平稳。

当然这中判断方法也是有一定的主观性的，下面我们进行客观性的判断，进一步明确 CPI 序列的平稳性。

三、单位根检验

采用单位根检验（ADF 检验）对 CPI 序列进行平稳性的单位根检验。点击主界面 Quick→Series Statistics→Unit Root Test，在弹出的 Series 对话框中输入 CPI，点击 OK，就会出现 Unit Root Test 对话框，如图 11－4 所示。

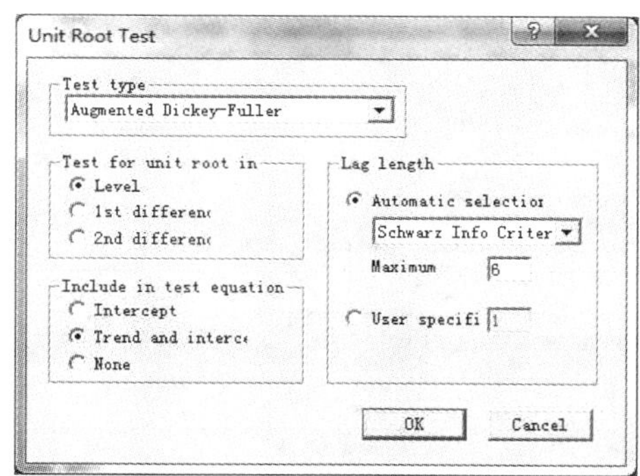

图 11－4

Unit Root Test 对话框的设置。其中 Test for unit root in 栏中，Level 是水平序列，1st difference 是一阶差分序列，2nd difference 是二阶差分序列；Include in test equation 栏中，Intercept 是常数项，对应 ADF 检验中的第二个模型，Trend and intercept 是趋势项加常数项，对应 ADF 检验中的第三个模型，None 是没有趋势项跟常数项，对应 CPI 检验中的第一个模型；右侧的 Lag length 是滞后阶数的确定，系统默认是用 SC 值确定，且默认最大滞后阶数为 6 阶。

本例中，对于 CPI 序列的单位根检验是选择 Level 项，ADF 检验结果如下。

对于模型 3：

Null Hypothesis: CPI has a unit root
Exogenous: Constant, Linear Trend
Lag Length: 5 (Automatic based on SIC, MAXLAG=6)

		t-Statistic	Prob.*
Augmented Dickey-Fuller test statistic		-2.573746	0.2939
Test critical values:	1% level	-4.416345	
	5% level	-3.622033	
	10% level	-3.248592	

Variable	Coefficient	Std. Error	t-Statistic	Prob.
CPI(-1)	-0.239274	0.092967	-2.573746	0.0212
D(CPI(-1))	1.288739	0.201039	6.410404	0.0000
D(CPI(-2))	-0.780205	0.341234	-2.286421	0.0372
D(CPI(-3))	0.778529	0.379225	2.052949	0.0579
D(CPI(-4))	-0.553016	0.339560	-1.628628	0.1242
D(CPI(-5))	0.522295	0.222024	2.352430	0.0327
C	0.725175	3.242045	0.223678	0.8260
@TREND(1978)	1.884966	0.802368	2.349254	0.0329

图 11－5

由图 11－5 可以看到伪概率 $P=0.293\,9$，在 5%的水平下是接受有单位根的原假设的。

模型 3 的估计结果为：

$$\Delta CPI_t = 0.725 + 1.885t - 0.239CPI_{t-1} + 1.289\Delta CPI_{t-1} - 0.780\Delta CPI_{t-2} + 0.779\Delta CPI_{t-3} - 0.553\Delta CPI_{t-4} + 0.522\Delta CPI_{t-5}$$

其中，趋势项参数 β 的估计值的 t 统计量为 $t=2.349\,254$，查 ADF 分布临界值表得，模型 3 样本个数为 25 个（最接近的个数）时 $\tau_{\beta 0.025}=3.25$，即接受 $\beta=0$ 的原假设，于是可与进行模型 2 的估计。

对于模型 2：

Null Hypothesis: CPI has a unit root
Exogenous: Constant
Lag Length: 2 (Automatic based on SIC, MAXLAG=6)

		t-Statistic	Prob.*
Augmented Dickey-Fuller test statistic		-0.472559	0.8815
Test critical values:	1% level	-3.711457	
	5% level	-2.981038	
	10% level	-2.629906	

Variable	Coefficient	Std. Error	t-Statistic	Prob.
CPI(-1)	-0.007510	0.015893	-0.472559	0.6412
D(CPI(-1))	1.127597	0.178756	6.308017	0.0000
D(CPI(-2))	-0.524934	0.181473	-2.892634	0.0084
C	3.483783	2.357623	1.477668	0.1537

R-squared	0.681683	Mean dependent var	6.424231
Adjusted R-squared	0.638276	S.D. dependent var	8.304869
S.E. of regression	4.994839	Akaike info criterion	6.195326
Sum squared resid	548.8651	Schwarz criterion	6.388879
Log likelihood	-76.53923	F-statistic	15.70448
Durbin-Watson stat	1.746395	Prob(F-statistic)	0.000011

图 11-6

由图 11-6 可以看到伪概率 $P=0.8815$，在 5% 的水平下是接受有单位根的原假设的。

模型 2 的估计结果为：

$$\Delta CPI_t = 3.484 - 0.0075 CPI_{t-1} + 1.128 \Delta CPI_{t-1} - 0.525 \Delta CPI_{t-2}$$

其中，常数项参数 α 的估计值的 t 统计量为 $t=1.477668$，查 ADF 分布临界值表得，模型 2 样本个数为 25 个（最接近的个数）时 $\tau_{\alpha 0.025}=2.97$，即接受 $\alpha=0$ 的原假设，于是可与进行模型 1 的估计。

对于模型 1：

Null Hypothesis: CPI has a unit root
Exogenous: None
Lag Length: 2 (Automatic based on SIC, MAXLAG=6)

		t-Statistic	Prob.*
Augmented Dickey-Fuller test statistic		1.382149	0.9541
Test critical values:	1% level	-2.656915	
	5% level	-1.954414	
	10% level	-1.609329	

Variable	Coefficient	Std. Error	t-Statistic	Prob.
CPI(-1)	0.012218	0.008840	1.382149	0.1802
D(CPI(-1))	1.191832	0.177795	6.703404	0.0000
D(CPI(-2))	-0.548991	0.185333	-2.962194	0.0070

R-squared	0.650090	Mean dependent var	6.424231
Adjusted R-squared	0.619663	S.D. dependent var	8.304869
S.E. of regression	5.121736	Akaike info criterion	6.213031
Sum squared resid	603.3400	Schwarz criterion	6.358196
Log likelihood	-77.76940	Durbin-Watson stat	1.736252

图 11-7

由图 11－7 可以看到伪概率 $P=0.9541$，在 5%的水平下是接受有单位根的原假设的。

模型 1 的估计结果为：

$$\Delta CPI_t = 0.0122CPI_{t-1} + 1.1918\Delta CPI_{t-1} - 0.549\Delta CPI_{t-2}$$

综上所述，根据 *ADF* 检验知，*CPI* 序列存在单位根，即序列非平稳。

§11.3　单整性检验

所谓序列的单整性，就是原序列经过 d 阶差分后变成了平稳序列，就称原序列为 d 阶单整序列。

于是对序列的单整性检验又转化为平稳性检验，即可用 ADF 检验，其不同的就仅仅是需要对原序列进行差分。

本例，对 CPI 进行单整性检验，跟上述的平稳的 ADF 检验步骤类似，只是在 Unit Root Test 对话框的设置中选择 1st 选项，就是一阶差分（这里就不再赘述），本例的检验结果如下所示。

对于模型 3：

Null Hypothesis: D(CPI) has a unit root
Exogenous: Constant, Linear Trend
Lag Length: 1 (Automatic based on SIC, MAXLAG=6)

		t-Statistic	Prob.*
Augmented Dickey-Fuller test statistic		-3.138907	0.1186
Test critical values:	1% level	-4.356068	
	5% level	-3.595026	
	10% level	-3.233456	

Variable	Coefficient	Std. Error	t-Statistic	Prob.
D(CPI(-1))	-0.406944	0.129645	-3.138907	0.0048
D(CPI(-1),2)	0.544720	0.177936	3.061332	0.0057
C	2.650493	2.379769	1.113761	0.2774
@TREND(1978)	-0.006766	0.132002	-0.051258	0.9596

图 11－8

由图 11－8 可以看到伪概率 $P=0.1186$，在 5%的水平下是接受有单位根的原假设的。

模型 3 的估计结果为：

$$\Delta^2 CPI_t = 2.650 - 0.0068t - 0.407\Delta CPI_{t-1} + 0.545\Delta^2 CPI_{t-1}$$

其中，趋势项参数 β 的估计值的 t 统计量为 $t=-0.051258$，查 ADF 分布临界值表得，模型 3 样本个数为 25 个（最接近的个数）时 $\tau_{\beta 0.025}=3.25$，即接受 $\beta=0$ 的原假设，于是可与进行模型 2 的估计。

对于模型 2：

Null Hypothesis: D(CPI) has a unit root
Exogenous: Constant
Lag Length: 1 (Automatic based on SIC, MAXLAG=6)

		t-Statistic	Prob.*
Augmented Dickey-Fuller test statistic		-3.216849	0.0304
Test critical values:	1% level	-3.711457	
	5% level	-2.981038	
	10% level	-2.629906	

图 11-9

由图 11-9 可以看到伪概率 $P=0.0304<0.05$，在 5%的水平下是拒绝有单位根的原假设的，根据 ADF 检验记得序列不具有单位根。即 CPI 序列经过 1 阶差分后就已经是平稳的时间序列了，所以得到结论为：CPI 序列为 1 阶单整序列。

§11.4 估计 CPI 的 ARIMA 模型

由 11.3 知 CPI 序列为 1 阶单整，于是可以对 1 阶差分后的 CPI 序列估计其 ARMA(p,q)模型，即得原序列 CPI 的 ARIMA($p,1,q$)模型。

ARMA(p,q)的定阶是通过看样本的自相关函数跟偏自相关函数图的，于是我们先要画出 1 阶差分后 CPI 序列的样本的自相关函数、偏自相关函数图。点击主界面 Quick→Series Statistics→Correlogram ...，在弹出的 Series 对话框中输入 CPI，点击 OK，就会弹出 Correlogram 对话框，在其中 Correlogram of 栏中选择 1st（表示 1 阶差分），Lags 栏中就默认为 12 阶（表示输出阶数为 12 阶），点击 OK，即可得到 1 阶差分后 CPI 序列的样本的自相关函数、偏自相关函数图，如图 11-10 所示。

Autocorrelation	Partial Correlation		AC	PAC	Q-Stat	Prob
		1	0.724	0.724	16.310	0.000
		2	0.281	-0.511	18.862	0.000
		3	-0.041	0.061	18.919	0.000
		4	-0.211	-0.130	20.474	0.000
		5	-0.160	0.254	21.414	0.001
		6	0.020	0.024	21.429	0.002
		7	0.085	-0.221	21.715	0.003
		8	-0.020	-0.144	21.731	0.005
		9	-0.093	0.222	22.113	0.009
		10	-0.131	-0.125	22.911	0.011
		11	-0.142	-0.034	23.902	0.013
		12	-0.090	-0.101	24.330	0.018

图 11-10

我们可以看到偏自相关函数图中 1 阶跟 2 阶是有明显的尖柱的，而自相关函数图中 1 阶是有明显的尖柱的，不妨初步定阶为 $p=1,q=2$。即使用ARIMA(2,1,1)对原序列进行识别。

点击主界面菜单 Quick→Estimate Equation ...，在弹出的对话框中输入：D(CPI) C D(CPI(-1)) D(CPI(-2)) MA(1)，点击确定，即可得到估计结果如图 11-11

所示。

得到估计后，还要对序列残差进行 1 阶 LM 检验，在图 11－11 中点击 View→Residual Tests→Serial Correlation LM Test ...，在弹出的对话框中输入 1，点击 OK，即得到序列残差的 1 阶 LM 检验结果如图 11－12 所示。

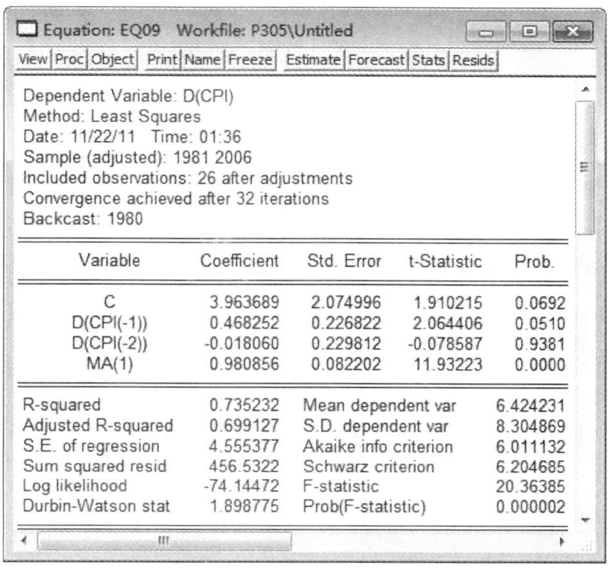

Equation: EQ09　Workfile: P305\Untitled

View | Proc | Object | Print | Name | Freeze | Estimate | Forecast | Stats | Resids

Dependent Variable: D(CPI)
Method: Least Squares
Date: 11/22/11　Time: 01:36
Sample (adjusted): 1981 2006
Included observations: 26 after adjustments
Convergence achieved after 32 iterations
Backcast: 1980

Variable	Coefficient	Std. Error	t-Statistic	Prob.
C	3.963689	2.074996	1.910215	0.0692
D(CPI(-1))	0.468252	0.226822	2.064406	0.0510
D(CPI(-2))	-0.018060	0.229812	-0.078587	0.9381
MA(1)	0.980856	0.082202	11.93223	0.0000

R-squared	0.735232	Mean dependent var	6.424231
Adjusted R-squared	0.699127	S.D. dependent var	8.304869
S.E. of regression	4.555377	Akaike info criterion	6.011132
Sum squared resid	456.5322	Schwarz criterion	6.204685
Log likelihood	-74.14472	F-statistic	20.36385
Durbin-Watson stat	1.898775	Prob(F-statistic)	0.000002

图 11－11

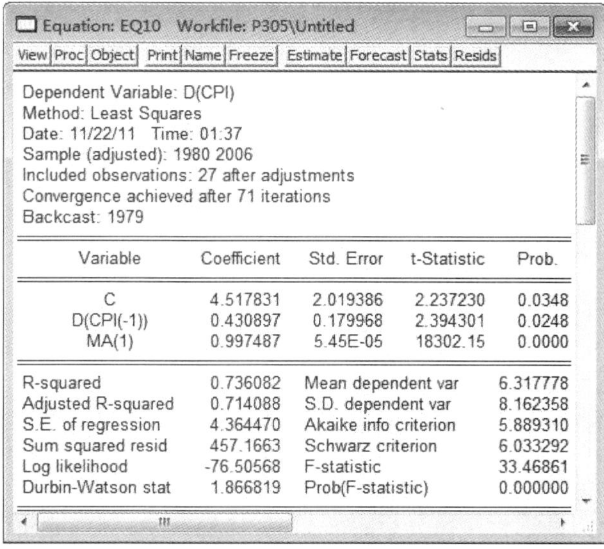

Equation: EQ10　Workfile: P305\Untitled

View | Proc | Object | Print | Name | Freeze | Estimate | Forecast | Stats | Resids

Dependent Variable: D(CPI)
Method: Least Squares
Date: 11/22/11　Time: 01:37
Sample (adjusted): 1980 2006
Included observations: 27 after adjustments
Convergence achieved after 71 iterations
Backcast: 1979

Variable	Coefficient	Std. Error	t-Statistic	Prob.
C	4.517831	2.019386	2.237230	0.0348
D(CPI(-1))	0.430897	0.179968	2.394301	0.0248
MA(1)	0.997487	5.45E-05	18302.15	0.0000

R-squared	0.736082	Mean dependent var	6.317778
Adjusted R-squared	0.714088	S.D. dependent var	8.162358
S.E. of regression	4.364470	Akaike info criterion	5.889310
Sum squared resid	457.1663	Schwarz criterion	6.033292
Log likelihood	-76.50568	F-statistic	33.46861
Durbin-Watson stat	1.866819	Prob(F-statistic)	0.000000

图 11－12

根据图 11－11 得到模型的估计结果为：

$$\Delta CPI_t = 3.963 + 0.468\Delta CPI_{t-1} - 0.018\Delta CPI_{t-2} + \varepsilon_t + 0.981\varepsilon_{t-1}$$

$$AIC = 6.011\,132 \qquad SC = 6.204\,685 \qquad LM(1) = 0.361\,366$$

Breusch-Godfrey Serial Correlation LM Test:

F-statistic	0.351965	Probability	0.559339
Obs*R-squared	0.361366	Probability	0.547749

图 11－13

但是发现，在5%的显著性水平下，参数都没有通过检验，特别是ΔCPI_{t-2}项的系数，不妨去掉ΔCPI_{t-2}项再对序列进行建模，即采用ARIMA(1,1,1)对CPI序列进行估计。

点击主界面菜单Quick→Estimate Equation …，在弹出的对话框中输入：D(CPI) C D(CPI(－1)) MA(1)，点击确定，即可得到估计结果如图11－12所示。

得到估计后，还要对序列残差进行1阶LM检验，在图11－12中点击View→Residual Tests→Serial Correlation LM Test …，在弹出的对话框中输入1，点击OK，即得到序列残差的1阶LM检验结果，如图11－14所示。

Breusch-Godfrey Serial Correlation LM Test:

F-statistic	0.686867	Probability	0.415750
Obs*R-squared	0.511508	Probability	0.474487

图 11－14

根据图11－12数据，得到模型的估计结果为：

$$\Delta CPI_t = 4.517\,831 + 0.430\,897\Delta CPI_{t-1} + \varepsilon_t + 0.997\,487\varepsilon_{t-1}$$

$$AIC = 5.889\,310 \qquad SC = 6.033\,292 \qquad LM(1) = 0.511\,508$$

可以看到两个模型的残差都是不相关的，即可以认为残差为随机序列，即模型均是基本符合的。但是比较发现，ARIMA(2,1,1)的模型中存在参数不显著，但是ARIMA(1,1,1)模型中的参数均显著。还有可以通过赤池准则，比较两个模型的*AIC*值跟*SC*值，ARIMA(1,1,1)模型的*AIC*值跟*SC*值均比ARIMA(2,1,1)的模型的*AIC*值跟*SC*值小，所以得到ARIMA(1,1,1)模型为较佳的模型的结论。

综上所述，最后我们选择ARIMA(1,1,1)模型对CPI序列进行估计，得到CPI序列其模型的口径为：

$$CPI_t = 4.517\,831 - 0.569\,103CPI_{t-1} - 0.430\,897CPI_{t-2} + \varepsilon_t + 0.997\,487\varepsilon_{t-1}$$

【实验内容二】

对中国进出口贸易进行协整分析，如果存在协整关系，则建立ECM模型。

通过查询中国统计年鉴，可以获取1951—2003年中国进口(im)、出口(ex)和商品零售物价指数(pt)。因为该期间物价变化大，特别是改革开放以后变化更为激烈，所以物价指数也作为一个解释变量加入模型中。为消除物价变动对进出口数据的影响以及消除进出口数据中存在的异方差，定义三个变量如下，数据如表11－2所示：

$\ln ex = \ln(ex/price)$（自然对数的出口额，不变价价格 1990 = 1）

$\ln im = \ln(im/price)$（自然对数的进口额，不变价价格 1990 = 1）

$\ln pt = \ln(price)$（自然对数的商品价格指数）

表 11－2　中国进口、出口与商品零售物价指数

Year	lnex	lnim	lnpt	Year	lnex	lnim	lnpt
1951	4.108	4.485	−0.921	1978	5.851	5.963	−0.730
1952	4.226	4.551	−0.926	1979	6.067	6.204	−0.711
1953	4.441	4.772	−0.892	1980	6.255	6.352	−0.652
1954	4.559	4.670	−0.870	1981	6.536	6.537	−0.629
1955	4.746	4.973	−0.860	1982	6.636	6.490	−0.611
1956	4.880	4.831	−0.860	1983	6.679	6.641	−0.596
1957	4.842	4.756	−0.844	1984	6.931	6.998	−0.567
1958	5.046	4.964	−0.842	1985	7.179	7.620	−0.483
1959	5.190	5.098	−0.832	1986	7.411	7.737	−0.425
1960	4.949	4.977	−0.801	1987	7.647	7.740	−0.354
1961	4.517	4.413	−0.652	1988	7.662	7.813	−0.185
1962	4.467	4.135	−0.614	1989	7.600	7.717	−0.021
1963	4.587	4.251	−0.675	1990	8.002	7.853	0.000
1964	4.728	4.453	−0.713	1991	8.222	8.103	0.028
1965	4.885	4.753	−0.740	1992	8.369	8.318	0.081
1966	4.932	4.855	−0.742	1993	8.368	8.492	0.205
1967	4.825	4.729	−0.751	1994	8.851	8.805	0.401
1968	4.864	4.681	−0.751	1995	8.891	8.771	0.539
1969	4.850	4.614	−0.759	1996	8.841	8.757	0.598
1970	4.803	4.791	−0.764	1997	9.020	8.770	0.606
1971	4.999	4.731	−0.772	1998	9.051	8.781	0.580
1972	5.192	4.933	−0.774	1999	9.141	8.978	0.549
1973	5.529	5.408	−0.768	2000	9.400	9.299	0.534
1974	5.699	5.791	−0.761	2001	9.474	9.385	0.526
1975	5.724	5.755	−0.761	2002	9.688	9.590	0.513
1976	5.661	5.619	−0.757	2003	9.987	9.927	0.512
1977	5.678	5.627	−0.738				

数据来源：《中国统计年鉴》

说明：表中数据已为不变价的对数序列，所以在 EViews 中不必再处理数据。

【实验步骤】

§11.5 协整检验

一、单位根检验

在 Workfile 中，双击打开序列 lnex 窗口，点击该窗口中功能键 View→Unit Root Test ...，弹出如图 11－15 所示对话框。

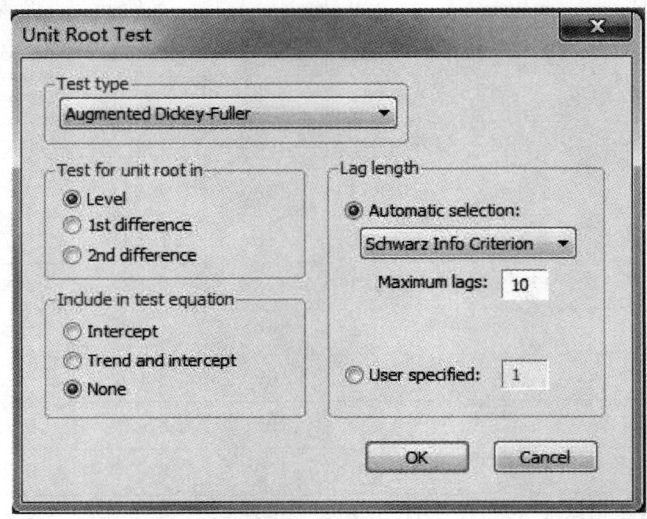

图 11－15

Test Type：检验方法，默认选择是 ADF 检验；

Test for unit root in：所检验的序列形式；

　　Level：原序列，指打开的这个序列本身；

　　1st　difference：原序列的一阶差分序列；

　　2st　difference：原序列的二阶差分序列。

Include in test equation：检验式的形式，包括截距项、截距项和趋势项、无截距项和趋势项三种。Lag length：ADF 检验式中差分项的滞后期数。Automatic selection：应用准则来选择滞后项（如施瓦茨准则等）。User specified：由建模者自己选择滞后阶数。

这里我们做的选择如图 11－15 所示，点击 OK，得检验结果如图 11－16 所示。

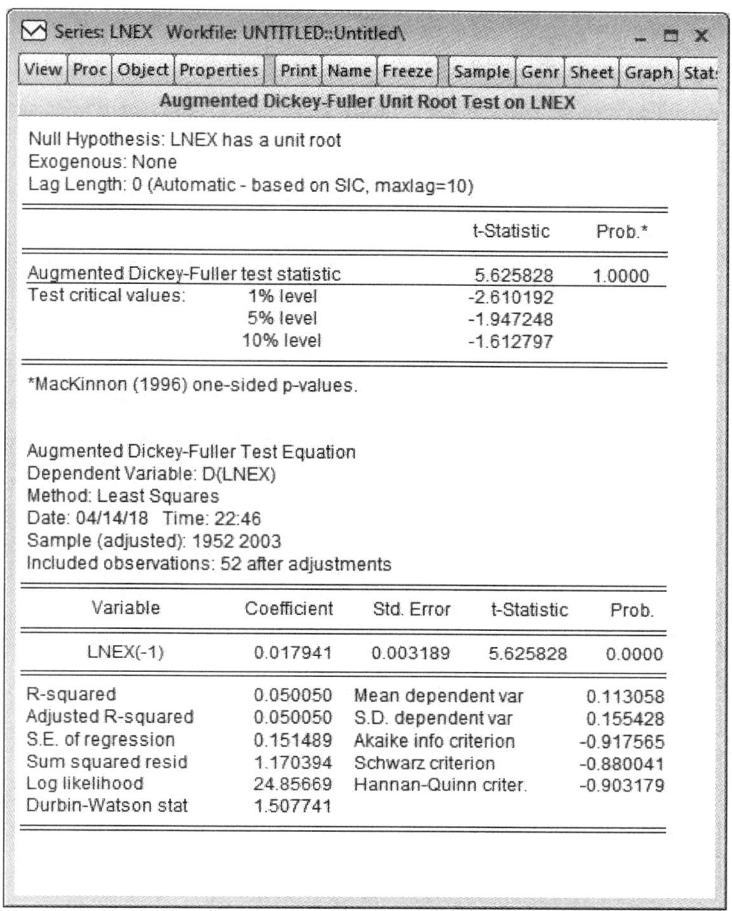
Series: LNEX　Workfile: UNTITLED::Untitled\

View | Proc | Object | Properties | Print | Name | Freeze | Sample | Genr | Sheet | Graph | Stat

Augmented Dickey-Fuller Unit Root Test on LNEX

Null Hypothesis: LNEX has a unit root
Exogenous: None
Lag Length: 0 (Automatic - based on SIC, maxlag=10)

		t-Statistic	Prob.*
Augmented Dickey-Fuller test statistic		5.625828	1.0000
Test critical values:	1% level	-2.610192	
	5% level	-1.947248	
	10% level	-1.612797	

*MacKinnon (1996) one-sided p-values.

Augmented Dickey-Fuller Test Equation
Dependent Variable: D(LNEX)
Method: Least Squares
Date: 04/14/18 Time: 22:46
Sample (adjusted): 1952 2003
Included observations: 52 after adjustments

Variable	Coefficient	Std. Error	t-Statistic	Prob.
LNEX(-1)	0.017941	0.003189	5.625828	0.0000

R-squared	0.050050	Mean dependent var	0.113058
Adjusted R-squared	0.050050	S.D. dependent var	0.155428
S.E. of regression	0.151489	Akaike info criterion	-0.917565
Sum squared resid	1.170394	Schwarz criterion	-0.880041
Log likelihood	24.85669	Hannan-Quinn criter.	-0.903179
Durbin-Watson stat	1.507741		

图 11－16

相应的检验式为：

$$\Delta \mathrm{lnex}_t = 0.0179 \mathrm{lnex}_{t-1}$$
$$(5.626)^*$$

图 11－16 的最上部分给出了检验结果，ADF＝5.626，很明显比三个给定临界值都大，可见出口序列 lnex 是一个非平稳序列。这样我们就应该继续对 lnex 的差分序列进行单位根检验。

在点击 View→Unit Root Test ...，弹出如图 11－15 所示对话框，此时选择：ADF 检验；1st difference（对原序列 lnex 的一阶差分做单位根检验）；检验式中不包括趋势项和截距项，选择 Automatic selection。点击 OK，结果如图 11－17 所示。从图中可知，ADF＝－3.75，分别小于不同检验水平的临界值，可见出口的一阶差分序列 $\Delta \mathrm{lnex}_t$ 是一个平稳序列。因此 $\mathrm{lnex}_t \sim I(1)$，为一阶单整序列。

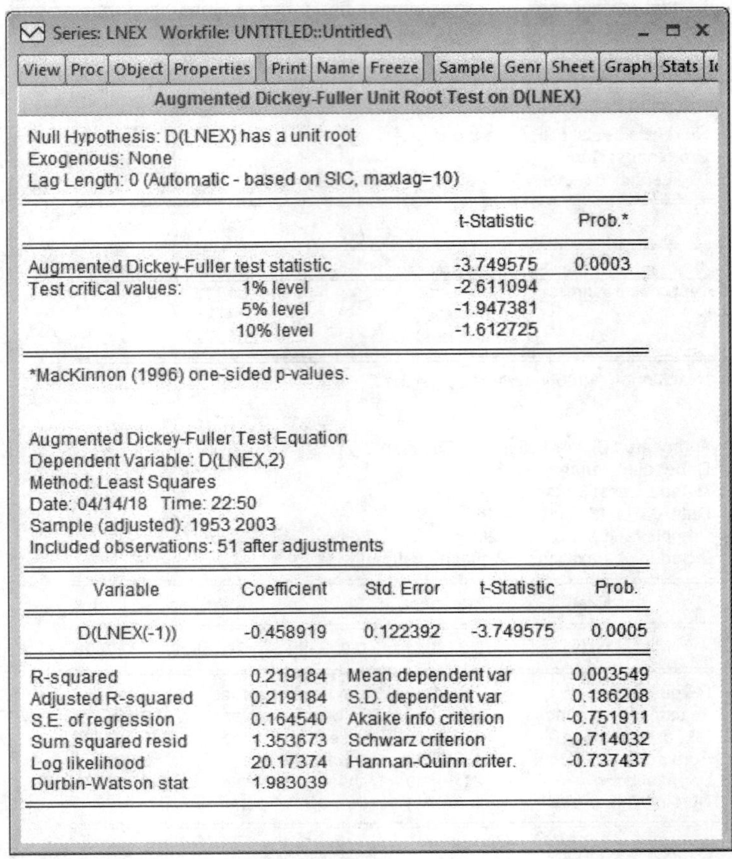

Series: LNEX Workfile: UNTITLED::Untitled\

Augmented Dickey-Fuller Unit Root Test on D(LNEX)

Null Hypothesis: D(LNEX) has a unit root
Exogenous: None
Lag Length: 0 (Automatic - based on SIC, maxlag=10)

		t-Statistic	Prob.*
Augmented Dickey-Fuller test statistic		-3.749575	0.0003
Test critical values:	1% level	-2.611094	
	5% level	-1.947381	
	10% level	-1.612725	

*MacKinnon (1996) one-sided p-values.

Augmented Dickey-Fuller Test Equation
Dependent Variable: D(LNEX,2)
Method: Least Squares
Date: 04/14/18 Time: 22:50
Sample (adjusted): 1953 2003
Included observations: 51 after adjustments

Variable	Coefficient	Std. Error	t-Statistic	Prob.
D(LNEX(-1))	-0.458919	0.122392	-3.749575	0.0005

R-squared	0.219184	Mean dependent var	0.003549
Adjusted R-squared	0.219184	S.D. dependent var	0.186208
S.E. of regression	0.164540	Akaike info criterion	-0.751911
Sum squared resid	1.353673	Schwarz criterion	-0.714032
Log likelihood	20.17374	Hannan-Quinn criter.	-0.737437
Durbin-Watson stat	1.983039		

图 11－17

同理，对进口 lnim 和价格指数 lnpt 进行同样的单位根检验（请自行检验），得出结论如下：

$$\text{lnim}_t \sim I(1), \text{lnpt}_t \sim I(1)$$

可见，出口 lnex、进口 lnim、价格 lnpt 都是一阶单整序列，有可能存在协整关系。

二、协整检验

1. 进行协整回归

输入命令：ls　lnex　c　lnim　lnpt，结果如图 11－18 所示。

即回归方程为：LNEX ＝1.273＋0.842＊LNIM ＋ 0.573＊LNPT

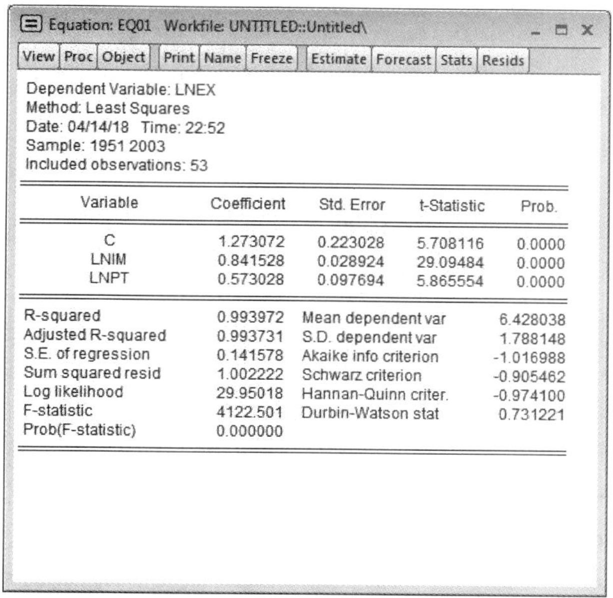

Dependent Variable: LNEX
Method: Least Squares
Date: 04/14/18 Time: 22:52
Sample: 1951 2003
Included observations: 53

Variable	Coefficient	Std. Error	t-Statistic	Prob.
C	1.273072	0.223028	5.708116	0.0000
LNIM	0.841528	0.028924	29.09484	0.0000
LNPT	0.573028	0.097694	5.865554	0.0000

R-squared	0.993972	Mean dependent var	6.428038
Adjusted R-squared	0.993731	S.D. dependent var	1.788148
S.E. of regression	0.141578	Akaike info criterion	-1.016988
Sum squared resid	1.002222	Schwarz criterion	-0.905462
Log likelihood	29.95018	Hannan-Quinn criter.	-0.974100
F-statistic	4122.501	Durbin-Watson stat	0.731221
Prob(F-statistic)	0.000000		

图 11－18

2. 保留残差序列

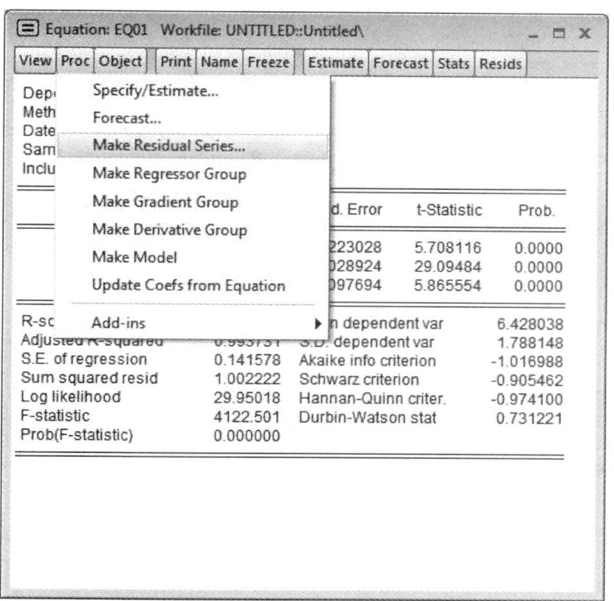

图 11－19

在图 11－19 中，点击功能键 Proc→Make Residual Series ...，弹出如图 11－20 所示对话框，输入残差的序列名 et，点击 OK，则将残差以序列名 et 保存在 Workfile 中。

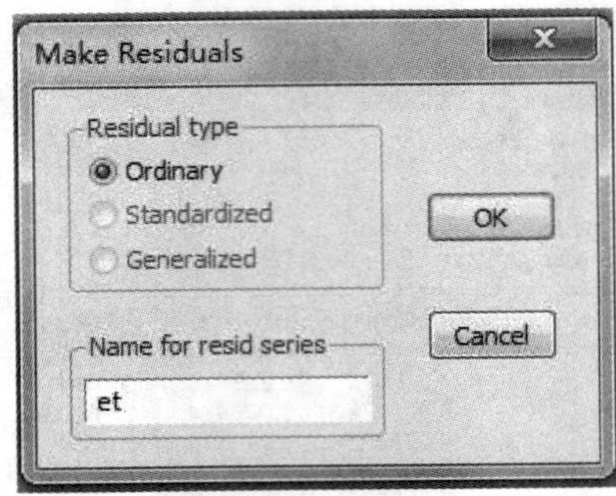

图 11－20

3. **检验残差的平稳性**

在 workfile 中打开 et 序列窗口，点击 View→Unit Root Test ...，在对话框中选择：DF 检验；Level（对原序列 et 进行检验）；检验式中不包括趋势项和截距项，选择 Automatic selection。点击 OK，得到结果如图 11－21 所示。

Series: ET Workfile: UNTITLED::Untitled\

View | Proc | Object | Properties | Print | Name | Freeze | Sample | Genr | Sheet | Graph | St

Augmented Dickey-Fuller Unit Root Test on ET

Null Hypothesis: ET has a unit root
Exogenous: None
Lag Length: 0 (Automatic - based on SIC, maxlag=10)

		t-Statistic	Prob.*
Augmented Dickey-Fuller test statistic		-4.404624	0.0000
Test critical values:	1% level	-2.610192	
	5% level	-1.947248	
	10% level	-1.612797	

*MacKinnon (1996) one-sided p-values.

Augmented Dickey-Fuller Test Equation
Dependent Variable: D(ET)
Method: Least Squares
Date: 04/14/18 Time: 23:00
Sample (adjusted): 1952 2003
Included observations: 52 after adjustments

Variable	Coefficient	Std. Error	t-Statistic	Prob.
ET(-1)	-0.449894	0.102141	-4.404624	0.0001

R-squared	0.271201	Mean dependent var	0.009197
Adjusted R-squared	0.271201	S.D. dependent var	0.119513
S.E. of regression	0.102028	Akaike info criterion	-1.708103
Sum squared resid	0.530892	Schwarz criterion	-1.670579
Log likelihood	45.41067	Hannan-Quinn criter.	-1.693717
Durbin-Watson stat	1.991776		

图 11－21

经整理得：

D(et) = −0.450 * et(−1)　　DW = 1.992

(−4.405) *

即 EG = −4.405

4. 检验 lnex 与 lnim、lnpt 间是否存在协整关系

由于 EG = −4.405，查协整检验的 EG 或 AEG 临界值表，N = 3，a = 0.05，T = 52 的临界值是 −3.92，而 AEG = −4.405 < −3.92，所以 lnex、lnim、lnpt 三个变量存在协整关系。

这样就可以建立 lnex 与 lnim、lnpt 之间的误差修正模型 ECM。

§11.6　建立误差修正模型

输入命令：ls　d(lnex)　d(lnim)　d(lnpt)　et(−1)，结果如图 11 − 22 所示。

Equation: EQ02　Workfile: UNTITLED::Untitled\

View | Proc | Object | Print | Name | Freeze | Estimate | Forecast | Stats | Resids

Dependent Variable: D(LNEX)
Method: Least Squares
Date: 04/14/18　Time: 23:02
Sample (adjusted): 1952 2003
Included observations: 52 after adjustments

Variable	Coefficient	Std. Error	t-Statistic	Prob.
D(LNIM)	0.750885	0.062935	11.93117	0.0000
D(LNPT)	0.139207	0.228749	0.608556	0.5456
ET(-1)	-0.444261	0.103898	-4.275943	0.0001

R-squared	0.620334	Mean dependent var	0.113058
Adjusted R-squared	0.604837	S.D. dependent var	0.155428
S.E. of regression	0.097705	Akaike info criterion	-1.757759
Sum squared resid	0.467771	Schwarz criterion	-1.645187
Log likelihood	48.70173	Hannan-Quinn criter.	-1.714602
Durbin-Watson stat	1.859373		

图 11 − 22

从图 11 − 22 可知，d(lnpt)没有通过显著性检验，现在去掉此序列，重新回归：

ls　d(lnex)　d(lnim)　et(−1)，结果如图 11 − 23 所示。

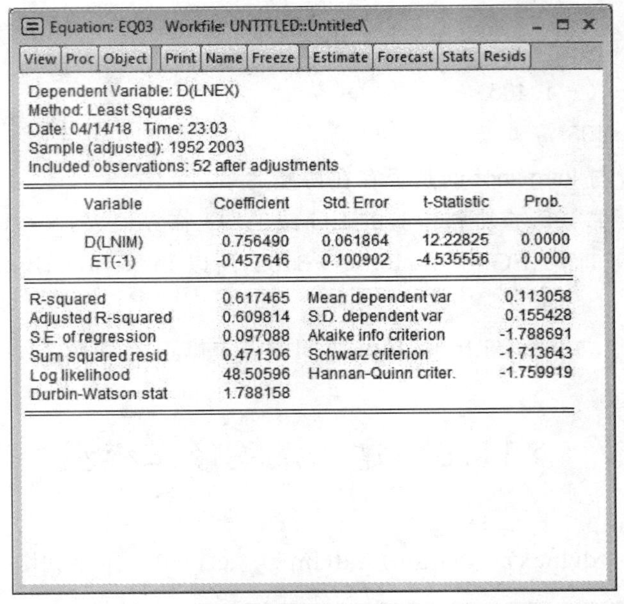

Equation: EQ03 Workfile: UNTITLED::Untitled\

View | Proc | Object | Print | Name | Freeze | Estimate | Forecast | Stats | Resids

Dependent Variable: D(LNEX)
Method: Least Squares
Date: 04/14/18 Time: 23:03
Sample (adjusted): 1952 2003
Included observations: 52 after adjustments

Variable	Coefficient	Std. Error	t-Statistic	Prob.
D(LNIM)	0.756490	0.061864	12.22825	0.0000
ET(-1)	-0.457646	0.100902	-4.535556	0.0000

R-squared	0.617465	Mean dependent var	0.113058
Adjusted R-squared	0.609814	S.D. dependent var	0.155428
S.E. of regression	0.097088	Akaike info criterion	-1.788691
Sum squared resid	0.471306	Schwarz criterion	-1.713643
Log likelihood	48.50596	Hannan-Quinn criter.	-1.759919
Durbin-Watson stat	1.788158		

图 11－23

写出标准格式 ECM 模型回归结果如下：

$$DLNEX = 0.757 * DLNIM - 0.458 * ET(-1) \qquad R^2 = 0.618$$

$$t:(12.23) \qquad (-4.54) \qquad DW = 1.788$$

方程的回归系数通过了显著性检验，误差修正系数为负，符合反向修正机制。

本章小结

1. 要对方程式 Y＝C0＋C1＊X1＋C2＊X2 进行回归分析，进行最小二乘估计要满足下列条件中的一个：① Y、X1、X2 三个时间序列必须是 0 阶单整的，即 Y、X1、X2 三个时间序列是平稳的。② Y、X1、X2 三个时间序列是非平稳的，但是 Y、X1、X2 三个时间序列是同阶单整的，回归方程必须通过协整检验。

2. 假设 Y、X1、X2 都是 1 阶单整的，在进行最小二乘估计之后，导出估计方程的残差项，复制粘贴数据到新的变量 et，对 et 变量进行单位根检验，若检验结果表明 et 是平稳的时间序列，即 et 是 0 阶单整的时间序列，那么该回归结果就通过了 EG 协整检验，之前的回归结果就不会因为各个变量的不平稳性出现伪回归的现象。

3. 建立误差修正模型，首先对变量进行协整分析，以发现变量之间的协整关系，即长期均衡关系，并以这种关系构成误差修正项。然后建立短期模型，将误差修正项看作一个解释变量，连同其他反映短期波动的解释变量一起，建立短期模型，即误差修正模型。

思考与练习

1. 用图形及 Q_{LB} 法检验 1978—2002 年居民消费总额时间序列的平稳性，数据如表 1 所示。

表 1

年　份	居民消费总额	年　份	居民消费总额	年　份	居民消费总额
1978	1 759.1	1987	5 961.2	1995	2 6944.5
1979	2 005.4	1988	7 633.1	1996	32 152.3
1980	2 317.1	1989	8 523.5	1997	34 854.6
1981	2 604.1	1990	9 113.2	1998	36 921.1
1982	2 867.9	1991	10 315.9	1999	39 334.4
1983	3 182.5	1992	12 459.8	2000	42 895.6
1984	3 674.5	1993	15 682.4	2001	45 898.1
1985	4 589	1994	20 809.8	2002	48 534.5
1986	5 175				

（1）数据，用 ADF 法对居民消费总额时间序列进行平稳性检验。

（2）利用数据，对居民消费总额时间序列进行单整性分析。

（3）对居民消费总额的差分平稳时间序列进行模型识别。

2. 表 2 是天津食品消费相关数据，试完成误差修正模型的建立。

表 2　天津食品消费相关数据

年　份	人均食物年支出	人均年生活费收入	职工生活费用定基价格指数
1950	92.28	151.2	1
1951	97.92	165.6	1.145
1952	105	182.4	1.163 32
1953	118.08	198.48	1.254 059
1954	121.92	203.64	1.275 378
1955	132.96	211.68	1.275 378
1956	123.84	206.28	1.272 827
1957	137.88	225.48	1.295 738
1958	138	226.2	1.281 485
1959	145.08	236.88	1.280 203
1960	143.04	245.4	1.296 846

续 表

年 份	人均食物年支出	人均年生活费收入	职工生活费用定基价格指数
1961	155.4	240	1.445 984
1962	144.24	234.84	1.448 875
1963	132.72	232.68	1.411 205
1964	136.2	238.56	1.344 878
1965	141.12	239.88	1.297 807
1966	132.84	239.04	1.287 425
1967	139.2	237.48	1.279 7
1968	140.76	239.4	1.278 42
1969	133.56	248.04	1.286 091
1970	144.6	261.48	1.274 516
1971	151.2	274.08	1.271 967
1972	163.2	286.68	1.271 967
1973	165	288	1.277 055
1974	170.52	293.52	1.273 224
1975	170.16	301.92	1.274 497
1976	177.36	313.8	1.274 497
1977	181.56	330.12	1.278 321
1978	200.4	361.44	1.278 321
1979	219.6	398.76	1.291 104
1980	260.76	491.76	1.356 95
1981	271.08	501	1.374 591
1982	290.28	529.2	1.381 464
1983	318.48	552.72	1.388 371
1984	365.4	671.16	1.413 362
1985	418.92	811.8	1.598 512
1986	517.56	988.44	1.707 211
1987	577.92	1 094.64	1.823 301
1988	665.76	1 231.8	2.131 439
1989	756.24	1 374.6	2.444 76
1990	833.76	1 522.2	2.518 103

第 12 章　面板数据模型

【实验目的】

1. 掌握面板数据的输入方法。
2. 掌握固定效应、随机效应的判定方法。
3. 掌握变系数模型、变截距模型的识别方法。
4. 掌握面板数据模型的参数估计方法。

【实验内容】

本部分搜集了我国 2001—2007 年我国内地 31 个省市自治区城镇居民家庭人均年可支配收入、城镇居民家庭人均年消费支出和各地区城镇居民消费价格指数的数据(数据见表 12－1～表 12－3),建立消费收入模型,以研究城镇居民的消费行为。

模型中用到的变量如下:

Cit ＝ i 省市第 t 年城镇居民人均消费,单位:元

Yit ＝ i 省市第 t 年城镇居民人均收入,单位:元

Pit ＝ i 省市第 t 年城镇居民消费价格指数(1985＝100)

事实上,对于这 3 个变量中的每一个,都有 217 个(31 个省市乘以 7 年)观测值。由于在每个时期(每一年)都是这 31 个省市,因此这些混合数据是面板数据。

表 12－1　全国 31 个省市自治区的城镇居民消费支出　　单位:元

	2001	2002	2003	2004	2005	2006	2007
北京市	8 922.72	10 284.60	11 123.84	12 200.40	13 244.20	14 825.41	15 330.44
天津市	6 987.22	7 191.96	7 867.53	8 802.44	9 653.26	10 548.05	12 028.88
河北省	4 479.75	5 069.28	5 439.77	5 819.18	6 699.67	7 343.49	8 234.97
山西省	4 123.01	4 710.96	5 105.38	5 654.15	6 342.63	7 170.94	8 101.84
内蒙古	4 195.62	4 859.88	5 419.14	6 219.26	6 928.60	7 666.61	9 281.46
辽宁省	4 654.42	5 342.64	6 077.92	6 543.28	7 369.27	7 987.49	9 429.73
吉林省	4 337.22	4 973.88	5 492.10	6 068.99	6 794.71	7 352.64	8 560.30
黑龙江	4 192.36	4 462.08	5 015.19	5 567.53	6 178.01	6 655.43	7 519.28

续 表

	2001	2002	2003	2004	2005	2006	2007
上海市	9 336.10	10 464.00	11 040.34	12 631.03	13 773.41	14 761.75	17 255.38
江苏省	5 532.74	6 042.60	6 708.58	7 332.26	8 621.82	9 628.59	10 715.15
浙江省	7 952.39	8 713.08	9 712.89	10 636.14	12 253.74	13 348.51	14 091.19
安徽省	4 517.65	4 736.52	5 064.34	5 711.33	6 367.67	7 294.73	8 531.90
福建省	6 015.11	6 631.68	7 356.26	8 161.15	8 794.41	9 807.71	11 055.13
江西省	3 894.51	4 549.32	4 914.55	5 337.84	6 109.39	6 645.54	7 810.73
山东省	5 252.41	5 596.32	6 069.35	6 673.75	7 457.31	8 468.40	9 666.61
河南省	4 110.17	4 504.68	4 941.60	5 294.19	6 038.02	6 685.18	7 826.72
湖北省	4 804.79	5 608.92	5 963.25	6 398.52	6 736.56	7 397.32	8 701.18
湖南省	5 546.22	5 574.72	6 082.62	6 884.61	7 504.99	8 169.30	8 990.72
广东省	8 099.63	8 988.48	9 636.27	10 694.79	11 809.87	12 432.22	14 336.87
广西	5 224.73	5 413.44	5 763.50	6 445.73	7 032.80	6 791.95	8 151.26
海南省	4 367.85	5 459.64	5 502.43	5 802.40	5 928.79	7 126.78	8 292.89
重庆市	5 873.69	6 360.24	7 118.06	7 973.05	8 623.29	9 398.69	9 890.31
四川省	5 176.17	5 413.08	5 759.21	6 371.14	6 891.27	7 524.81	8 691.99
贵州省	4 273.90	4 598.28	4 948.98	5 494.45	6 159.29	6 848.39	7 758.69
云南省	5 252.60	5 827.92	6 023.56	6 837.01	6 996.90	7 379.81	7 921.83
西藏	5 994.39	6 952.44	8 045.34	8 338.21	8 617.11	6 192.57	7 532.07
陕西省	4 637.74	5 378.04	5 666.54	6 233.07	6 656.46	7 553.28	8 427.06
甘肃省	4 420.31	5 064.24	5 298.91	5 937.30	6 529.20	6 974.21	7 875.78
青海省	4 698.59	5 042.52	5 400.24	5 758.95	6 245.26	6 530.11	7 512.39
宁夏	4 595.40	5 104.92	5 330.34	5 821.38	6 404.31	7 205.57	7 817.28
新疆	4 931.40	5 636.40	5 540.61	5 773.62	6 207.52	6 730.01	7 874.27

表 12－2　全国 31 个省市自治区的城镇居民人均可支配收入　　单位:元

	2001	2002	2003	2004	2005	2006	2007
北京市	11 577.80	12 463.90	13 882.62	15 637.84	17 652.95	19 977.52	24 576.47
天津市	8 958.70	9 337.60	10 312.91	11 467.16	12 638.55	14 283.09	17 828.15
河北省	5 984.80	6 679.70	7 239.06	7 951.31	9 107.09	10 304.56	12 335.96
山西省	5 391.10	6 234.40	7 005.03	7 902.86	8 913.91	10 027.70	12 468.41
内蒙古	5 535.90	6 051.00	7 012.90	8 122.99	9 136.79	10 357.99	12 977.07
辽宁省	5 797.00	6 524.50	7 240.58	8 007.56	9 107.55	10 369.61	13 438.43

续　表

	2001	2002	2003	2004	2005	2006	2007
吉林省	5 340.50	6 260.20	7 005.17	7 840.61	8 690.62	9 775.07	11 798.58
黑龙江省	5 425.90	6 100.60	6 678.90	7 470.71	8 272.51	9 182.31	10 882.21
上海市	12 883.50	13 249.80	14 867.49	16 682.82	18 645.03	20 667.91	26 101.54
江苏省	7 375.10	8 177.60	9 262.46	10 481.93	12 318.57	14 084.26	17 686.48
浙江省	10 464.70	11 715.60	13 179.53	14 546.38	16 293.77	18 265.10	22 583.83
安徽省	5 668.80	6 032.40	6 778.03	7 511.43	8 470.68	9 771.05	12 499.55
福建省	8 313.10	9 189.40	9 999.54	11 175.37	12 321.31	13 753.28	16 983.26
江西省	5 506.00	6 335.60	6 901.42	7 559.64	8 619.66	9 551.12	11 984.00
山东省	7 101.10	7 614.40	8 399.91	9 437.80	10 744.79	12 192.24	15 366.26
河南省	5 267.40	6 245.40	6 926.12	7 704.90	8 667.97	9 810.26	12 082.99
湖北省	5 856.00	6 788.50	7 321.98	8 022.75	8 785.94	9 802.65	12 382.93
湖南省	6 780.60	6 958.60	7 674.20	8 617.48	9 523.97	10 504.67	12 997.91
广东省	10 415.20	11 137.20	12 380.43	13 627.65	14 769.94	16 015.58	19 618.89
广西	6 665.70	7 315.30	7 785.04	8 689.99	9 286.70	9 898.75	13 182.57
海南省	5 838.80	6 822.70	7 259.25	7 735.78	8 123.94	9 395.13	11 792.05
重庆市	6 721.10	7 238.00	8 093.67	9 220.96	10 243.46	11 569.74	13 441.17
四川省	6 360.50	6 610.80	7 041.87	7 709.87	8 385.96	9 350.11	12 009.81
贵州省	5 451.90	5 944.10	6 569.23	7 322.05	8 151.13	9 116.61	11 066.43
云南省	6 797.70	7 240.60	7 643.57	8 870.88	9 265.90	10 069.89	12 296.42
西藏	7 869.20	8 079.10	8 765.45	9 106.07	9 431.18	8 941.08	11 951.67
陕西省	5 483.70	6 330.80	6 806.35	7 492.47	8 272.02	9 267.70	11 482.13
甘肃省	5 382.90	6 151.40	6 657.24	7 376.74	8 086.82	8 920.59	10 859.69
青海省	5 853.70	6 170.50	6 745.32	7 319.67	8 057.85	9 000.35	11 428.29
宁夏	5 544.20	6 067.40	6 530.48	7 217.87	8 093.64	9 177.26	11 793.08
新疆	6 395.00	6 899.60	7 173.54	7 503.42	7 990.15	8 871.27	11 302.99

表 12-3　全国 31 个省市自治区的城镇居民消费价格指数

	2001	2002	2003	2004	2005	2006	2007
北京市	103.10	101.24	101.45	102.46	104.00	104.93	107.45
天津市	101.20	100.80	101.80	104.14	105.71	107.29	111.80
河北省	100.40	98.99	101.27	105.02	106.49	108.30	112.96
山西省	99.50	97.31	98.87	102.43	104.17	106.04	110.50

续 表

	2001	2002	2003	2004	2005	2006	2007
内蒙古	100.60	99.90	101.39	103.93	106.01	107.39	112.00
辽宁省	99.90	98.80	99.99	102.79	103.61	104.75	109.57
吉林省	101.50	100.69	101.80	105.46	106.94	108.22	112.98
黑龙江	100.80	100.09	100.90	104.43	105.26	107.16	112.94
上海市	100.00	100.50	100.60	102.81	103.84	105.09	108.45
江苏省	100.10	98.50	99.38	103.06	105.12	106.81	111.18
浙江省	99.60	98.40	98.90	101.67	103.19	104.33	108.39
安徽省	100.00	99.10	100.88	105.22	106.27	107.76	113.47
福建省	98.30	97.51	98.20	101.93	103.86	105.01	110.36
江西省	99.80	100.00	100.90	104.23	105.79	106.74	111.44
山东省	101.10	99.79	100.48	103.30	104.43	105.48	109.49
河南省	100.70	100.50	102.21	107.73	109.99	111.31	117.32
湖北省	100.40	99.60	102.19	106.78	109.67	111.20	116.43
湖南省	98.90	98.50	99.88	103.98	106.16	107.86	113.47
广东省	99.20	97.81	98.50	101.06	103.08	104.93	108.82
广西	101.30	100.19	101.09	105.23	108.39	110.12	116.29
海南省	98.80	97.81	97.23	100.34	101.64	102.86	107.59
重庆市	101.70	101.29	101.90	105.67	106.52	109.07	114.20
四川省	101.80	101.29	103.22	107.96	109.80	112.43	119.07
贵州省	102.40	101.27	102.19	105.76	106.40	108.10	114.48
云南省	98.10	97.41	98.68	104.70	106.48	108.50	114.90
西藏	99.10	100.09	100.89	102.91	104.45	106.44	109.52
陕西省	100.10	98.30	99.08	102.06	102.98	105.14	110.61
甘肃省	103.00	102.28	103.20	104.54	105.80	107.07	112.63
青海省	103.000	105.163	107.056	109.304	108.976	110.938	117.927
宁夏	101.300	100.692	102.203	105.575	107.264	109.088	114.651
新疆	104.000	102.856	103.370	105.541	106.174	107.236	112.169

【实验步骤】

§12.1　建立工作文件并录入全部数据

一、建立工作文件,输入数据

1. 建立工作文件

wfcreate(或 create)urban_cy a　2001　2007

2. 建立新对象 Pool

在主菜单选 Object→New Object,在弹出的对话框中,选择 Pool,并给系统方程命名:cy,点击 OK,这时打开系统对象窗口(见图 12-1)。

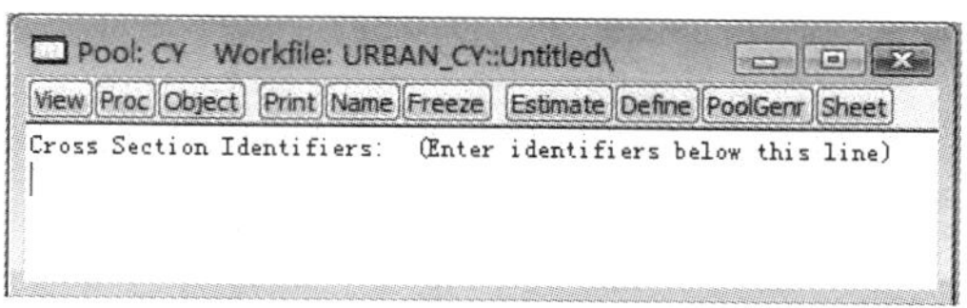

图 12-1

在图 12-1 中输入横截面个体的标识,即 31 个省市自治区的标识(见图 12-2),如北京可命名为 BJ 或_BJ,标识名字与变量名命名相同。

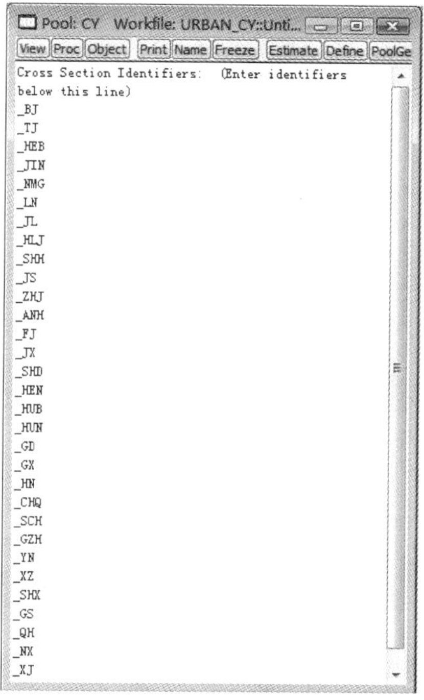

图 12-2

在 Pool 窗口中点击工具栏 Sheet，在弹出的窗口(见图 12－3)中输入变量名，各变量之间以空格隔开。

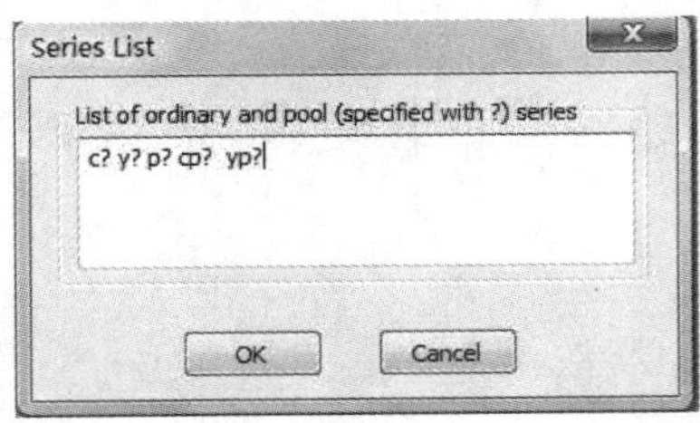

图 12－3

在图 12－3 中，各变量名后面的“?”表示所有的横截面个体序列名(标识)，c 为消费，y 为收入，p 为价格指数，cp 为不变价消费，yp 为不变价收入。c? 相当于 31 个序列名，即 c_BJ，c_TJ，…，c_XJ。点击 OK，即可在弹出的表格(见图 12－4)中输入 31 个省市各年的 c、y、p 的数据。

Pool: CY Workfile: URBAN_CY::Untitled\

View Proc Object Print Name Freeze Edit+/- Order+/- Smpl+/- Format Title Estimate Define PoolGenr Sample

obs	C?	Y?	P?	CP?	YP?
obs	C?	Y?	P?	CP?	YP?
_BJ-2001	8922.720	NA	NA	NA	NA
_BJ-2002	10284.60	NA	NA	NA	NA
_BJ-2003	11123.84	NA	NA	NA	NA
_BJ-2004	12200.40	NA	NA	NA	NA
_BJ-2005	13244.20	NA	NA	NA	NA
_BJ-2006	14825.41	NA	NA	NA	NA
_BJ-2007	15330.44	NA	NA	NA	NA
_TJ-2001	6987.220	NA	NA	NA	NA
_TJ-2002	7191.960	NA	NA	NA	NA
_TJ-2003	7867.530	NA	NA	NA	NA
_TJ-2004	8802.440	NA	NA	NA	NA
_TJ-2005	9653.260	NA	NA	NA	NA
_TJ-2006	10548.05	NA	NA	NA	NA
_TJ-2007	12028.88	NA	NA	NA	NA
_HEB-2001	NA	NA	NA	NA	NA
_HEB-2002	NA	NA	NA	NA	NA
_HEB-2003	NA	NA	NA	NA	NA
_HEB-2004	NA	NA	NA	NA	NA
_HEB-2005	NA	NA	NA	NA	NA
_HEB-2006	NA	NA	NA	NA	NA
_HEB-2007	NA	NA	NA	NA	NA
_JIN-2001	NA	NA	NA	NA	NA
_JIN-2002	NA	NA	NA	NA	NA
_JIN-2003	NA	NA	NA	NA	NA
_JIN-2004	NA	NA	NA	NA	NA
_JIN-2005	NA	NA	NA	NA	NA
_JIN-2006	NA	NA	NA	NA	NA
_JIN-2007	NA	NA	NA	NA	NA
_NMG-2001	NA	NA	NA	NA	NA
_NMG-2002	NA	NA	NA	NA	NA
_NMG-2003	NA	NA	NA	NA	NA
_NMG-2004	NA	NA	NA	NA	NA
_NMG-2005	NA	NA	NA	NA	NA
_NMG-2006					

图 12－4

cp 和 yp 的数据可用公式产生。在 Pool 窗口中点击工具栏 PoolGenr，在弹出的窗口(见图 12－5)中输入 cp? ＝c? /p? ＊100，点击 OK 即可。

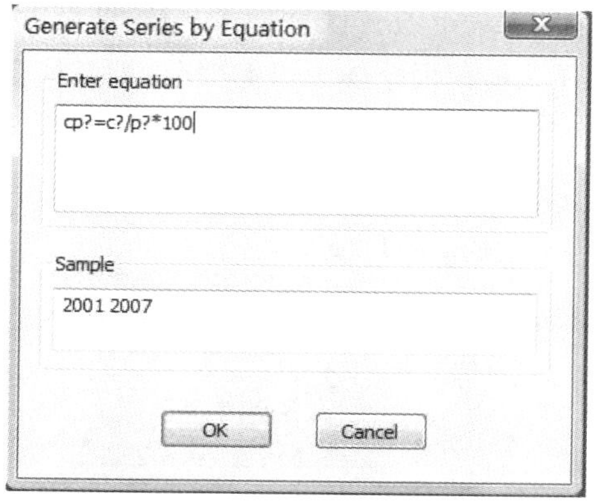

图 12 - 5

§12.2　面板数据模型的估计

在 Pool 窗口中点击菜单 Proc→Estimate，弹出如图 12 - 6 所示对话框。

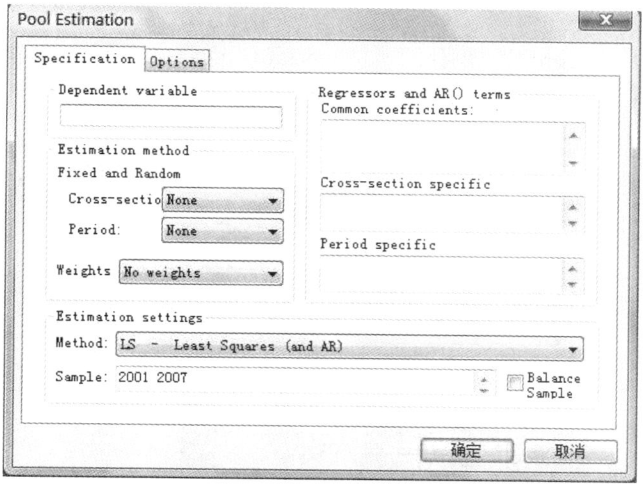

Pool Estimation
Specification　Options
Dependent variable
Estimation method
Fixed and Random
Cross-sectio　None
Period:　None
Weights　No weights
Regressors and AR() terms
Common coefficients:
Cross-section specific
Period specific
Estimation settings
Method:　LS - Least Squares (and AR)
Sample:　2001 2007　Balance Sample
确定　取消

图 12 - 6

在图 12 - 6 的对话框上部，Dependent variable 表示输入被解释变量，可以是一个变量名，也可以是一个表达式，在此例中输入 cp?。

在对话框的右部，在 Common coefficients 中输入系数相同的解释变量，如 31 个省市收入对消费的系数是相同的，则在这项中输入 y?。在 Cross - section specific 中输入横截面变斜率解释变量，如要建立变斜率的收入消费模型，即对于不同省市，收入对消费的斜率是不同的，则在此项中输入 y?。而 Period specific 中是输入斜率随时间而变化的变量。

在对话框的左部 Estimation method 中的选择项是针对截距项的：

（1）Cross－section：表示截距项在横截面个体上的变化。点击下拉菜单，可有三个选项：None（表示截距项在横截面个体上没有变化，即各横截面个体的截距项是相同的）；Fixed（表示个体固定效应）；Random（表示个体随机效应），如图 12－7 所示。

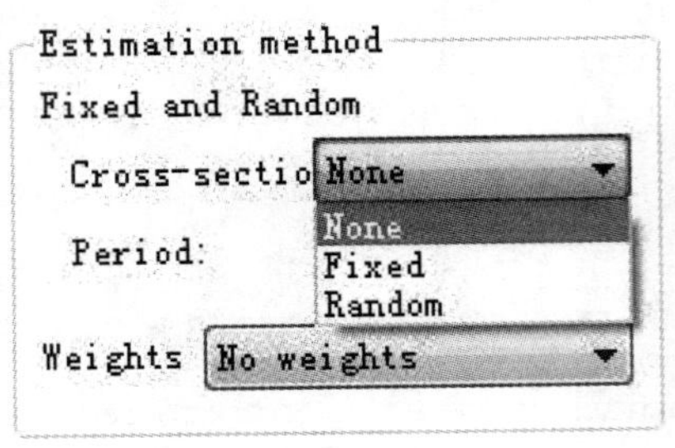

图 12－7

（2）Period：表示截距项在时间上的变化。点击下拉菜单，可有三个选项：None（表示截距项在时间上没有变化，即各时期的截距项是相同的）；Fixed（表示时点固定效应，即截距项在不同时期是不相同的，但这种不同不是随机变化的）；Random（表示时点随机效应，即截距项在不同时期是不相同的，但这种不同是随机变化的）。

一、混合回归模型估计

在 Pool Estimation 窗口中的 Dependent variable 中输入 cp?，在 Common coefficients 中输入 c yp?（c 表示截距项），其他选择项如图 12－8 所示，点击确定，则得到混合回归的估计结果，如图 12－9 所示。

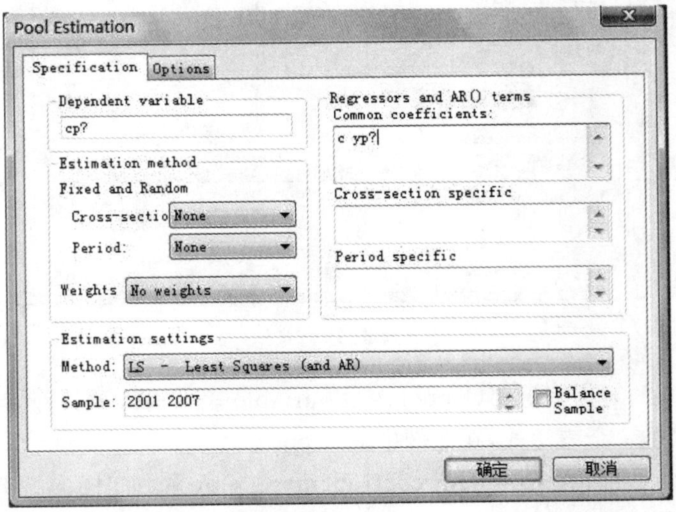

图 12－8

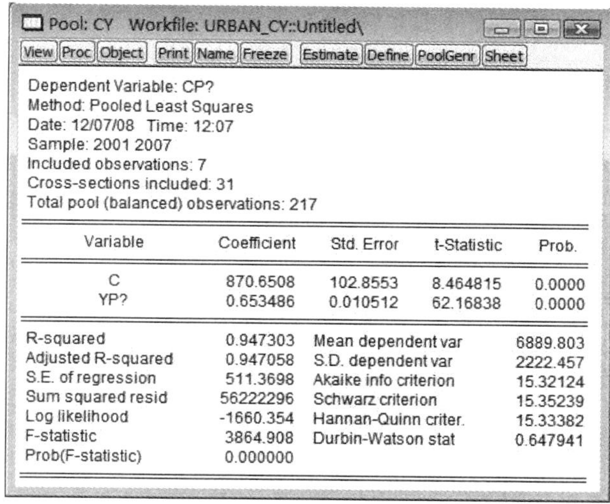

Pool: CY Workfile: URBAN_CY::Untitled\

View Proc Object Print Name Freeze Estimate Define PoolGenr Sheet

Dependent Variable: CP?
Method: Pooled Least Squares
Date: 12/07/08 Time: 12:07
Sample: 2001 2007
Included observations: 7
Cross-sections included: 31
Total pool (balanced) observations: 217

Variable	Coefficient	Std. Error	t-Statistic	Prob.
C	870.6508	102.8553	8.464815	0.0000
YP?	0.653486	0.010512	62.16838	0.0000

R-squared	0.947303	Mean dependent var	6889.803
Adjusted R-squared	0.947058	S.D. dependent var	2222.457
S.E. of regression	511.3698	Akaike info criterion	15.32124
Sum squared resid	56222296	Schwarz criterion	15.35239
Log likelihood	-1660.354	Hannan-Quinn criter.	15.33382
F-statistic	3864.908	Durbin-Watson stat	0.647941
Prob(F-statistic)	0.000000		

图 12－9

模型标准格式如下：

$$\hat{C}_{it}=870.65+0.65Y_{it}$$
$$t:(8.47)\quad(62.17)$$

二、固定影响模型估计

在 Pool Estimation 窗口中的 Dependent variable 中输入 cp?，在 Common coefficients 中输入 c yp?（c 表示截距项），在 Cross－section 中选择 Fixed，其他选择项如图 12－10 所示，点击确定，则得到固定影响模型的估计结果，如图 12－11 所示。

Pool Estimation

Specification | Options

Dependent variable: cp?

Estimation method
Fixed and Random
Cross-section: Fixed
Period: None
Weights: No weights

Regressors and AR() terms
Common coefficients: c yp?
Cross-section specific
Period specific

Estimation settings
Method: LS - Least Squares (and AR)
Sample: 2001 2007
Balance Sample

确定 取消

图 12－10

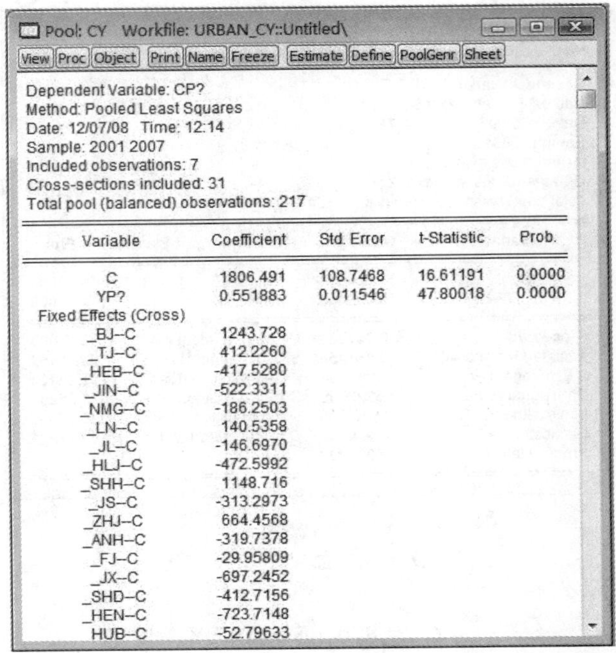
Pool: CY Workfile: URBAN_CY::Untitled\

View Proc Object Print Name Freeze Estimate Define PoolGenr Sheet

Dependent Variable: CP?
Method: Pooled Least Squares
Date: 12/07/08 Time: 12:14
Sample: 2001 2007
Included observations: 7
Cross-sections included: 31
Total pool (balanced) observations: 217

Variable	Coefficient	Std. Error	t-Statistic	Prob.
C	1806.491	108.7468	16.61191	0.0000
YP?	0.551883	0.011546	47.80018	0.0000
Fixed Effects (Cross)				
_BJ--C	1243.728			
_TJ--C	412.2260			
_HEB--C	-417.5280			
_JIN--C	-522.3311			
_NMG--C	-186.2503			
_LN--C	140.5358			
_JL--C	-146.6970			
_HLJ--C	-472.5992			
_SHH--C	1148.716			
_JS--C	-313.2973			
_ZHJ--C	664.4568			
_ANH--C	-319.7378			
_FJ--C	-29.95809			
_JX--C	-697.2452			
_SHD--C	-412.7156			
_HEN--C	-723.7148			
_HUB--C	-52.79633			

图 12－11

从图 12－11 可知，31 个省市自治区城镇居民家庭人均年边际消费倾向均为 0.552，自主性消费（截距项）有很大差异，如表 12－4 所示。

表 12－4　全国 31 省市自治区自主性消费水平

地　区	自主性消费水平（元）	地　区	自主性消费水平（元）	地　区	自主性消费水平（元）
广东省	3 066.09	福建省	1 776.53	安徽省	1 486.75
北京市	3 050.22	湖北省	1 753.70	青海省	1 457.59
上海市	2 955.21	甘肃省	1 705.62	贵州省	1 412.96
重庆市	2 501.59	吉林省	1 659.79	山东省	1 393.78
浙江省	2 470.95	宁夏	1 657.24	河北省	1 388.96
西藏	2 265.71	云南省	1 647.26	广西	1 377.02
天津市	2 218.72	内蒙古	1 620.24	黑龙江省	1 333.89
陕西省	1 964.33	新疆	1 580.79	山西省	1 284.16
辽宁省	1 947.03	海南省	1 561.05	江西省	1 109.25
湖南省	1 914.40	江苏省	1 493.19	河南省	1 082.78
四川省	1 864.45				

从表 12－4 可看出，我国各地区城镇居民的自主性消费水平存在较大的差异，广东、北京、上海等居民自主性消费水平几乎是江苏、安徽、青海等居民的两倍，是江西、河

南居民的三倍。

我们利用回归结果来检验 31 个省市的截距是否相同,原假设和备择假设是:

$$H_0: \alpha_1 = \alpha_2 = \cdots = \alpha_{31}$$

$$H_1\text{:原假设不成立}$$

检验的具体做法与多个系数的联合假设检验类似,即首先进行约束回归和无约束回归,然后用得到的两个残差平方和计算 F 检验量,进行检验。

本例中约束回归就是混合回归模型;而无约束回归就是固定影响模型,因为它允许不同省市的截距取不同值。

本例中 F 检验量计算如下:

$$F = \frac{(RSS_R - RSS)/(n-1)}{RSS/(nT-n-K)}$$

$$= \frac{(56\ 222\ 296 - 20\ 738\ 870)/30}{20\ 738\ 870/185}$$

$$= 10.55$$

查表,5%显著性水平下,$F(30,185) = 1.46$,

因为 $F = 10.55 > F_c = 1.46$,故拒绝原假设 H_0。

结论:31 个省市的截距不全相等。

三、随机影响模型估计

在 Pool Estimation 窗口中的 Dependent variable 中输入 cp?,在 Common coefficients 中输入 c yp?(c 表示截距项),在 Cross - section 中选择 Random,其他选择项如图 12 - 12 所示,点击确定,则得到随机影响模型的估计结果,如图 12 - 13 所示。

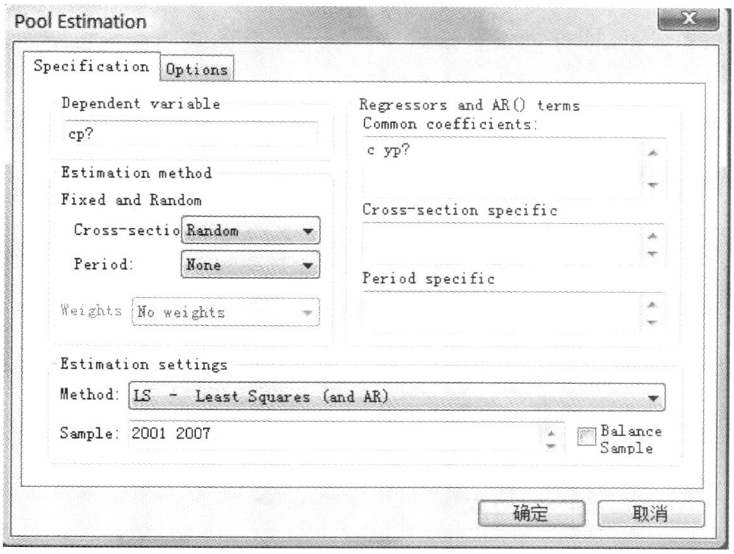

图 12 - 12

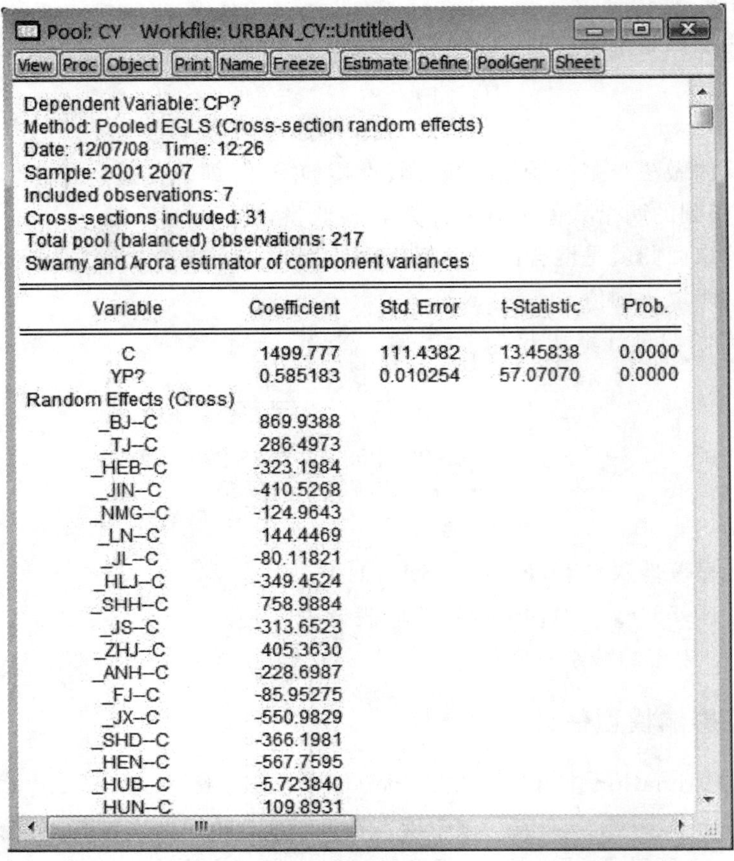

Pool: CY Workfile: URBAN_CY::Untitled\

View | Proc | Object | Print | Name | Freeze | Estimate | Define | PoolGenr | Sheet

Dependent Variable: CP?
Method: Pooled EGLS (Cross-section random effects)
Date: 12/07/08 Time: 12:26
Sample: 2001 2007
Included observations: 7
Cross-sections included: 31
Total pool (balanced) observations: 217
Swamy and Arora estimator of component variances

Variable	Coefficient	Std. Error	t-Statistic	Prob.
C	1499.777	111.4382	13.45838	0.0000
YP?	0.585183	0.010254	57.07070	0.0000
Random Effects (Cross)				
_BJ--C	869.9388			
_TJ--C	286.4973			
_HEB--C	-323.1984			
_JIN--C	-410.5268			
_NMG--C	-124.9643			
_LN--C	144.4469			
_JL--C	-80.11821			
_HLJ--C	-349.4524			
_SHH--C	758.9884			
_JS--C	-313.6523			
_ZHJ--C	405.3630			
_ANH--C	-228.6987			
_FJ--C	-85.95275			
_JX--C	-550.9829			
_SHD--C	-366.1981			
_HEN--C	-567.7595			
_HUB--C	-5.723840			
_HUN--C	109.8931			

图 12 - 13

从图 12 - 13 可知,31 个省市自治区城镇居民家庭的随机影响模型如下:

$$\hat{c}_{it} = 1\,499.78 + 0.585 y_{it}$$

$$t:(13.458) \quad (57.07)$$

人均年边际消费倾向均为 0.585,截距的均值为 1 499.78,各个省市与截距均值的差异如表 12 - 5 所示。

表 12 - 5　随机影响模型中各省市截距与截距均值的差异

广东省	+947.57	湖北省	-5.72	青海省	-237.66
北京市	+869.94	甘肃省	-28.77	贵州省	-277.98
上海市	+758.99	宁夏	-72.45	江苏省	-313.65
重庆市	+600.81	吉林省	-80.12	河北省	-323.20
浙江省	+405.36	福建省	-85.95	广西	-342.78
西藏	+401.90	云南省	-114.59	黑龙江省	-349.45
天津市	+286.50	内蒙古	-124.96	山东省	-366.20

续　表

陕西省	+179.61	新疆	-144.96	山西省	-410.53
辽宁省	+144.45	海南省	-175.43	江西省	-550.98
湖南省	+109.89	安徽省	-228.70	河南省	-567.76
四川省	+96.83				

§12.3　豪斯曼检验

在上节中，我们分别假定模型为固定影响模型和随机影响模型，在本例中，我们应用豪斯曼检验来判别我国 31 个省市的消费模型中的截距差异是确定的还是随机的。

$$H_0：\varepsilon_i \text{ 与 } X_{it}\text{不相关(随机影响模型)}$$

$$H_1：\varepsilon_i \text{ 与 } X_{it}\text{相关(固定影响模型)}$$

在图 12-13 中，点击工具栏 View→Fixed/Random Effects Testing→Correlated Random Effects-Hausman Test，则结果如图 12-14 所示。

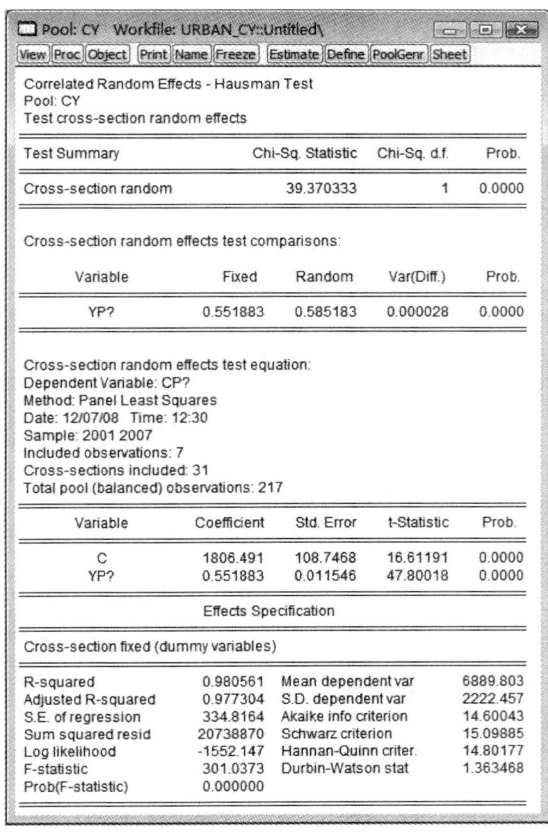

Pool: CY　Workfile: URBAN_CY::Untitled\

View | Proc | Object | Print | Name | Freeze | Estimate | Define | PoolGenr | Sheet

Correlated Random Effects - Hausman Test
Pool: CY
Test cross-section random effects

Test Summary	Chi-Sq. Statistic	Chi-Sq. d.f.	Prob.
Cross-section random	39.370333	1	0.0000

Cross-section random effects test comparisons:

Variable	Fixed	Random	Var(Diff.)	Prob.
YP?	0.551883	0.585183	0.000028	0.0000

Cross-section random effects test equation:
Dependent Variable: CP?
Method: Panel Least Squares
Date: 12/07/08　Time: 12:30
Sample: 2001 2007
Included observations: 7
Cross-sections included: 31
Total pool (balanced) observations: 217

Variable	Coefficient	Std. Error	t-Statistic	Prob.
C	1806.491	108.7468	16.61191	0.0000
YP?	0.551883	0.011546	47.80018	0.0000

Effects Specification

Cross-section fixed (dummy variables)

R-squared	0.980561	Mean dependent var	6889.803
Adjusted R-squared	0.977304	S.D. dependent var	2222.457
S.E. of regression	334.8164	Akaike info criterion	14.60043
Sum squared resid	20738870	Schwarz criterion	15.09885
Log likelihood	-1552.147	Hannan-Quinn criter.	14.80177
F-statistic	301.0373	Durbin-Watson stat	1.363468
Prob(F-statistic)	0.000000		

图 12-14

从图 12－14 可知，豪斯曼检验统计量 m＝39.37，其 p 值小于显著性水平 0.05，则拒绝原假设，即城镇消费模型应设定为固定影响模型。

5．表面不相关回归模型的估计

（1）创立系统方程

在主菜单选 Object→New Object，在弹出的对话框中，选择 system，并给系统方程命名：sur_cy，点击 OK，这时打开系统对象窗口，然后将方程直接键入窗口（见图 15）。为简单起见，我们只选取北京、辽宁、浙江、四川、安徽、河南等 6 个省市的数据来建立消费模型。

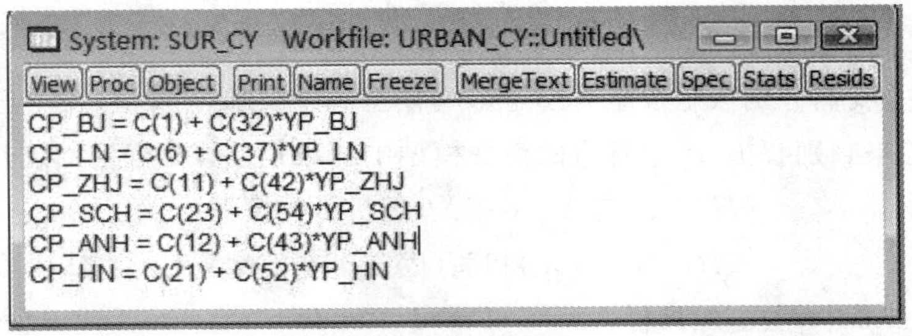

图 12－15

在图 12－15 中，点击 Estimate，则弹出如图 12－16 所示窗口。

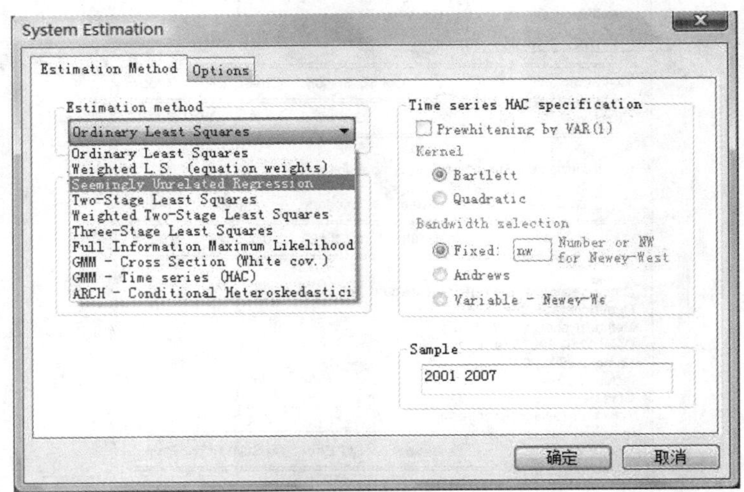

图 12－16

在图 12－16 中，选择估计方法 Seemingly Unrelated Regression，点击确定，则弹出结果如图 12－17 所示。

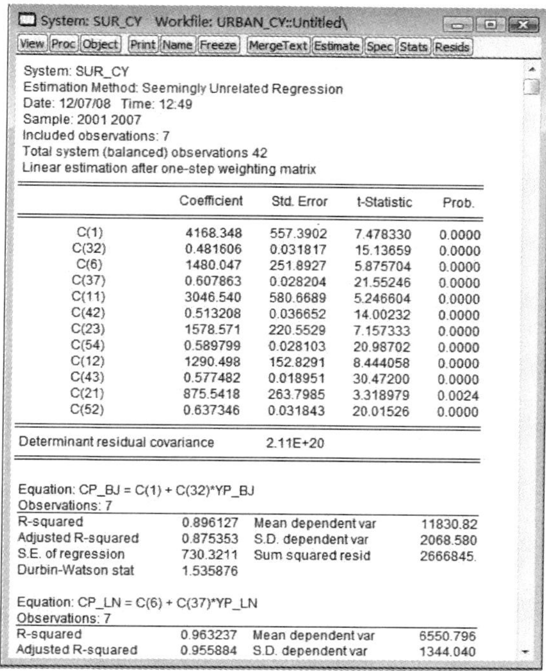

System: SUR_CY
Estimation Method: Seemingly Unrelated Regression
Date: 12/07/08　Time: 12:49
Sample: 2001 2007
Included observations: 7
Total system (balanced) observations 42
Linear estimation after one-step weighting matrix

	Coefficient	Std. Error	t-Statistic	Prob.
C(1)	4168.348	557.3902	7.478330	0.0000
C(32)	0.481606	0.031817	15.13659	0.0000
C(6)	1480.047	251.8927	5.875704	0.0000
C(37)	0.607863	0.028204	21.55246	0.0000
C(11)	3046.540	580.6689	5.246604	0.0000
C(42)	0.513208	0.036652	14.00232	0.0000
C(23)	1578.571	220.5529	7.157333	0.0000
C(54)	0.589799	0.028103	20.98702	0.0000
C(12)	1290.498	152.8291	8.444058	0.0000
C(43)	0.577482	0.018951	30.47200	0.0000
C(21)	875.5418	263.7985	3.318979	0.0024
C(52)	0.637346	0.031843	20.01526	0.0000

Determinant residual covariance　2.11E+20

Equation: CP_BJ = C(1) + C(32)*YP_BJ
Observations: 7

R-squared	0.896127	Mean dependent var	11830.82
Adjusted R-squared	0.875353	S.D. dependent var	2068.580
S.E. of regression	730.3211	Sum squared resid	2666845.
Durbin-Watson stat	1.535876		

Equation: CP_LN = C(6) + C(37)*YP_LN
Observations: 7

R-squared	0.963237	Mean dependent var	6550.796
Adjusted R-squared	0.955884	S.D. dependent var	1344.040

图 12 - 17

在图 12 - 17 中，选择估计方法 OLS，点击确定，则弹出结果如图 12 - 18 所示。

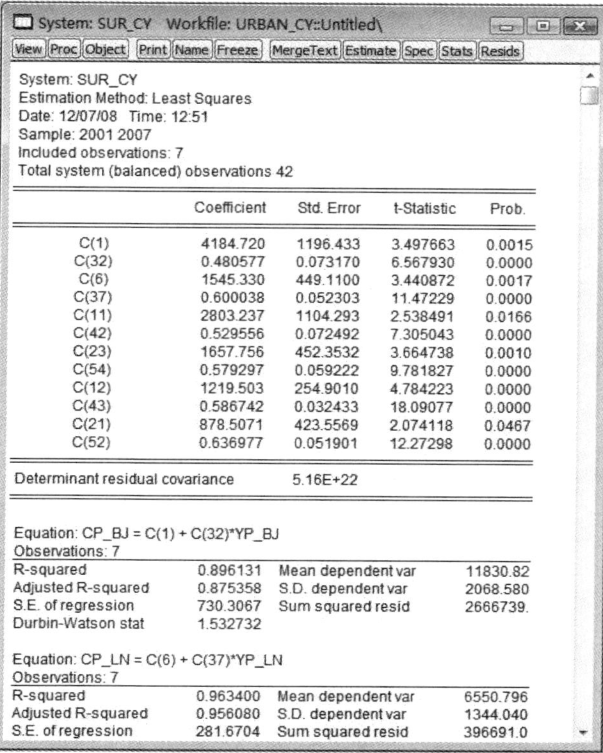

System: SUR_CY
Estimation Method: Least Squares
Date: 12/07/08　Time: 12:51
Sample: 2001 2007
Included observations: 7
Total system (balanced) observations 42

	Coefficient	Std. Error	t-Statistic	Prob.
C(1)	4184.720	1196.433	3.497663	0.0015
C(32)	0.480577	0.073170	6.567930	0.0000
C(6)	1545.330	449.1100	3.440872	0.0017
C(37)	0.600038	0.052303	11.47229	0.0000
C(11)	2803.237	1104.293	2.538491	0.0166
C(42)	0.529556	0.072492	7.305043	0.0000
C(23)	1657.756	452.3532	3.664738	0.0010
C(54)	0.579297	0.059222	9.781827	0.0000
C(12)	1219.503	254.9010	4.784223	0.0000
C(43)	0.586742	0.032433	18.09077	0.0000
C(21)	878.5071	423.5569	2.074118	0.0467
C(52)	0.636977	0.051901	12.27298	0.0000

Determinant residual covariance　5.16E+22

Equation: CP_BJ = C(1) + C(32)*YP_BJ
Observations: 7

R-squared	0.896131	Mean dependent var	11830.82
Adjusted R-squared	0.875358	S.D. dependent var	2068.580
S.E. of regression	730.3067	Sum squared resid	2666739.
Durbin-Watson stat	1.532732		

Equation: CP_LN = C(6) + C(37)*YP_LN
Observations: 7

R-squared	0.963400	Mean dependent var	6550.796
Adjusted R-squared	0.956080	S.D. dependent var	1344.040
S.E. of regression	281.6704	Sum squared resid	396691.0

图 12 - 18

根据图 12－17 和图 12－18，可对 SUR 和 OLS 估计结果进行比较，如表 12－6 所示。

表 12－6　SUR 估计结果与 OLS 估计结果的比较

		SUR 估计结果			OLS 估计结果		
		系数	标准差（Std.）	t 值	系数	标准差（Std.）	t 值
北京	a	4 168.35	557.39	7.48	4 184.72	1 196.43	3.50
	y	0.48	0.03	15.14	0.48	0.07	6.57
辽宁	a	1 480.05	251.89	5.88	1 545.33	449.11	3.44
	y	0.61	0.03	21.55	0.60	0.05	11.47
浙江	a	3 046.54	580.67	5.25	2 803.24	1 104.29	2.54
	y	0.51	0.04	14.00	0.53	0.07	7.31
四川	a	1 578.57	220.55	7.16	1 657.76	452.35	3.66
	y	0.59	0.03	20.99	0.58	0.06	9.78
安徽	a	1 290.50	152.83	8.44	1 219.50	254.90	4.78
	y	0.58	0.02	30.47	0.59	0.03	18.09
河南	a	875.54	263.80	3.32	878.51	423.56	2.07
	y	0.64	0.03	20.02	0.64	0.05	12.27

表 12－6 中 a 表示方程中的常数项，y 表示收入。例如，北京市的 SUR 估计结果为：

$$\hat{c} = 4\,168.35 + 0.48y$$
$$Std.(557.39)\quad(0.03)$$

经比较，可发现，SUR 相对于 OLS 估计结果而言，各方程的系数变化不大，但各系数的标准误差明显降低，t 值有显著提高。这说明 SUR 方法利用各方程同期相关的信息，显著改善了方程的估计值。

本章小结

1. 面板数据的特点体现在：能够提供更多信息、更多变化性、更少共线性、更多自由度和更高效率；能够更好地研究动态调节，横截面分布看上去相对稳定但却隐藏了许多变化，面板数据模型由于包含较长时间，能够弄清诸如经济政策变化对经济状况的影响等问题。

2. 面板数据模型从分类上看主要有不变系数模型、变截距模型和变系数模型。

3. 在确定是不变系数模型、变截距模型还是变系数模型之前，首先得通过统计检验确定模型属于固定效应模型还是随机效应模型。

4. 豪斯曼检验可以用以确定面板数据模型是属于固定效应模型类型还是随机效应模型的类型。

思考与练习

1. 已知 1996—2002 年中国东北、华北、华东 15 个省级地区的居民家庭人均消费（*cp*，不变价格）和人均收入（*ip*，不变价格）居民，利用数据：

(1) 建立面板数据（panel data）工作文件；

(2) 定义序列名并输入数据；

(3) 估计选择面板模型；

(4) 面板单位根检验。

年人均消费（consume）和人均收入（income）数据以及消费者价格指数（p）如表 1～表 3所示。

表 1　1996—2002 年中国东北、华北、华东 15 个省级地区的居民家庭人均消费（元）数据

人均消费	1996	1997	1998	1999	2000	2001	2002
CONSUMEAH	3 607.43	3 693.55	3 777.41	3 901.81	4 232.98	4 517.65	4 736.52
CONSUMEBJ	5 729.52	6 531.81	6 970.83	7 498.48	8 493.49	8 922.72	10 284.6
CONSUMEFJ	4 248.47	4 935.95	5 181.45	5 266.69	5 638.74	6 015.11	6 631.68
CONSUMEHB	3 424.35	4 003.71	3 834.43	4 026.3	4 348.47	4 479.75	5 069.28
CONSUMEHLJ	3 110.92	3 213.42	3 303.15	3 481.74	3 824.44	4 192.36	4 462.08
CONSUMEJL	3 037.32	3 408.03	3 449.74	3 661.68	4 020.87	4 337.22	4 973.88
CONSUMEJS	4 057.5	4 533.57	4 889.43	5 010.91	5 323.18	5 532.74	6 042.6
CONSUMEJX	2 942.11	3 199.61	3 266.81	3 482.33	3 623.56	3 894.51	4 549.32
CONSUMELN	3 493.02	3 719.91	3 890.74	3 989.93	4 356.06	4 654.42	5 342.64
CONSUMENMG	2 767.84	3 032.3	3 105.74	3 468.99	3 927.75	4 195.62	4 859.88
CONSUMESD	3 770.99	4 040.63	4 143.96	4 515.05	5 022	5 252.41	5 596.32
CONSUMESH	6 763.12	6 819.94	6 866.41	8 247.69	8 868.19	9 336.1	10 464
CONSUMESX	3 035.59	3 228.71	3 267.7	3 492.98	3 941.87	4 123.01	4 710.96
CONSUMETJ	4 679.61	5 204.15	5 471.01	5 851.53	6 121.04	6 987.22	7 191.96
CONSUMEZJ	5 764.27	6 170.14	6 217.93	6 521.54	7 020.22	7 952.39	8 713.08

表 2　1996—2002 年中国东北、华北、华东 15 个省级地区的居民家庭人均收入（元）数据

人均收入	1996	1997	1998	1999	2000	2001	2002
INCOMEAH	4 512.77	4 599.27	4 770.47	5 064.6	5 293.55	5 668.8	6 032.4
INCOMEBJ	7 332.01	7 813.16	8 471.98	9 182.76	10 349.69	11 577.78	124 63.92
INCOMEFJ	5 172.93	6 143.64	6 485.63	6 859.81	7 432.26	8 313.08	9 189.36

续 表

人均收入	1996	1997	1998	1999	2000	2001	2002
INCOMEHB	4 442.81	4 958.67	5 084.64	5 365.03	5 661.16	5 984.82	6 679.68
INCOMEHLJ	3 768.31	4 090.72	4 268.5	4 595.14	4 912.88	5 425.87	6 100.56
INCOMEJL	3 805.53	4 190.58	4 206.64	4 480.01	4 810	5 340.46	6 260.16
INCOMEJS	5 185.79	5 765.2	6 017.85	6 538.2	6 800.23	7 375.1	8 177.64
INCOMEJX	3 780.2	4 071.32	4 251.42	4 720.58	5 103.58	5 506.02	6 335.64
INCOMELN	4 207.23	4 518.1	4 617.24	4 898.61	5 357.79	5 797.01	6 524.52
INCOMENMG	3 431.81	3 944.67	4 353.02	4 770.53	5 129.05	5 535.89	6 051
INCOMESD	4 890.28	5 190.79	5 380.08	5 808.96	6 489.97	7 101.08	7 614.36
INCOMESH	8 178.48	8 438.89	8 773.1	10 931.64	11 718.01	12 883.46	13 249.8
INCOMESX	3 702.69	3 989.92	4 098.73	4 342.61	4 724.11	5 391.05	6 234.36
INCOMETJ	5 967.71	6 608.39	7 110.54	7 649.83	8 140.5	8 958.7	9 337.56
INCOMEZJ	6 955.79	7 358.72	7 836.76	8 427.95	9 279.16	10 464.67	11 715.6

表 3　1996—2002 年中国东北、华北、华东 15 个省级地区的消费者物价指数

物价指数	1996	1997	1998	1999	2000	2001	2002
PAH	109.9	101.3	100	97.8	100.7	100.5	99
PBJ	111.6	105.3	102.4	100.6	103.5	103.1	98.2
PFJ	105.9	101.7	99.7	99.1	102.1	98.7	99.5
PHB	107.1	103.5	98.4	98.1	99.7	100.5	99
PHLJ	107.1	104.4	100.4	96.8	98.3	100.8	99.3
PJL	107.2	103.7	99.2	98	98.6	101.3	99.5
PJS	109.3	101.7	99.4	98.7	100.1	100.8	99.2
PJX	108.4	102	101	98.6	100.3	99.5	100.1
PLN	107.9	103.1	99.3	98.6	99.9	100	98.9
PNMG	107.6	104.5	99.3	99.8	101.3	100.6	100.2
PSD	109.6	102.8	99.4	99.3	100.2	101.8	99.3
PSH	109.2	102.8	100	101.5	102.5	100	100.5
PSX	107.9	103.1	98.6	99.6	103.9	99.8	98.4
PTJ	109	103.1	99.5	98.9	99.6	101.2	99.6
PZJ	107.9	102.8	99.7	98.8	101	99.8	99.1

2. 已知 2004—2013 年中国北京、天津、河北等 20 个省、直辖市的城镇居民家庭人均年消费性支出和城镇居民家庭人均年可支配收入相关数据如表 4～表 5 所示，试利

用数据进行面板数据的估计和检验。

表 4　城镇居民家庭人均年消费性支出　　单位:元

	北京	天津	河北	内蒙古	辽宁	吉林	上海	江苏	浙江	福建
2004	12 200	8 802	5 819	6 219	6 543	6 069	12 631	7 332	10 636	8 161
2005	13 244	9 653	6 700	6 929	7 369	6 795	13 773	8 622	12 254	8 794
2006	14 825	10 548	7 343	7 667	7 987	7 353	14 762	9 629	13 349	9 808
2007	15 330	12 029	8 235	9 281	9 430	8 560	17 255	10 715	14 091	11 055
2008	16 460	13 422	9 087	10 829	11 231	9 729	19 398	11 978	15 158	12 501
2009	17 893	14 801	9 679	12 370	12 325	10 914	20 992	13 153	16 684	13 451
2010	19 934	16 562	10 318	13 995	13 280	11 679	23 200	14 357	17 858	14 750
2011	21 984	18 424	11 609	15 878	14 790	13 010	25 102	16 782	20 347	16 661
2012	24 046	20 024	12 531	17 717	16 594	14 614	26 253	18 825	21 545	18 593
2013	26 275	21 712	13 641	19 249	18 030	15 932	28 155	20 372	23 257	20 093
	山东	河南	湖北	湖南	广东	重庆	四川	云南	陕西	甘肃
2004	6 674	5 294	6 399	6 885	10 695	7 973	6 371	6 837	6 233	5 937
2005	7 457	6 038	6 737	7 505	11 810	8 623	6 891	6 997	6 656	6 529
2006	8 468	6 685	7 397	8 169	12 432	9 399	7 525	7 380	7 553	6 974
2007	9 667	7 827	8 701	8 991	14 337	9 890	8 692	7 922	8 427	7 876
2008	11 007	8 837	9 478	9 946	15 528	11 147	9 679	9 077	9 772	8 309
2009	12 013	9 567	10 294	10 828	16 858	12 144	10 860	10 202	10 706	8 891
2010	13 118	10 838	11 451	11 825	18 490	13 335	12 105	11 074	11 823	9 895
2011	14 561	12 336	13 164	13 403	20 252	14 974	13 696	12 248	13 783	11 189
2012	15 778	13 733	14 496	14 609	22 396	16 573	15 050	13 884	15 333	12 847
2013	17 112	14 822	15 750	15 887	24 133	17 814	16 344	15 156	16 680	14 021

数据来源:《中国统计年鉴》,2005 年至 2014 年

表 5　城镇居民家庭人均年可支配收入　　单位:元

	北京	天津	河北	内蒙古	辽宁	吉林	上海	江苏	浙江	福建
2004	15 678	11 467	7 951	8 123	8 008	7 841	16 683	10 482	14 546	11 175
2005	17 653	12 639	9 107	9 137	9 108	8 691	18 645	12 319	16 294	12 321
2006	19 978	14 283	10 305	10 358	10 370	9 775	20 668	14 084	18 265	13 753
2007	21 989	16 357	11 690	12 378	12 300	11 286	23 623	16 378	20 574	15 506
2008	24 725	19 423	13 119	14 432	14 393	12 829	26 675	18 680	22 727	17 961

续　表

	北京	天津	河北	内蒙古	辽宁	吉林	上海	江苏	浙江	福建
2009	26 748	21 402	14 718	15 849	15 761	14 006	28 838	20 552	24 611	19 577
2010	29 073	24 293	16 263	17 698	17 713	15 411	31 838	22 944	27 359	21 781
2011	32 903	26 921	18 292	20 408	20 467	17 797	36 230	26 341	30 971	24 907
2012	36 469	29 626	20 543	23 150	23 223	20 208	40 188	29 677	34 550	28 055
2013	40 321	32 294	22 580	25 497	25 578	22 275	43 581	32 538	37 851	30 816

	山东	河南	湖北	湖南	广东	重庆	四川	云南	陕西	甘肃
2004	9 438	7 705	8 023	8 617	13 628	9 221	7 710	8 871	7 492	7 377
2005	10 745	8 668	8 786	9 524	14 770	10 243	8 386	9 266	8 272	8 087
2006	12 192	9 810	9 803	10 505	16 016	11 570	9 350	10 070	9 268	8 921
2007	14 265	11 477	11 486	12 294	17 699	12 591	11 098	11 496	10 763	10 012
2008	16 305	13 231	13 153	13 821	19 733	14 368	12 633	13 250	12 858	10 969
2009	17 811	14 372	14 367	15 084	21 575	15 749	13 839	14 424	14 129	11 930
2010	19 946	15 930	16 058	16 566	23 898	17 532	15 461	16 065	15 695	13 189
2011	22 792	18 195	18 374	18 844	26 897	20 250	17 899	18 575	18 245	14 989
2012	25 755	20 443	20 840	21 319	30 227	22 968	20 307	21 075	21 075	17 157
2013	28 264	22 398	22 906	23 414	33 090	25 216	22 368	23 236	23 236	18 965

数据来源:《中国统计年鉴》,2005 年至 2014 年

图书在版编目(CIP)数据

计量经济学实验教程 / 汤晓明主编. -- 南京 : 南京大学出版社，2018.5

普通高等院校"十三五"规划教材·工商管理类

ISBN 978-7-305-20440-1

Ⅰ. ①计… Ⅱ. ①汤… Ⅲ. ①计量经济学-实验-高等学校-教材 Ⅳ. ①F224.0-33

中国版本图书馆 CIP 数据核字(2018)第 138988 号

出版发行 南京大学出版社
社　　址 南京市汉口路 22 号　　　邮　编 210093
出 版 人 金鑫荣

书　　名 计量经济学实验教程
主　　编 汤晓明
责任编辑 张亚男　武　坦　　　编辑热线 025-83597482

照　　排 南京南琳图文制作有限公司
印　　刷 南京新洲印刷有限公司
开　　本 787×1092　1/16　印张 12.75　字数 294 千
版　　次 2018 年 5 月第 1 版　2018 年 5 月第 1 次印刷
ISBN 978-7-305-20440-1
定　　价 35.00 元

网址：http://www.njupco.com
官方微博：http://weibo.com/njupco
微信服务号：njuyuexue
销售咨询热线：(025) 83594756